甘肃省地理标志产品集萃

周春红 张晓莉 张丙云 任海伟 主编

郑州大学出版社

图书在版编目(CIP)数据

甘肃省地理标志产品集萃 / 周春红等主编. — 郑州 ：郑州大学出版社，2022.4
ISBN 978-7-5645-8132-9

Ⅰ. ①甘… Ⅱ. ①周… Ⅲ. ①农产品 - 地理 - 标志 - 甘肃 Ⅳ. ①F762.05

中国版本图书馆 CIP 数据核字(2021)第 174983 号

甘肃省地理标志产品集萃
GANSUSHENG DILI BIAOZHI CHANPIN JICUI

策划编辑	袁翠红	封面设计	苏永生
责任编辑	袁翠红	版式设计	凌　青
责任校对	吴　波	责任监制	凌　青　李瑞卿

出版发行	郑州大学出版社	地　　址	郑州市大学路 40 号(450052)
出 版 人	孙保营	网　　址	http://www.zzup.cn
经　　销	全国新华书店	发行电话	0371-66966070
印　　刷	河南龙华印务有限公司		
开　　本	787 mm×1 092 mm　1 / 16	彩　　页	1
印　　张	14.5	字　　数	349 千字
版　　次	2022 年 4 月第 1 版	印　　次	2022 年 4 月第 1 次印刷

书　　号	ISBN 978-7-5645-8132-9	定　　价	49.00 元

编委会

前言

地理标志产品是指产自特定地域，所具有的质量、声誉或其他特性本质上取决于该产地的自然因素和人文因素，经审核批准以地理名称进行命名的产品。地理标志产品既是一种独立的知识产权，也是质量与品牌的象征，同时还承载着特定区域的公共利益，具有品牌公信力和认知度。因此，地理标志不仅能表示产品的产地，又能表征产品的质量。据统计，我国地理标志产品的相关产值已经突破 1 万亿元，地理标志特色产业已经成为发展特色经济和乡村振兴的重要途径。

甘肃省像一块瑰丽的宝玉，镶嵌在中国中部的黄土高原、青藏高原和内蒙古高原上，丰富多样的地理地貌、底蕴深厚的历史文化以及特殊的气候和地形，孕育了甘肃省丰富的牛、羊、果、蔬、药等特色资源。同时，甘肃省具有“丝绸之路经济带”区位优势和“一带一路”向西开放的环境条件，截至 2021 年 7 月底，甘肃省共申报注册获批 67 个国家地理标志保护产品，涵盖果品类、蔬菜类、粮油类、中药材类等多个种类。这些地理标志保护产品自获得国家相关部门批准以来，通过标准化生产、基地化示范、规模化发展、产业化经营、品牌带动等形式极大促进了相关产业的发展壮大，进而在保护自然资源和生态环境、传承传统历史文化、推动全省区域经济发展、提升特色产品知名度、精准扶贫、脱贫攻坚、助力乡村振兴等方面作出了积极贡献。

为了更好地宣传甘肃省的国家地理标志保护产品，进一步扩大地理标志产品的社会认知，宣传地方特色产品，本书力求以生动的文字再现产品背后的精彩故事，详细介绍了地理标志产品的基本信息、产地范围、历史传承、产区环境、生产方式、特色品质、营养价值和品牌荣誉等内容，充分诠释了甘肃省境内自然地域和人文孕育而成的地理标志产品的独特魅力，让全社会更好地了解美丽甘肃、魅力甘肃。期望通过本书的出版，能在更广范围、更大平台上宣传好甘肃省的地理标志产品，讲好地理标志产品的优美故事。

全书由甘肃省产品质量监督检验研究院周春红和张晓莉、兰州理工大学任海伟和张丙云等几位从事地理标志工作的学者合著完成，按照果品类、蔬菜类、粮油类、茶叶类、酒品类等分类原则进行分章节介绍。兰州理工大学蔡早宁、卫滋花、柴冉、孙一帆、黄超婧、王彦蕊、徐志航、刘忠良、蔡亚玲等同学参与了书稿编撰过程中的资料收集整理工作。本书在编撰期间得到了甘肃省市场监督管理局、甘肃省产品质量监督检验研究院、兰州理工大学等单位相关部门的大力支持，同时也受到甘肃省知识产权计划项目的资助支持，在此一并致谢。

编　者

2021 年 12 月

目录

绪　论　甘肃省地理标志概述

甘肃地处黄河上游，位于青藏、蒙古、黄土三大高原交会处，分属长江、黄河、内陆河三大流域。地形狭长，横跨亚热带、暖温带、温带3个气候带。地貌复杂多样，山地、高原、平川、河谷、沙漠、戈壁等类型齐全并交错分布。这样的自然地理、气候条件为甘肃畜牧业、粮食、中药材、果品蔬菜的发展提供了良好的自然生态环境。在良好的自然生态环境下生长的马、牛、羊，种植的中草药、果品蔬菜也必然具有其自身的独特品质。

从河西大漠的敦煌葡萄、酒泉洋葱、民勤羊肉到中部干旱地区的兰州百合、靖远枸杞、小口大枣；从陇东高原的庆阳苹果、环县荞麦、静宁苹果到故郡天水的花牛苹果、秦安蜜桃、甘谷辣椒；从初具电商规模的陇南武都油橄榄、武都花椒、成县核桃、文县绿茶、礼县大黄、康县木耳、两当狼牙蜜，再到闻名遐迩的庆阳香包、环县皮影等手工艺品，无不蕴含着陇原人民的智慧和汗水，折射着厚重的历史人文积淀。这些独具特色的特产资源，大多数都是地理标志。

一、我国地理标志的发展历程

地理标志是指某商品来源于某地区，该商品的特定质量、信誉或者其他特征，主要由该地区的自然因素或者人文因素所决定的标志。

我国地理标志保护制度始于1995年，地理标志保护包括地理标志产品、地理标志商标和农产品地理标志三种形式。

2018年以前，由原国家工商行政管理总局、原农业部、原国家质量监督检验检疫总局三个部门组成，分别负责地理标志商标（证明商标和集体商标）、农产品地理标志、地理标志产品的申报、审批和管理工作。2018年国务院机构改革，将原国家工商行政管理总局和原国家质量监督检验检疫总局职责整合，纳入重新组建的国家市场监督管理总局。2019年10月，地理标志商标和地理标志产品标志不再使用，整合为统一的地理标志专用标志，农产品地理标志继续延用。

《民法典》将地理标志规定为知识产权的客体之一。我国地理标志的发展历程如图1所示。

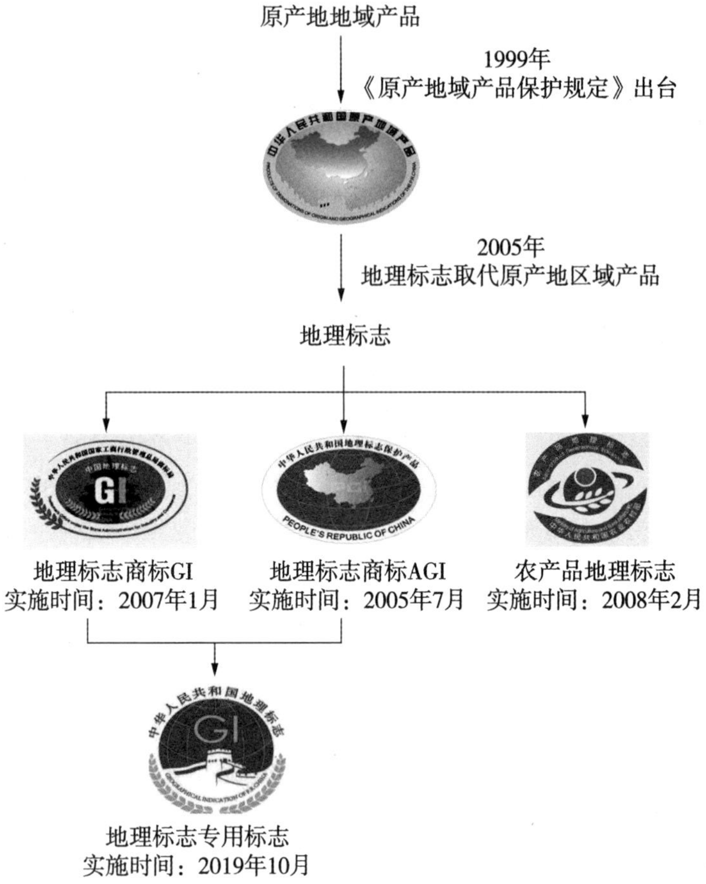

图1　我国地理标志的发展历程

二、甘肃省地理标志数量

截至2020年9月底，甘肃省地理标志数量有232个，占全国总数的2.76%，在全国排第20位；占西部地区地理标志总数的7.56%，在西部地区排第8位。232个甘肃地理标志，其中由原国家质检总局申报的地理标志产品有67个。

三、甘肃省地理标志类别

地理标志划分为十大产品类别，分别是果品类、蔬菜类、粮油类、茶叶类、酒品类、畜禽品类、水产品类、食品类、中药材类和综合类。

甘肃省地理标志中畜禽品类数量最多，有47个，占全省地理标志数量的20.26%；果品类数量第二，有44个，占全省地理标志数量的18.97%；中药材类数量第三，有35个，占全省地理标志数量的15.09%。畜禽品类地理标志在甘肃省内具有一定优势，具体如表1、图2所示。

表 1　第四次调研甘肃省地理标志类别数量表

产品类别	地理标志数量(个)	比例(%)	排序
果品类	44	18.97	2
蔬菜类	34	14.66	4
粮油类	30	12.93	5
茶叶类	3	1.29	8
酒品类	3	1.29	9
禽畜品类	47	20.26	1
水产品类	0	0.00	10
食品类	27	11.64	6
中药材类	35	15.09	3
综合类	9	3.88	7

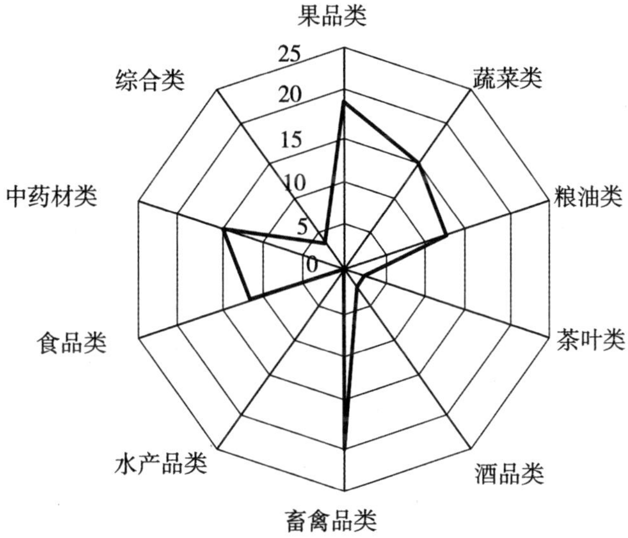

图 2　第四次调研甘肃省地理标志类别比例图

四、甘肃省地理标志分布

甘肃省地理标志涵盖了果品类、蔬菜类、粮油类、茶叶类、酒品类、畜禽品类、食品类、中药材类和综合类九大类别，基本实现了全省 14 个市州全覆盖，见图 3(扫码读彩图)和图 4。

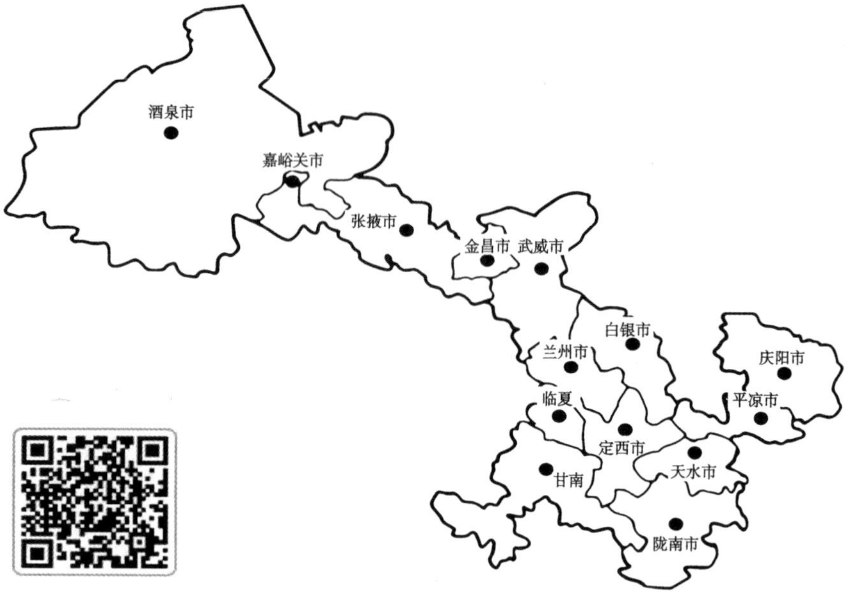

图 3　甘肃省地理标志分布图

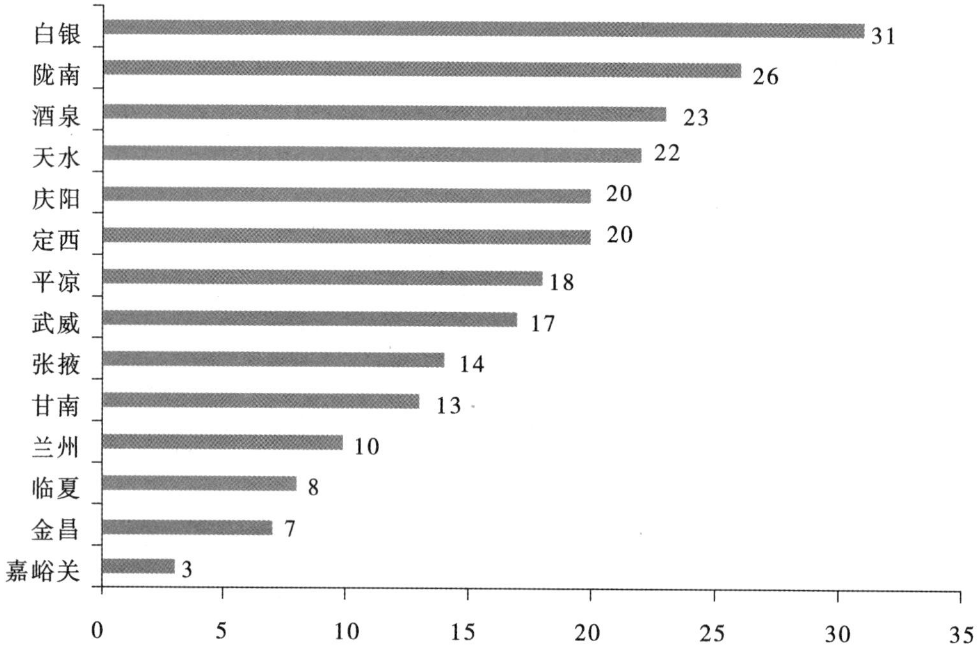

图 4　甘肃省各市州地理标志数量比较图

（注：为了与第四次全国地理标志数量调研报告数据一致，统计方法同第四次全国地理标志数量调研报告，将重叠注册登记的地理标志，按 1 件计算；同一产品如“甘加羊”“甘加藏羊”合并 1 件计；拥有多个文字和图形商标的或者多个类似商标的，如“静宁苹果”合并 1 件计。）

由图3可见,甘肃地理标志在各市州尺度上空间分布不均衡,整体上呈现出西少东多的分布态势,陇东、陇南及陇中地区地理标志产品较为密集。这与这些区域的自然资源条件、历史文化积淀有密切关系,尤其是受农业资源条件的影响较多。此外,地理标志产品的分布还与区域产业结构有关,地理标志是与"三农"最密切的知识产权。地理标志大都是农产品,因此在工业为主的嘉峪关市、金昌市、兰州市市区地理标志数量较少。同时,地理标志产品的发展与地方政府的认识、积极性与政策执行力度也有关系,甚至决定区域地理标志的发展。

五、甘肃省地理标志的保护与发展

和其他省、直辖市、自治区相比,甘肃省地理标志和原产地域保护工作起步并不晚。2004年9月27日,甘肃原产地域产品保护实现了"零"的突破,首批获得国家原产地域产品(即国家地理标志产品)保护待遇的是兰州百合。近年来,在甘肃省各级人民政府和农牧部门的重视下,甘肃地理标志的数量有了较大幅度的提升。截至2021年8月底,甘肃地理标志有232个,其中农产品地理标志124件,地理标志商标(证明商标、集体商标)105件(拥有多个文字和图形商标的或者多个类似商标的,如"静宁苹果"合并1件计),地理标志产品66件(礼县大黄不同部门申报,合并为1件计),地理标志核准授权许可使用企业有78家。

甘肃省依托龙头企业和行业协会或专业合作社,推广"地标产品+龙头企业+农户+市场"产业化经营模式,示范带动一大批特色企业或农业生产组织由小变大、由弱变强,推动了特色产业集群发展,涌现了不少产业带动能力强、市场占有率高、国内乃至国际上都有一定知名度的地理标志保护品牌。武都油橄榄、兰州百合、河西走廊葡萄酒、秦安苹果、靖远枸杞等一大批地理标志产品现均已远销国内外,深受消费者的好评。在2020年中国品牌价值评价中静宁苹果和靖远枸杞荣登百强名单。静宁苹果品牌价值达158.95亿元,靖远枸杞品牌价值23亿元。据不完全统计,2020年甘肃省地理标志产品总产值达到613亿元,占全省农业增加值的50%以上;相关从业人数达到420万人,占全省农村人口的27%。地理标志产品通过品牌带动、基地化建设、规模化发展、标准化生产、产业化经营,有效提升了农产品品质和市场竞争力,在推动农业供给侧结构性改革、现代农业发展、农业增效、农民增收和精准扶贫等方面发挥了重要作用。

地理标志是产品的产地来源、独特品质和优良声誉的标志。地理标志保护与发展对提高农产品品质和声誉、实施品牌战略、乡村振兴、发展壮大县域经济、强县富民等工作意义重大。保护与发展县域地理标志是推动乡村振兴和富民强县的重要工作抓手,是推动县域经济与县域高质量发展的一大课题。甘肃省委省政府把地理标志保护与发展作为质量强省、知识产权和品牌战略的重要内容,高度重视并全力推进。2013年,甘肃省人民政府办公厅印发《河西走廊葡萄酒地理标志产品保护管理办法》;2016年,甘肃省市场监督管理局(原甘肃省质监局)投资89.6万元建立了甘肃省地理标志管理信息服务平台,利用现代信息技术手段,结合地理标志,以二维码为载体,实现了从地理标志认证、地理标志产品的规范化管理到地理标志申领、使用全程的跟踪管理。2018年,甘肃省在全国率先成立了甘肃省地理标志产品保护标准化技术委员会,负责全省范围内地理标志产品保护领域(食品类、中药材、工艺品等)的地方标准制(修)订、归口管理以及在甘肃省范围内开展地理标志产品保护领域的标准化相关工作。2020 年,甘肃省市场监督管理局开展了地理标志运用促进工程。2021 年,甘肃省成功获批了两个国家地理标志产品保护示范区。

甘肃省地大物博,拥有浓厚的历史底蕴,在这片神奇的土地上孕育了大量的特色、优势地理标志产品。每一件地理标志产品都是独特的自然条件与历史文明碰撞的结晶,蕴含了陇原大地的风土人情,陇原人民的千年记忆。为了更好地宣传甘肃省地理标志产品,让更多的人了解甘肃省的特产资源、风土人情,本书选取 57 个具代表性的甘肃省地理标志产品,对每个产品的基本信息、产地范围、历史传承、产区环境、生产方式、特色品质、营养价值、品牌荣誉等方面进行描述介绍,并配以相关产品的图片。本书是一部甘肃省地理标志产品查询的实用工具书。本书的出版有助于社会各界系统全面地了解甘肃地理标志产品,能更好地宣传地理标志产品,提高地理标志产品的知名度、美誉度和市场竞争力。

第一章　果品类

◎静宁苹果　◎平凉金果　◎花牛苹果　◎礼县苹果　◎庆阳苹果
◎秦安苹果　◎临泽小枣　◎小口大枣　◎民勤红枣　◎民勤蜜瓜
◎秦安蜜桃　◎敦煌葡萄　◎敦煌李广杏

静宁苹果

一、基本信息

静宁苹果

(一)品种

红富士系、秦冠。

(二)品质特点

色泽鲜艳、个大形正,果面光洁、质细汁多,酸甜适度,口感脆甜、硬度大、货架期长、极耐储藏和长途运输,果品耐储运,低温库存在1年以上。

(三)地理标志

地理标志保护产品(批准公告2006年第125号);

地理标志商标(注册9338063/25643872/25643873/25643874/25643875/256438号)。

(四)立地条件

海拔1300~1700 m;土壤为黄绵土,有机质含量≥0.9%,pH值7.5~8.0。

(五)产品生产总规模

种植面积101.2万亩,产量82万吨(2020年)。

二、产地范围

甘肃省静宁县仁大镇、李店镇、治平镇、深沟镇、贾河镇、余湾镇、雷大镇、双岘镇、甘沟镇、新店镇、古城镇、城关镇、城川镇、威戎镇、司桥镇、四河镇、红寺镇、细巷镇、界石铺镇、八里镇20个乡镇现辖行政区域。

三、历史传承

静宁，是伏羲女娲的诞生圣地，是华夏文明的发祥地之一，是农耕文化发展的中心区域，有栽种果树的悠久历史，据《平凉府志》《静宁州志》“物产篇”记载，静宁至少在3000年前，就开始桃、李、杏、梨、林檎、花红、模桃等果树的栽培。传说中的人文始祖给静宁这块古老而神奇的土地留下了丰富的林业文化遗产。

在静宁，自古就有探亲访友、探视病人带水果的习俗。每逢年头节下，什么果子成熟，人们就提什么果子走亲戚串门子，这种乡俗一直保留到今天。现在的静宁人在外地出差，总要给远方的朋友、亲戚带上静宁优质苹果，表示对他们的敬意和深切问候。去医院探视病人，一定要带上贴着“祝你健康”字样的苹果，寓意病人平安、如意、早日康复。每当苹果成熟时节，静宁地区的年轻人都要给自己的朋友、亲人送上一篮又嫩又甜的苹果，祝福一家人“平平安安”“快快乐乐”。

现代作家黄忠龙撰写的《静宁苹果赋》，讴歌了静宁人种植苹果的苦乐精神，称赞静宁苹果是采日月之精华、聚天地之灵气、历四季风雨之陶冶、经岁月阳光之佳酿的绿色优质产品。

四、产区环境

静宁县位于甘肃省东部，六盘山以西，华家岭以东，东接宁夏隆德县、南接秦安县，西连通渭县、北邻宁夏西吉县，西北与会宁县毗连，东南与庄浪县相依。地理坐标为东经105°20′~106°05′，北纬35°01′~35°45′。静宁地处黄土高原丘陵沟壑区，地势由西北向东南倾斜，海拔1600~2245 m，地形为葫芦河流域河谷川地、河谷盆地、丘陵坡地和梁峁地，有大小梁峁1098个，主要山梁13条，以葫芦河为界，东侧系六盘山分支，西侧为华家岭余脉。土壤以黄绵土为主，属暖温带半湿润半干旱气候，四季分明，气候温和，光照充足，年均气温7.1 ℃，无霜期159天，年均日照时数2238 h，年均降水量为450.8 mm。

静宁苹果种植区域为静宁县的20个乡镇，其中大部分位于素有“小江南”美誉的李店河流域，葫芦河、甘沟河、甘渭子河流域及其支干河的川源区、河滩地和浅山区的山台地区。这里四季分明，光照充足，在果品成熟期昼夜温差大，8~10月昼夜温差达16 ℃，非常有利于果品糖分的积累。保护区内土壤以黄绵土为主，土层深厚，质地疏松，pH值7.5~8.5，经过长期地面铺沙、覆草、覆地膜等覆盖技术的应用，有效地降低了水分蒸发，提高了土壤肥力，同时土壤中氮、磷、钾元素含量丰富，有机质含量0.5%~1.2%，富含苹果所需的多种微量元素，极有利于苹果生长。静宁地区水资源丰富，水源及流域内无任何工业、生活污染，水质好，重金属含量远低于国家标准规定的范围。土壤、大气、水质等七项生态指标均符合国家对环境保护的规定，符合农业部优势苹果区域布局规划和生态指标。静宁独特的地域、气候、土壤特点，非常有利于苹果生产，被农业部评为“黄土高原优生苹果最佳栽植区域”。

五、生产方式

(一)栽培管理

(1)栽植:栽植密度每公顷不超过660株。秋栽在土壤结冻前栽植,栽后灌水并埋土越冬。春栽在土壤解冻后,树苗发芽前栽植,栽后灌透水。

(2)土壤管理:实施铺沙、覆草、覆地膜等增温保墒土壤管理技术。

(3)施肥:有机肥每公顷不少于60 t,化肥施用量每公顷不超过1.5 t。基肥于秋季或早春开沟施入,深度30~40 cm,施入全部有机肥和全年用量2/3的化肥;追肥于花前、幼果膨大期开浅沟施入,深度15~20 cm,化肥施用量占全年用量的1/3。

(4)水分管理:视土壤墒情,在花前、幼果膨大期和冬季进行适时灌水。

(5)整形修剪:树形选择纺锤形或改良纺锤形,冬季修剪与夏季修剪相结合,实施四季修剪,每公顷枝量控制在90万~120万条。

(6)花果管理:进行人工疏花疏果,每20 cm留一个果,每公顷产量控制在45 t以内。

(二)采收和储藏

(1)采收:采收时间10月10日至20日,生育期170天。

(2)储藏:自然通风库储藏至翌年3月下旬;气调库储藏至翌年6月底。

六、特色品质

感官特色及理化指标分别见表1-1和表1-2。

表1-1 静宁苹果感官特色

项目	指标	
	红富士系	秦冠
果型指数	>0.9	>1.0
果形	果形端正	果形端正
色泽	色泽鲜红	色泽浓红
着色面	80%以上	80%以上
果梗	完整或统一剪除	完整或统一剪除

表1-2 静宁苹果理化指标

项目	单位	指标	
		红富士系	秦冠
硬度	kg/cm^2	≥8.0	≥6.5
可溶性固形物	%	≥14.5	≥13.5
总酸	%	≤0.40	≤0.35
固酸比	—	≤40	≤45

七、营养价值

苹果中可溶性固形物是指所有溶解于水的化合物的总称，包括糖、酸、维生素、矿物质等，其中可溶性糖是苹果可溶性固形物的主要组成部分，可溶性固形物是苹果的主要品质指标之一，其直接影响苹果的营养成分、风味和储运性能。苹果多酚是多元酚类物质的总称，是苹果中一种具有生物活性的次生代谢产物，具有抗氧化性、清除体内自由基、抑菌、抗衰老、抗肿瘤、抗过敏等功能。

与全国其他 3 种知名品牌苹果相比，静宁苹果在多酚含量、可溶性固形物两项苹果营养最主要的指标上具有压倒性优势（表 1-3），极具营养价值。2018 年 6 月，国家体育总局射击射箭运动管理中心、自行车击剑运动管理中心和北京体育大学开始采购静宁苹果，静宁苹果成功登上国家运动员食谱，助力健儿为国争光便是消费市场对静宁苹果营养价值高度认可的典型例证。

表 1-3　同类知名苹果对比

项目	静宁苹果	阿克苏苹果	洛川苹果	烟台苹果
多酚/（mg/100 g）	174.88	123.73	169.93	128.34
可溶性固形物/%	14.4	10.4	14.5	10.5

八、品牌荣誉

“静宁苹果”多次参加了上海林博会、深圳果蔬展览会、中国国际林业博览会等大型的果蔬展览展销推介会，先后获“中华名果”“2008 北京奥运推荐果品一等奖”等 13 个大奖。

2013 年 4 月，“静宁苹果”荣获中国驰名商标称号。

“静宁苹果”荣获 2015“全国互联网地标产品（果品）50 强”。

由全国供销总社、《中国果菜》杂志、中国果菜产业论坛组委会等部门联合举办的全国果菜产业质量追溯体系建设年会暨第十四届中国果菜产业论坛上，年会组委会授予“静宁苹果”“2016 全国果菜产业最具影响力地标品牌”。

2017 年“静宁苹果”被授予“2017 中国果品区域共用品牌价值英雄”荣誉。2017 供给侧改革与果菜产业绿色发展全国年会暨第十五届中国果菜产业论坛上，“静宁苹果”品牌被授予“2017 全国十佳苹果地标品牌”，在全国百佳参选地标产品品牌中，“静宁苹果”荣获“2017 年供给侧改革领军品牌”最高殊荣。

2018 年第四届中国果业品牌大会静宁苹果荣膺“2018 中国果品区域公用品牌评估价值百强榜”10 强，品牌价值 47.89 亿元，在参评的 131 个中国果品区域公用品牌中，“静宁苹果”位列第 10 位。

2019 年 10 月，在北京世园会优质果品大赛中，“静宁苹果”荣获金奖。

2020 年，“静宁苹果”入选首批中欧地理标志协定保护名录。

九、授权企业

“静宁苹果”授权企业，见表 1-4。

表 1-4　静宁苹果授权企业

地理标志	市场主体	统一社会信用代码
静宁苹果	静宁县格瑞苹果专业合作社	936208266654039479
静宁苹果	静宁县陇原红果品经销有限责任公司	9162082622602278XT
静宁苹果	静宁县常律果品有限责任公司	91620826778870971T
静宁苹果	静宁县麦林果业有限公司	91620826794864432X

平凉金果

一、基本信息

(一)品种

富士系、秦冠、新红星。

(二)品质特点

外形美观、肉质细嫩、酸甜爽口、香味浓郁、风味独特、货架期长、营养丰富。

平凉金果

(三)地理标志

地理标志保护产品(批准公告 2006 年第 208 号)；

地理标志商标(注册 4242078 号)。

(四)立地条件

以黄绵土、黑垆土为主，土壤 pH 值 7 ~ 8，地下水 1.5 m 以下，土壤有机质含量大于 0.9%。

(五)产品生产总规模

种植面积 256 万亩，197 万吨(2017 年)。

二、产地范围

甘肃省平凉市崆峒区、泾山县、灵台县、崇信县、庄浪县、静宁县等 6 个区县现辖行政区域。

三、历史传承

平凉市栽培苹果历史悠久，20 世纪 40 年代以前广泛种植国光、红玉、黄魁等苹果。

20 世纪 60 年代以后，平凉引进栽植红香蕉、黄香蕉等元帅系苹果。

20 世纪 80 年代初，平凉大面积栽植秦冠、新红星和红富士苹果，被农业部划定为苹果优势产区。

经过 30 多年探索实践，“平凉金果”栽植品系达到 21 个，培育出了 2 个具有自主知识产权的新品种，形成了以晚熟富士为主、早中熟合理搭配的多元产品体系。

四、产区环境

平凉市地处甘肃省东部，位于黄河中上游陇东黄土高原，土层深厚，属黄土高原沟壑区和暖温带半湿润气候区，光照充足，昼夜温差大，无霜期长，降水适中，病虫害少，是生产优质苹果的“黄金地域”，是国家农业部划定的苹果最佳适生区，所辖区域完全满足 7 项苹果生态指标，其中静宁、庄浪、泾川、灵台、崆峒 5 县（区）均列入全国优势区域重点县。

平凉市海拔高度适中（1000 ~ 1400 m），是苹果生长的最佳海拔高度。年平均气温适宜，8.3 ~ 11 ℃。光照充足，年日照时数为 2 136 ~ 2 458 h，着色期日照率在 70% 以上，无霜期 180 天。昼夜温差大，光照强，果实着色期温度为 13 ~ 17 ℃。降雨量适中，年均为 550 ~ 700 mm。黄土层深厚，达 50 ~ 100 m，有机质含量高，且质地疏松，透气吸水能力强；大气、水源无污染，病虫危害轻，用药次数少，具有苹果种植得天独厚的优势。

五、生产方式

（一）苗木培育

以海棠、山定子、新疆野苹果做砧木，优良种条做接穗，利用嫁接法培育苗木。

（二）栽培管理

（1）栽植密度：每亩种植不大于 60 株。

（2）授粉树配置：秦冠、金冠授粉品种与主栽品种的配比一般是 1 ∶ 4，采用隔行或混栽进行配置。

（3）土肥水管理：适时进行深翻改土、中耕，采用树冠下覆草、覆沙、果园生草等措施进行土壤管理。基肥于采果后落叶前施入，一般盛果期果园每亩施 4500 kg 以上有机肥。追肥每年至少 3 次，第一次在萌芽前后以氮肥为主；第二次在花芽分化及果实膨大期（6 月中下旬）追施氮磷钾肥；第三次在果实生长后期以钾肥为主。最后一次追肥在果实采收期 30 天前进行。果园依据墒情灌水 2 ~ 3 次，提倡滴灌、渗灌。

（4）病虫害防治：根据病虫害发生规律，按照平凉金果技术规程，适时对果园进行综合防治，最后一次施药距果实采收期最少 30 天。

（5）树形与结构参数：主要采用自由纺锤形、改良纺锤形树形，树冠高度 3.5 m 左右，每亩留枝量 6 万 ~ 8 万，长、中枝比例小于 15%，短枝比例大于 85%。

（6）产量指标：每亩产果不超过 3000 kg。

（三）采收与果实分级、包装、运输

分期采收，果实采收后，就地预冷，分类分级储藏。储藏温度保持在 -2 ~ 2 ℃，湿度

大于 75%。

六、特色品质

(一)感官特色

基本要求：果实发育充分，无异常气味，没有不正常的外来水分，具有适于市场和储存要求的成熟度。果实直径大于或等于 70 mm。

果梗：完整或统一剪除。

果实大小：小型为 135 ~ 200 g(不含 200 g)或 70 ~ 80 mm(不含 80 mm)；中型为 200 ~ 250 g(不含 250 g)或 80 ~ 85 mm(不含 85 mm)；大型为≥250 g 或 85 mm 以上。其他方面见表 1-5。

表 1-5　平凉金果感官特色

等级		特级	一级	二级
果形		具有品种固有特征，端正，果形指数 0.8 以上	果形指数 0.75 以上	端正，无畸形
色泽		集中着色面 85% 以上，条红或片红	集中着色面 75% ~ 85%（含 85%），条红或片红	集中着色面 60% ~ 75%（含 75%），条红或片红
果实缺陷	小斑点	无	允许小斑点，小红点和裂纹的数量不超过 5 个	允许小斑点，小红点和裂纹的数量不超过 10 个
	碰压伤	无	无	允许轻微碰压伤，果皮不变褐，面积不超过 0.5 cm^2
	磨伤	无	无	允许轻微碰压伤 1 处，面积不超过 0.5 cm^2
	果锈	无	无	无
	药害	无	无	无
	日灼	无	无	允许轻微灼伤，面积不超过 1.0 cm^2
	雹伤	无	无	允许轻微雹伤，面积不超过 1.0 cm^2
	虫伤	无	无	无
	蛀虫和裂果	无	无	无
注：以上允许缺陷果不得超过 2 项。				

(二)理化指标(表1-6)

表1-6 平凉金果理化指标

项目品种	指标	
	富士系	秦冠
硬度/(kg/cm^2)	≥8.0	≥6.0
可溶性固形物/%	≥14.5	≥13.5
总酸/%	≥0.40	≥0.35
维生素C含量/(mg/100 g)	≥5.5	≥5.0

七、营养价值

根据国家农业部质检中心检验,“平凉金果”平均重量为259.8 g,每百克维生素C含量达到7.1 mg,可溶性固形物含量为14.2%,硬度高达11.12 kg/cm^2,品质优于全国其他产区。

八、品牌荣誉

2006年,平凉市注册了中国第一个苹果类证明商标——“平凉金果”,金果之名由此而来。

2007年,平凉市荣获“中国果菜无公害十强市”称号。

2008年,在2008中国·昌平苹果擂台赛上,有全国苹果主要产区山东、陕西、河南、河北、新疆、山西、北京和我省等8个省(直辖市、自治区)24个代表队参加,全国5个系列700个参赛样品,经过北京农科院各项理化指标和安全指标检测,北京市公证处全程监督,全国30多名著名果树界专家、教授定量和定性评分,以及北京市民代表品尝评分后,平凉市选送的红富士品种、秦冠品种参赛样品分别荣获片红组和其他品种组一等奖,金冠品种荣获金冠组三等奖,以“平凉金果”为品牌的红富士苹果、秦冠苹果被评为“中华名果”。

2009年,“平凉金果”荣获中“国农产品区域公用品牌价值百强”称号。

2011年,“平凉金果”获得“最受消费者喜爱的中国农产品区域公用品牌”称号。

2012年,“平凉金果”获得“最具影响力中国农产品区域公用品牌”称号。

2014年,“平凉金果”被认定为中国驰名商标。

2015年,第四届中国(深圳)国际果蔬展览会上,“平凉金果”6个系列产品被评为“中华名果”。

2015年,“平凉金果”又获得“首届消费者喜爱的100件甘肃商标品牌”“2015中国果品区域公用品牌建设杰出贡献奖”“中国果业品牌50强”。

2016年,第九届亚洲果蔬产业博览会上,“平凉金果”在第二届国际苹果PK大赛中取得第一名,荣获“苹果皇后”称号。

2017年,“平凉金果”入选“2017中国果品区域公用品牌价值榜”价值英雄,位列全国第七，品牌价值 47.82 亿元。

2018 年，第四届中国果业品牌大会上，“平凉金果”荣膺“2018 中国果品区域公用品牌评估价值百强榜”10 强，品牌价值达到了 49.71 亿元。

2019 年，浙江大学 CARD 中国农业品牌研究中心联合浙江永续农业品牌研究院等发布了 2019 中国果品区域公用品牌价值评估报告，“平凉金果”位列全国第六，品牌价值达到了 50.01 亿元。

2020 年，第六届中国果业品牌大会及亚洲（广州）果蔬产业大会上，“平凉金果”荣登果品区域公用品牌价值榜，品牌价值 53.77 亿元。新冠肺炎疫情中，平凉市果农自发向全国的医务工作者以及抗疫主战场上的工作人员捐赠“平凉金果”260 吨，中国果品流通协会授予“平凉金果”产业联盟抗疫先进集体称号。

“平凉金果”畅销北京、上海、深圳、成都等全国 50 多个大中城市，打入了俄罗斯、东南亚以及欧盟、智利等国际高端市场。

花牛苹果

一、基本信息

（一）品种

红元帅系优良品种。

花牛苹果

（二）品质特点

果实圆锥形，全面鲜红或浓红、果形端庄、五棱明显、风味浓郁、果肉质细，致密，松脆，汁液多，风味独特，香气浓郁。经过储存放置，口感变得香浓绵软。

（三）地理标志

地理标志保护产品（批准公告 2007 年第 168 号）；

地理标志商标“天水花牛苹果”（注册 17259871 号）。

（四）立地条件

土层深厚，具有排水良好的沙壤土和中壤土，海拔 1000 ~ 1600 m，有机质含量≥0.9%，pH 值 6.5 ~ 8.0，地下水位在 2 m 以下。

（五）产品生产总规模

种植面积 42 万亩，产量 70 万吨（2020 年）。

二、产地范围

甘肃省天水市泰州区玉泉镇、太京镇、关子镇、西口镇、皂角镇、平南镇、天水镇、汪川镇、中梁镇、华岐镇、大门镇 11 个镇；麦积区花牛镇、伯阳镇、元龙镇、社棠镇、马跑泉镇、甘泉镇、渭南镇、中滩镇、新阳镇、石佛镇、琥珀镇11个镇；秦安县兴国镇、陇城镇、莲花镇、郭加镇、西川镇、刘坪镇、魏店镇、五营镇、叶堡镇、安伏镇、王窑镇、云山镇、王尹镇、兴丰镇14个镇；清水县永清镇、红堡镇、金集镇、远门镇、土门镇、郭川镇、贾川乡、丰望乡8个乡镇；甘谷县白家湾乡、磐安镇、安远镇、八里湾镇、新兴镇、西坪镇、大石镇、谢家湾乡、礼辛镇、大像山镇10个乡镇；武山县洛门镇、鸳鸯镇、四门镇、马力镇、咀头乡5个乡镇；张家川回族自治县张家川镇、刘堡镇、大阳镇、连五乡4个乡镇，共63个乡镇现行管辖区域。

三、历史传承

花牛苹果在天水市种植始于1927年。1906年，天水市麦积区廿十里铺乡花牛寨从辽宁省熊岳镇引进红元帅、金冠、国光等10个苗木品种，在技术人员的指导下，10个苗木品种都育植成功，其中红元帅以色、形、味俱佳而冠压群芳。1965年，花牛寨培育的红元帅首次运至香港试销，为了便于了解试销情况，技术人员在苹果箱的右上角均用铅笔注上“花牛”二字，作为记号。几经品尝，花牛苹果在香港异彩初放，轰动一时。当地报纸评说：中国的西北地区生产最优质的花牛苹果，果型、肉质、含糖量等项指标均优于美国的王牌苹果“蛇果”，并压倒世界各国名牌苹果。经香港市场评比，中国花牛苹果夺得了世界王牌称号。世界多国贸易商都与我国出口办事处签订了3年合同购买花牛苹果。中国农科院果树所新红星开发组在《对我国新红星苹果栽植区划的初步意见》中指出：天水所产的花牛苹果，在香港国际市场上售价很高，为我国出口苹果中信誉最高、数量最多的一个出口商品。从此，我国正式以“花牛”作为苹果品牌，向外大量出口。

四、产区环境

天水位于甘肃省东南部，地处陕、甘两省交界。这里物华天宝，人杰地灵，自古为陇东南经济、文化和物流中心，是中国历史文化名城，中华民族的主要发祥地之一。

天水横跨黄河和长江两大流域，南北气候条件兼而有之，地处大陆性暖温带半湿润、半干旱气候过渡带，气候温和，雨水适中，光照充足，有效积温高，冬无严寒，夏无酷暑，有“陇上小江南”之称。天水地处高海拔区，北部的陇中黄土高原山地、南部的南秦岭山地、东北部的陇山山地，构成了天然屏风，造就了独特而神秘的一方水土。果园大部分位于渭河及其支干流的浅山区和川道区，具有土层深厚、保水保肥性较强的特点，非常有利于果实正常生长、着色；花期、花后气温稳定，有利于果实坐果；在果品成熟期（8～10月），昼夜温差（10～15 ℃）大，非常有利于果品糖分的积累，符合农业部优势苹果区域布局规划和生态指标要求。

天水独特的气候、土壤资源孕育了独特的花牛苹果，引进的品种在天水栽植后，果实风味浓郁，光洁靓丽，质量均比原产地高。在栽培过程中，通过加强果园综合管理和严格的花果管理，培肥土壤，实施果园种草覆草，喷施果形剂，果实套袋、无公害等先进实用的生产技术，生产出的花牛苹果形正、个大、色艳、味美。“花牛”是中国苹果注册最早的商标，被公认为是与美国“蛇果”、日本“富士”齐名的世界三大苹果著名品牌。

五、生产方式

(一)栽培管理

1. 建园

(1)栽植时间:春栽或秋栽。

(2)栽植密度:普通型品种/乔化砧栽植密度≤840 株/公顷,短枝型品种/乔化砧栽植密度≤990 株/公顷。

2. 肥水管理

施肥包括基肥、追肥、叶面喷肥。基肥以农家肥为主。盛果期果园每公顷施有机肥≥45 t。视土壤墒情适时灌水。

3. 整形修剪

树形主要采用小冠疏层形、自由纺锤形、细长纺锤形。每公顷枝量≤120 万条。

4. 花果管理

实施花前复剪、花期授粉、疏花疏果、摘叶转果等花果管理技术,留单果。

(二)采收和储藏

(1)采收:8 月下旬至 10 月上旬,果实可溶性固形物达到 12.5% 以上时开始采收。

(2)储藏:采收后及时预冷、入库。常温储藏≤15 天,气调库储藏≤240 天。

六、特色品质

(一)感官特色(表 1-7)

表 1-7　花牛苹果感官特色

项目	要求
果形	端庄、果顶五棱突起
色泽	浓红或鲜红,果实着色度 95% 以上
成熟度	充分发育,达到市场或储存要求的成熟度
果梗	完整或统一剪除
果实大小 (按果实横径划分)	≥70 mm
果面	无缺陷(包括刺伤、碰压、磨伤、雹伤、裂伤、虫伤、病伤)

(二)理化指标(表 1-8)

表 1-8 花牛苹果理化指标

项目	要求
去皮硬度/(kg/cm^2)	≥6.5(储藏果≥4.5)
可溶性固形物/%	≥12.5
固酸比	≥35∶1

七、营养价值

花牛苹果中含有丰富的膳食纤维,钙、磷、钾等成分的含量也十分丰富,经常食用花牛苹果可以给身体带来更多的营养补充,增强人体的免疫力,增强抗病能力。

八、品牌荣誉

1989 年 12 月,花牛苹果荣获"农业部优质农产品证书"。

1993 年 12 月,花牛苹果在泰国曼谷"93 年中国优质农产品及科技成果装备展览会"上评为金奖。

1994 年 10 月,花牛苹果被评为全国林业名特优新产品博览会金奖。

2006 年 9 月,在"北京奥运推荐果品暨中华名果评选"活动中,天水花牛苹果栽培 2 号、阿斯、超首红、天汪一号四个品种被评为北京奥运推荐果品一等奖,同时荣获"中华名果"称号。

2007 年 10 月,在山东栖霞举办的全国优质苹果评选活动中,花牛苹果又以其独有的品质荣获六项大奖:"花牛苹果"荣获中国苹果著名品牌奖,俄矮 2 号、首红、新红星、瓦里短枝等四个苹果品种荣获中国优质苹果金奖,天汪一号荣获中国苹果新优品种奖。

2007 年 10 月,"花牛"苹果被中国果品流通协会评为"中国苹果著名品牌"。

在 2008 北京奥运推荐果品中天水市获 12 项大奖在展评活动中,花牛系列苹果共获得了 12 个奖项。

由中国果品流通协会、广东省农业农村厅等主办的以"品牌提升国际竞争力"为主题的 2020 第六届中国果业品牌大会和亚洲(广州)果蔬产业大会上公布,花牛苹果品牌评估价值以 43.07 亿元位列全国果品品牌价值榜高价值区域公用品牌序列,跻身前 15 强。

由中国苹果产业协会主办,国家苹果产业技术体系、国家苹果工程技术研究中心协办的 2020 年度中国苹果产业品牌大会上,"花牛"苹果荣获"2020 年度中国苹果产业榜样 100 品牌区域品牌"荣誉称号。

九、授权企业

"花牛"苹果的授权企业见表 1-9。

表 1-9 “花牛”苹果授权企业

地理标志	市场主体	统一社会信用代码
天水花牛苹果	天水德盛果蔬进出口有限公司	916205002249449246
天水花牛苹果	天水仲林果品有限公司	916205007896081357
天水花牛苹果	甘肃丰收农业科技有限公司	916205007896155389
天水花牛苹果	泰安县盈动果品有限公司	916205227840149285
天水花牛苹果	天水市果品气调储藏技术推广中心	12620500H17425105L
天水花牛苹果	天水市麦积区林果产品开发公司	91620503710241984X
天水花牛苹果	天水永兴果业有限公司	91620503784046030F

礼县苹果

一、基本信息

(一)品种

元帅系、富士系、金冠系。

礼县苹果

(二)品质特点

硬度较大,色泽鲜艳,果大整齐,酸甜可口,香气浓郁,果肉脆嫩,营养丰富,口感极佳。

(三)地理标志

地理标志保护产品(批准公告 2010 年第 159 号);

地理标志商标(注册 42070154 号)。

(四)立地条件

海拔 1000 ~ 1700 m,土层深厚,土壤为沙壤土和中壤土,有机质含量 0.8% 以上,土壤 pH 值 6.5 ~ 8.0。

(五)产品生产总规模

种植面积 60 万亩,34.6 万吨(2019 年)。

二、产地范围

甘肃省礼县肖良乡、雷坝镇、王坝镇、龙林镇、中坝镇、江口镇、石桥镇、城关镇、罗坝镇、崖城镇、永坪镇、永兴镇、祁山镇、盐官镇、马河乡、红河镇、宽川镇 17 个乡镇现辖行政区域。

三、历史传承

礼县历史悠久，据出土文物和文献考查，早在新石器时代，礼县境内就有部落定居。夏商时为雍州地，周为西垂（亦称西犬丘），秦属陇西郡之西县。

礼县是秦人发祥地，古文化遗址遍布全县，其中有闻名海内外的大堡子山秦公陵园，五代诗人王仁裕故里，高寺头、石沟坪仰韶文化遗址，诸葛亮六出祁山之地祁山堡及全国五大武侯祠之一——祁山武侯祠，三国古战场遗址——铁笼山。

1952 年，苹果被引进礼县，1956 年开始大量推广栽培，经过 60 多年的发展，全县已基本形成了沿西汉水上游两岸及其支流 60 km 的苹果林带，覆盖 14 个乡镇、234 个行政村、5.5 万户、24.7 万人，总面积 53.6 万亩，全县年产苹果 18.8 万吨，产值 4.52 亿元。产区内永兴乡实现了苹果整乡覆盖，何家、文家、捷地、马家、龙槐等 20 个行政村发展成苹果专业村。年苹果收入 10 万元以上的有 50 多户，5 万元以上的有 650 户，1 万元以上的有 9000 多户。苹果产业已成为当地群众脱贫致富和带动地方经济发展的支柱产业。

四、产区环境

礼县境内东北部为黄土梁峁沟整区，西汉水及其流域沿岸为全县苹果主产区。年平均气温 9.9 ℃，年绝对最低气温零下 20.1 ℃，年日较差 10.7 ℃，无霜期 183 天，年日照时数为 1968 h，冬无严寒，夏无酷暑，发展苹果产业有着得天独厚的自然优势，是国内外果树专家公认的苹果最佳适宜栽培区。礼县被农业部列为全国 60 个苹果重点生产县之一，全国 32 个优质水果生产基地县之一，被中国绿色食品发展中心列为国家 A 级绿色农业示范基地县。在全国第二次苹果优势产区规划中，礼县被确定为甘肃陇南浅山丘陵优势产区。

礼县土地面积宽广，自古以来就是以种植业为主的农业大县。粮食作物主要有小麦、玉米、大豆、马铃薯等，经济作物有胡麻、油菜、向日葵、大麻、烟草等，经济林苹果、核桃、梨、花椒、柿子、石榴、羊肚菌、蕨菜、刺五加（五加皮）、木龙头（乌龙头）、苦格菜等。全县森林面积 125 万亩，森林覆盖率 21.9%，森林覆盖地区主要在礼县南部和西北部。在上坪乡境内有 20 余万亩草原，这里水草丰茂，为礼县的牧区所在。

礼县苹果品种丰富，据调查统计，全县苹果品种约有 65 种。1990 年 8 月，《礼县农业区划汇编》完成，根据农业区划调查，苹果的发展区域东起盐官镇罗堡村，西至石桥镇王坪村区间的一水、五河、七条沟。礼县苹果主产区海拔 1400 ~ 1750 m，独特的气候及自然生态条件孕育的礼县苹果具有色泽鲜艳，果大整齐，酸甜可口，香气浓郁，果肉脆嫩，营养丰富，口感极佳，耐储耐运的特点。

五、生产方式

（一）栽培技术

（1）育苗：以八棱海棠及山定子为砧木，选择生长健壮、无检疫性病虫害、品质优良的母株采集接穗嫁接繁育苗木。

（2）定植。定植时间：春栽或秋栽。秋栽在土壤封冻前栽植。春栽在土壤解冻后，苗木发芽前栽植。定植密度：普通型品种/乔化砧栽植密度≤495 株/公顷，短枝型品种/乔化砧栽植密度≤725 株/公顷。

(3)施肥：每公顷施有机肥≥37.5 t。

(4)整形修剪：树形主要采用小冠疏层形、自由纺锤形、细长纺锤形，实施四季修剪。每亩(667 m^2)枝量≤8 万条。

(5)环境、安全要求：农药、化肥等的使用必须符合国家的相关规定，不得污染环境。

(二)采收

(1)采收：元帅系、金帅系在 9 月下旬至 10 月上旬采收，富士系在 10 月中下旬采收。

(2)储藏：采收后及时预冷、入库。元帅系常温储藏 15 天以下，气调库储藏 180 天以下；金帅系常温储藏 20 天以下；富士系常温储藏 30 天以下，气调库储藏 240 天以下。

六、特色品质

(一)感官特色

基本要求：具有本品种特有的风味和香味，无异常气味。

元帅系单果重 180～260 g，果形端正，果顶五棱突起；富士系单果重 180～280 g，果形端正，果个整齐；金冠系单果重 160～250 g，果形端正。

元帅系具有本品种成熟时应具有的色泽，着色面≥90%；富士系具有本品种成熟时应具有的色泽，着色面≥87%；金冠系果品果面金黄或向阳面带红晕。

元帅系果形指数≥0.86；富士系果形指数≥0.80；金冠系果形指数≥0.82。

果锈、果面缺陷应符合 GB/T 10651 规定(注：果面缺陷包括刺伤、碰压伤、磨伤、日灼、药害、雹伤、裂伤、虫伤、病伤)。其他见表 1-10。

表 1-10　礼县苹果感官特色

项目		指标		
		一级果	二级果	三级果
横径/mm	元帅系 富士系 金冠系	≥80	≥75	≥70

(二)理化指标(表 1-11)

表 1-11　礼县苹果理化指标

品种	项目指标		
	去皮硬度/(kg/cm^2)	可溶性固形物/%	可滴定酸/%
元帅系	≥6.5	13.2～15.2	≤0.29
富士系	≥6.9	13.5～15.1	≤0.27
金冠系	≥6.8	13.0～15.0	≤0.28

七、营养价值

礼县苹果中含有较多的钾，能与人体过剩的钠盐结合，使之排出体外。当人体摄入钠盐过多时，吃些苹果，有利于平衡体内电解质。礼县苹果由于其含有人体必不可少的各类氨基酸、蛋白质、维生素、矿物质以及胡萝卜素等，基本上可以满足人体的日常所需营养。研究表明，礼县苹果里含有的栎精是最好的。美国康奈尔大学的研究小组把小鼠的脑细胞浸到含有栎精和维生素 C 的液体中，发现小鼠脑细胞的抗氧化能力明显增强。因此，对于老年痴呆症和帕金森综合征患者来说，礼县苹果是最好的保健食品。

八、品牌荣誉

2007 年，“礼县苹果”被甘肃省农牧厅确定为知名品牌，每年苹果成熟季节均被外地客商一抢而空。

2005 年，礼县苹果通过了省农牧厅无公害产地认定，产品通过了农业部产品质量安全中心无公害产品认证。

2008 年，礼县苹果被中国绿色食品发展中心认证为绿色 A 级食品，同年荣获陕西杨凌中国国际第十五届农高会“后稷奖”。

2013 年 12 月，礼县苹果在浙江杭州举办的全国名优果品交易博览会上荣获“畅销产品奖”。

2017 年，礼县苹果产业荣获全国“2017 中国果业扶贫突出贡献奖”。

2018 年，“礼县苹果”荣获 2018 区域品牌(地理标志产品)价值百强榜第 94 名。

2019 年，“礼县苹果”以 11.15 亿元的品牌价值荣登 2019 中国果品区域公用品牌价值榜。

豫晋陕黄河金三角苹果展销会暨灵宝市第十四届金城果会上，“礼县苹果”荣获由中国果品流通协会和浙江大学 CARD 中国农业品牌研究中心颁发的“2020 苹果区域公用品牌 10 强”奖。

九、授权企业

礼县苹果授权企业见表 1-12。

表 1-12　礼县苹果授权企业

地理标志	市场主体	统一社会信用代码
礼县苹果	礼县浩涛果业专业合作社	936212265716055057
礼县苹果	礼县良友果专业合社	936212266860688424
礼县苹果	礼县乾亿果蔬开发有限责任公司	91621226720253110C
礼县苹果	礼县兴嘉果业专业合作社	93621226695642674J

庆阳苹果

一、基本信息

(一)品种

红富士系、元帅系、嘎拉系。

(二)品质特点

果实硬度大、果形端庄、色泽鲜艳、蜡质层厚、酸甜适度、耐储耐运、绿色有机。

(三)地理标志

地理标志保护产品(批准公告 2014 年第 39 号);

地理标志商标(注册 8008819 号);

农产品地理标志(登记证书编号 AGI00152)。

庆阳苹果

(四)立地条件

海拔 1100 ~ 1800 m,土壤类型为黑垆土、黄绵土,土壤有机质含量≥1.0%,土层厚度要求≥1 m,土壤 pH 值 6.5 ~ 8.3,总盐量≤0.3%。

(五)产品生产总规模

种植面积 177 万亩,90 万吨(2020 年)。

二、产地范围

庆阳苹果产地范围为甘肃省庆阳市西峰区董志镇、肖金镇、什社乡、显胜乡、温泉镇、后官寨镇,庆城县南庄乡、三十里铺镇、马岭镇、玄马镇、庆城镇、蔡家庙乡、驿马镇、赤城镇、白马铺镇、桐川镇、高楼镇,宁县湘乐镇、新宁镇、平子镇、早胜镇、和盛镇、新庄镇、米桥镇、良平镇、中村镇、太昌镇、焦村镇、南义乡、瓦斜乡、盘克镇、春荣镇,正宁县三嘉乡、山河镇、榆林子镇、宫河镇、永和镇、西坡镇、五顷塬回族乡、永正镇、湫头镇、周家镇,合水县太莪乡、板桥镇、老城镇、西华池镇、吉岘乡、何家畔镇、店子乡、段家集乡、肖咀镇,镇原县城关镇、南川乡、郭原乡、庙渠镇、开边镇、屯字镇、上肖镇、新集镇、太平镇、临泾镇、孟坝镇、中原乡、平泉镇、新城镇,华池县怀安乡、五蛟镇、上里塬乡、王咀子乡、柔远镇、悦乐镇、城壕乡、环县环城镇、木钵镇、曲子镇、合道镇、天池乡、樊家川镇、八珠乡现辖行政区域。

三、历史传承

庆阳苹果栽培演化历史悠久,早在秦汉时期就有栽培绵苹果的记载。特别是在汉武帝时期,庆阳苹果栽培开始进入鼎盛时期,到唐宋时沙果、蜜果、红苹、白苹等已在民间庭院广为种植。在庆阳一些历史文献和地方志上屡有记载,距今1600年的《群芳谱》一书,就载有环县栽种沙果的史实;清乾隆年间,赵本植修《庆阳府志》共载有栽培及野生果20余种,即"梨、桃、杏、李、枣、林檎、沙果、楸子、花红、樱桃、榛子、棠球、葡萄、木瓜、石榴、山桃、来檎、柚子、柰子、核桃等";光绪三十二年(1906年),宁县城乡有桃、杏、李、梨、枣、柰、核桃、桑树等树5400余株,当年"劝谕伸约",新栽2237株;民国时期,干戈不断,时局动荡,农事不稳,果树生产濒临于萧条待毙。时至今日,仍有不少"泡果"类型散生于宁县、庆城等地田间。庆阳商业性栽培的"苹果"主要指西洋苹果,此品种栽培开始于1942年,由天主教传教士将红绞、国光、青香蕉等5个品种传入庆阳县三十里铺和西峰镇两个教堂内开始观赏栽培,而真正作为商业性栽培应该是进入新世纪后,1953年原西北农业科学研究所在西峰黄委会水保站建立苹果品种示范园,庆阳市把发展苹果确定为特色优势产业之一,2002年农业部又把庆阳苹果纳入中国优势产业带,庆城县率先被确定为全省唯一的无公害苹果示范县,此后2006年省农牧厅又命名正宁县为无公害水果生产示范基地县。

四、产区环境

(一)土壤地貌情况

庆阳苹果产区,地貌特征多数为高原及沟壑。土壤为黑垆土和黄绵土,土层深厚,黄土覆盖80~30 m,而且质地疏松、透气蓄水保肥能力强,富含钾、镁、钙、锌等多种微量元素,有机质含量大约在1%以上,土壤氧气浓度为10%~15%,pH值为7.0~8.4,总盐量低于0.28%,有利于苹果根系生长,保证树体和果实生长发育所需要水分、养分,有利于提高苹果品质,是形成庆阳苹果特色的基础条件。

(二)水文情况

庆阳苹果产区系黄河中游黄土高原沟壑区,市内有马莲河、蒲河、洪河、四郎河、葫芦河五条河流,较大的支流有27条。年平均总流量26.7 m^3/s,总径流量8.43亿m^3,全市地下水净储量约43.39亿m^3,动储量3714万m^3。市内年降水量为550~680 mm(全国生产苹果最适宜区要求:降水490~660 mm),降雨适中,水源纯净、无污染。这一降雨特点使得空气湿度相对较低,不利于各种病虫害的发生和繁殖,果树病虫害的侵染种类少、危害较轻,果园用药浓度低、次数很少,并且这一区域暂时没有形成工业污染,苹果生产环境和地域特征得到较好的保护。

(三)气候情况

在苹果生长期(4~10月),庆阳苹果产区海拔在880~1400 m,光照强度为35000~50000 Lx,年日照时数2200~2500 h,其中八九月份在300 h以上;平均气温在13~18 ℃,大于10 ℃的积温在1500~3000 h,夏季6~8月均温在19~23 ℃,绝对高温≥35 ℃的天数不超过5天。开花期温度为15~23 ℃,花芽分化期温度为20~25 ℃,果实发育期温度在25 ℃左右。而且昼夜温差大,气温日较差11.6~16.8 ℃,白天果树养分积累较多,夜晚消耗较少,果品中糖、酸和维生素等的含量增加,风味浓,肉质脆。这一气候特点非常适宜苹果生产，属于1981年中国农业科学院果树研究所全国苹果区划研究报告中的我国苹果生产最适宜区。

五、生产方式

（一）栽培管理

（1）苗木繁育：乔化品种/八棱海棠或山定子，矮化品种/M26或SH/八棱海棠或山定子，嫁接繁殖。

（2）栽植：栽植时间为3月下旬至4月中旬或10月上旬至11月上旬。乔化栽植密度≤60株/亩，矮化栽植密度≤20株/亩。

（3）施肥：农家肥每亩≥4000 kg，落叶后使用。

（4）整形修剪：乔化品种选用小冠疏层形和良纺锤形，矮化品种选用纺锤形。冬季修剪与夏季修剪相结合。

（5）环境、安全要求：农药、化肥等的使用必须符合国家的相关规定，不得污染环境。

（二）采收

8月中旬至10月下旬。嘎啦系、元帅系、红富士系的各品种依照当地气候特点及果实成熟度适时采收。采收技术要求符合NY/T 983规定。

六、特色品质

（一）外观指标

果肉致密、果形端庄、果色鲜红、蜡质层厚、酸甜适度、耐储藏。根据果实外观评价指标，分为特级、一级和二级3个等级。其中在果面缺陷指标中，除一级和二级果允许小斑点、小点和裂纹总数≤5个外，不得有碰压伤、枝叶磨伤、水锈或垢斑病、药害、日灼、雹伤、虫伤、蛀果、裂伤、病害。

其他具体指标见表1-13～表1-15。

表1-13　庆阳苹果品种的单果重量与等级

品种	重量范围/g	其中		
		特级	一级	二级
嘎拉系	140～180	≥180	≥160	≥140
元帅系	180～240	≥240	≥210	≥180
红富士系	180～240	≥240	≥210	≥180

表 1-14　庆阳苹果的感官指标

项目指标	品种		
	嘎拉系	元帅系	红富士系
果形指数	≥0.75	≥0.90	≥0.85
果形	果形端正	果形端正	果形端正
着色度/%	≥80	≥90	≥85
果梗	完整或统一剪除	完整或统一剪除	完整或统一剪除

表 1-15　庆阳苹果的果锈指标

项目	特级	一级	二级
褐色片锈	不超过梗洼,不粗糙	可轻微超出梗洼,表面不粗糙,面积≤0.5 cm^2	
网状薄层	网状薄层不得超过果面 2%	轻微超出梗洼之外,不粗糙,面积≤0.5 cm^2	
重锈斑	无	果实阴面有轻微网状薄锈,面积≤0.7 cm^2	

(二)理化指标(表 1-16)

表 1-16　庆阳苹果理化指标

项目指标	品种		
	富士系	元帅系	嘎拉系
单果重/g	180～240	180～240	140～180
果形指数	≥0.85	≥0.90	≥0.75
着色度/%	≥85	≥90	≥80
果实硬度/($kg \cdot cm^{-2}$)	≥7.5	≥7.0	≥7.0
可溶性固形物/%	≥15	≥12	≥13
可滴定酸/%	≥0.25	≥0.3	≥0.3

七、营养价值

庆阳红富士苹果可溶性固形物含量为 16.5%、每百克维生素 C 含量为 7.17 mg、总酸量 0.40%、总酚含量 0.93 mg/g。可溶性固形物含量高于或等于其他地区的苹果,可溶性固形物包括糖、酸、维生素、矿物质等,矿物质是人体必需的七大营养素之一,如磷和铁等元素，有补脑养血的作用；钾元素，能与人体过剩的钠盐结合并使之排出体外，从而降低血压；锌元素是人体内许多重要酶的组成部分，是促进生长发育的关键元素，还是构成与记忆力息息相关的核酸与蛋白质的必不可少的元素。维生素在人体生长、代谢、发育过程中发挥着重要的作用，是必须从食物中获得的一类微量有机物质。庆阳苹果的香气化合物种类高达 46 种以上，实践表明，让精神压抑患者嗅苹果香气后，心情会大有好转，精神轻松愉快，压抑感消失，是治疗抑郁和压抑感的良药。

八、品牌荣誉

2002 年，南部塬区苹果基地环境经过甘肃省农业环境质量保护站检测评估，符合国家无公害苹果生产环境质量要求。同年 9 月，农业部委托甘肃省农牧厅专家组对庆城县无公害水果生产基地创建工作进行检查，通过了验收，庆阳县获得农业部“百家无公害农产品生产基地创建先进县”称号，并在全国进行了经验交流。

2015 年，在第十三届中国国际农产品交易会上，“庆阳苹果”荣获第十三届中国国际农产品交易会果品区域公用品牌。

2016 年，中国苹果品牌大会上“庆阳苹果”斩获 2016 年度中国最具影响力的十大区域公用品牌。“庆阳苹果”的品牌价值已达 17 多亿元。

2019 年 11 月，“庆阳苹果”入选中国农业品牌目录 2019 农产品区域公用品牌。

2020 年 9 月，由《中国农业》杂志社、中国农产品协会组织的国家级评估专家评估，“庆阳苹果”农产品公用品牌价值达 202.72 亿元。

秦安苹果

一、基本信息

（一）品种

长富二号、宫崎、惠民等着色系富士品种。

（二）品质特点

果实外形端正高桩，整齐均匀。果面细腻，着色面积 60% 以上，光洁度高，果点小。果皮薄，果肉黄白色，肉质细脆，汁液多，果核小。

秦安苹果

（三）地理标志

地理标志保护产品（批准公告 2018 年第 33 号）；

地理标志商标（注册 8627790 号）；

农产品地理标志（登记证书编号 AGI00362）。

（四）立地条件

海拔 1200～1700 m，无污染，有集雨节灌或提灌设施。土壤为黄绵土、淀土，pH 值 7.5～8.1，有机质含量 1% 以上。

（五）产品生产总规模

种植面积 61.37 万亩，84.9 万吨（2020 年）。

二、产地范围

秦安苹果地理标志产品保护范围限于国家质量监督检验检疫行政主管部门根据甘肃省批准保护的秦安县行政区域内兴国镇、西川镇、莲花镇、陇城镇、五营镇、郭嘉镇、叶堡镇、安伏镇、魏店镇、千户镇、王尹镇、兴丰镇、王铺镇、王窑镇、中山镇、云山镇、刘坪镇 17 个镇。

三、历史传承

秦安古称成纪，是人文始祖伏羲、女娲的故乡，具有八千年历史的人类文化遗迹——大地湾遗址，就在秦安县五营乡境内，素有“羲里娲乡”之称。秦安农业历史悠久，可追溯到距今 7800 年的大地湾农业，经专家发掘论证，大地湾农业是中国旱作农业起源地之一，大地湾古遗址考古发现，7000 年前境内先民们开始了定居农耕生活，出土丰富的彩陶和生产工具证实了大地湾农业的繁荣景象。秦安独特的地理位置自古以来就是中国北方落叶果树的适宜栽培黄金纬度区之一，也是楸子、沙梨、毛桃等果树及白脆瓜的起源和最早传统栽培区之一。秦安果树栽培历史源远流长，据《秦安县志》记载，魏晋时期已有秦桃栽培；唐宋以前，蔷薇科苹果属的楸子、山定子等野生苹果已有栽培；唐宋时期，齐桃、二格子桃和秋桃就以个大味美而远近闻名；沿至明清，明代《秦安志》记载，秦安种植的有梨、桃、李、杏、枣、樱桃等多种北方落叶果树。20 世纪 40 年代，苹果被引入秦安开始栽培；新中国成立后，经济林果迅速发展，20 世纪 50 年代初期引进了黄奎、黄元帅等苹果苗，全县有果树 1240 亩，1959 年全县果树已发展到 0.17 万公顷，栽培有苹果、梨、桃、杏、葡萄等 10 多种果树。1961 年，秦安县又引进国光、祝光、旭等品种。

1985 年 8 月，秦安县园艺局从甘肃省果树所引进苹果接穗嫁接于重点农户，品种有群富、红矮生、红洽罗德、红富士、富士、山富 2、群富 2、长富 2、长富 7、王林。

1986 年，在秦安县园艺局指导下，部分农户繁育红富士苹果苗木 120 万株，在全县栽植。

1992 年，陇城镇政府从山东栖霞引进长富 2、惠民、宫崎等品种建成千亩优质苹果基地。

1993 年，秦安县园艺局先后从辽宁兴城果树研究所、陕西省农科院等部门引进脱毒苹果苗 600 株，在西川良种场建立母本园 10 亩；引进脱毒接穗 1.2 万枝，富士系有长富 2 号、长富 6 号、岩富 10 号、新乔纳金、乔纳金、北斗，嫁接于苗圃和育苗农户，进行无病毒苗木繁育。

1998 年，秦安县园艺局从山东栖霞马作寿处引进寿红富士接穗，嫁接于重点果树乡镇的农户。

1999 年,秦安县园艺局从陕西杨凌引进 2001 富士苗木 5000 株,定植于莲花、陇城、郑川等地。

四、产区环境

秦安苹果产区地处甘肃省东南部,渭河主要支流的葫芦河下游。位于东经105°20′~106°20′,北纬 34°44′~35°11′,海拔高度 1120~1700 m,属陇西黄土高原渭北梁峁沟壑山区。地势北高南低,西高东低,土壤深厚肥沃。

(一)光照

秦安苹果产区光照充足,太阳辐射资源丰富。全年日照总时数 2206.7 h,年总辐射为 487.66 kJ/cm^2;六、七、八月是秦安苹果果实迅速生长和养分积累期,月均日照时数为 249.6 h,月总辐射为 60.14 kJ/cm^2,非常适宜苹果的生长与结果,是秦安苹果品质特征形成的主要因素。

(二)气温和地温

秦安苹果产区内年平均气温 10.4 ℃,苹果生长期(1~4 月)温量指数 81,夏季 6~8 月气温 20.7~21.5 ℃,是苹果果实生长发育的最适温度,优于盛产“蛇果”的美国华盛顿州的气温。产区年最高气温 22.7~28.8 ℃,极端最高气温 37.8 ℃,影响秦安苹果光合作用的有害高温日明显少于其他地区,平均为 3 天。冬季 1 月最冷,月气温-5.6~3 ℃,极端最低气温-18.9 ℃,高于或等于 10 ℃的年积温为 3382.8 ℃;无霜期平均为 176 天。秦安苹果开花和幼果期(4 月中旬至 4 月下旬)气温 10.0~14.2 ℃,适宜于授粉和坐果。果实成熟期产区昼夜温差大,利于苹果着色和糖分积累,产区平均地面温度为 12.7 ℃,最冷月 1 月平均气温为-3.1 ℃,最热月 7 月平均气温 26.8 ℃,温度差异较大。冻土深度最厚达 51 cm,有利于减轻病虫害发生和危害。

(三)降水和蒸发量

秦安苹果产区年平均降水量 507.3 mm,年平均蒸发量为 1448.8 mm,蒸发量远高于降水量,为陇中南部半干旱、半湿润气候区。产区多晴少雨,空气较干燥,但有稳定的河水、泉水和集雨接灌水窖,能够满足苹果生长结果的需水要求,又适当抑制苹果病虫害的发生。

(四)风

秦安苹果产区季风变化较有规律,常以东南风与西北风交替出现,冬季多为西北风,夏季多为东南风,微风细雨造就了秦安苹果色泽艳丽、果形端正、果面光洁、肉质细嫩、风味浓香的特殊品质。

(五)土壤特点和水资源

秦安苹果产区土壤主要为黄绵土和淀土,土层深厚,土性疏松绵软,通透性好,耕作层有机质含量 1.08%,全氮 0.068%,速效磷 7 mg/kg,有效钾 235 mg/kg,土壤 pH 值 7.5~8.1,土壤容重 1.03 g/cm^3,极适宜苹果的生长发育。秦安苹果产区主要有葫芦河、散渡河两大水系，清水河、显清河、南小河和西小河 4 条支流。本产区地表水平均径流量 8 313 万 m^3，地下水净储量仅为 6 244 万 m^3。随着国家集雨节灌工程的实施，苹果产区无灌溉条件的园区全部建成了集雨节灌水窖。自然和人工水源有效地保证了秦安苹果的生长用水，优良无污染的水质决定了秦安苹果汁多、高桩、味美的品质特征。

五、生产方式

(一)栽培管理

(1)育苗：以陇东海棠、新疆野苹果为主要砧木或以 M26 为中间砧木进行苗木嫁接繁育。

(2)定植密度：株行距为(2 m×4 m)、(2.5 m×4 m)、(3 m×4 m)、(3 m×5 m)。每公顷栽植株数660～1245 株。

(3)定植时间：春植为 3 月中下旬；秋植为 11 月，秋植苗木可埋土越冬。

(4)施肥管理：9 月下旬至 10 月底施基肥，施肥方式为沟施或穴施。施肥量盛果期果园每亩(666.7 m^2)施有机肥 3000～4000 kg，复合肥 30～50 kg。

(5)产量控制：每亩(667 m^2)产量控制在 2500～3000 kg。

(二)采收和储藏

(1)采收：采收时间 10 月 15 日至 11 月 5 日，生育期 180 天。

(2)储藏：自然通风库储藏至翌年 3 月下旬；冷藏气调库储藏至翌年 8 月底。

六、特色品质

(一)感官特征

具体见表 1-17，其中果面缺陷要求：允许小斑点，小红点和裂纹的数量不超过 5 个；无碰压伤；无磨伤；无果锈；水锈允许轻微薄层，面积不超过 1.0 cm^2。无药害；允许轻微日灼，面积不超过 1.0 cm^2。允许轻微雹伤，面积不超过 1.0 cm^2；无虫伤；无裂果；且以上果面缺陷不超过 2 项。

表 1-17　泰安苹果感官指标

项目	要求
外观	果实外形端正，整齐均匀，果面细腻，光洁度高，果点小
滋味和气味	具有本品种应有的滋味和气味，果皮薄，果肉黄白色，肉质细腻，汁液多，果核小，无异味
着色面积(色泽)	红或条红 60% 以上

(二)理化指标(表 1-18)

表 1-18　秦安苹果理化指标

项目	技术要求
单果重(平均)/g	250
硬度/(kg · cm^{-2})	≥8.0
可溶性固形物/%	≥13
总酸量/%	≤0.4

七、营养价值

秦安富士苹果中含有较高的营养价值。经检测,秦安苹果果实硬度为8.56 kgf/cm^2,可溶性固形物含量为 152.0 g/kg,均高于国家《鲜苹果》(GB/T 10651—2008)标准中对富士苹果的规定值,与全国苹果优势产区 55 个苹果生产重点县(黄土高原区产 4 省和渤海湾产区 3 省)165 个样品、渤海湾产区以及黄土高原产区的平均值相比,可溶性固形物含量指标分别高出 12.44%、18.59%和 6.68%;果实硬度指标分别高 14.13%、15.83%和 12.48%。此外还含有胡萝卜素、脂肪、蛋白质、钙、铁等人体所需的营养物质,具有降血压、抗氧化、强化骨骼、平衡人体酸碱度等功效。红富士苹果果胶属于可溶性纤维,不但能促进胆固醇代谢,有效降低胆固醇水平,更可促进脂肪排出体外。苹果中所含的微量元素钾能扩张血管,有利高血压患者疾病的预防;而锌亦是人体所需微量元素,缺锌会引起血糖代谢紊乱与性功能下降。因此日常食用苹果不但能起到一定的保健作用,而且饭前食用苹果能增加饱腹感,减少进食量,达到减肥的目的。

八、品牌荣誉

2003 年,“秦安苹果”注册“大地湾”商标; 2003 年被天水市人民政府评为“名牌优质农产品”; 2003 年秦安县果品市场被农业部列为“果品产地定点批发市场”。

2004—2006 年,秦安苹果(新红星、红富士、金冠)被国家绿色食品发展中心认证为“绿色食品”。

2005 年,秦安县被甘肃省人民政府确定为“甘肃省无公害水果生产示范基地县”。

2007 年,秦安苹果(秦富一号红富士)获 2008 年奥运推荐果品一等奖,同时荣获中华名果称号。

2008 年,秦安县获“中国甘肃优特苹果生产基地”称号。

2009 年,秦安县被中国果树产业品牌论坛组委会命名为“中国苹果之乡”,全国现代苹果产业 20 强县;“秦安苹果”荣登“2018 中国果品区域公用品牌价值榜”,荣获“2019 年度中国果业最受欢迎的苹果区域公用品牌 10 强”。

中国果品流通协会主办的第六届中国果业品牌大会暨亚洲果蔬产业大会上发布了《2020 果品区域公用品牌价值评估结果》,“秦安苹果”在 130 个品牌名称中排名第 29 名,品牌价值人民币 28.59 亿元。

临泽小枣

一、基本信息

(一)品种

临泽小枣。

(二)品质特点

鲜枣果实呈椭圆形,果面平整光亮,深红色,果肉绿白色,酥脆多汁,味甜略酸。干枣果皮深红色,肉质细腻,皮薄核小,果味甘甜,久储不坏,无虫蛀。

临泽小枣

(三)地理标志

地理标志保护产品(批准公告 2008 年第 64 号);

地理标志商标(注册 4104938 号)。

(四)立地条件

海拔 1350 ~ 2200 m,土壤 pH 值 7.5 ~ 8.5,有机质含量 0.5% 以上,土壤含盐量≥0.35%,地下水位 1.0 m 以下,有灌溉条件。

(五)产品生产总规模

种植面积 13.41 万亩,2.68 万吨(2017 年)。

二、保护范围

甘肃省张掖市临泽县全境以及甘州区沙井镇,高台县南华镇现辖行政区域。

三、历史传承

临泽枣树栽培历史悠久。相传在 2000 多年前,临泽板桥一带黑河水流湍急,水势凶猛,常常淹没人畜,阻隔交通,黑河岸边有一个叫何仙姑的女子,她看到这种情况,便下决心在黑河上为百姓建立一座木板桥,“板桥”也由此得名。传说汉将霍去病西征匈奴,途中被黑河水所阻,且连日征战,人困马乏,正在危急时刻,突然看见河对岸出现一个红衣女子,拿出头上发簪设冰桥帮助霍将并以甘甜大枣相赠,汉兵士气大振,连连出击。霍去病得胜回朝,将这件事奏明了汉武帝。汉武帝敕封该女子为“平天仙姑”,敕令在合黎山下建庙供奉,至今古迹犹存。

据《战国策》记载,“北有枣粟之利,民虽不由田作,枣粟之实,足食于民矣”,这是关于北方种植红枣的最早史实。从史料考证,临泽民众种植枣树,始于 1400 多年前的隋唐时期,明清时期已经渐成规模。《皇明经世文编 · 卷一百八十六》记载:洪武二十七年

(1394 年),明太祖为推广桑枣果树的种植,特命工部行文“教天下百姓,务要多栽桑枣,每一里种二亩秧,每一户初年二百株,次年四百株,三年六百株。栽种过数目,造册回奏,违者全家发云南金齿充军”。明初这种强制民间栽种桑枣果树的政策,有力地促进了枣树的发展。清朝时期,在栽培技术方面,出现了枣粮间作;在储藏方面,相继出现了干枣的缸藏、窖藏;在加工方面,则出现了蜜枣、酒枣、炕枣等新的产品。新中国成立后,红枣产业得到了极大的发展,改革开放以来,以酸枣为砧木的嫁接育苗技术、现代化的土肥水管理、整形修剪、生物调节技术、病虫害无公害防治等现代农业技术,在枣树上得到大规模应用。2002 年临泽县委、县政府将枣树确定为“县树”,临泽小枣已成为临泽县对外宣传的经济名片。

四、产区环境

临泽县隶属于河西走廊中段的张掖市,地形为“两山夹一川”,中部是平坦的走廊平原,属于全国著名的商品粮基地金张掖的核心区。临泽地处北纬 38°农作物生长黄金地带附近,气候特征四季分明,四季光照充足,年平均日照时数为 3 052.9 h,昼夜温差较大,县城年平均日较差 14 ℃,年平均气温为 7.7 ℃。因该地区温差大、光照时间长,导致植物白天光合作用强、夜晚呼吸作用弱,积累的干物质较多。9 月中旬,临泽的温度时高时低,但能维持 25 ℃左右,夜间温度在 12 ℃左右,白天夜间温差大,适宜果实的成长和糖分的积累。9 月下旬,温度降至 20 ℃左右,果实生长缓慢,开始着色。待果实成熟后,10 月中旬,气温降至 16 ℃,果树进入休眠期。

张掖水资源发源于祁连山 960 条冰川的 26 条主要河流汇集成的黑河,川流不息的地表水及地下水和祁连山固体冰川,为张掖绿洲灌溉农业创造了得天独厚的条件,千百年来,肥沃的土壤,涓涓的祁连雪水和优越的自然环境孕育出了品质优良的临泽小枣。

西北地区风沙较大,因其叶片较小,挂果中后期抗风沙能力较强。枣树因其极强的湿度适应性,被称为“铁杆庄稼”。无论是年降雨量不超过 1700 mm 的长江两岸地区、降水 400 ~ 800 mm 的黄河秦岭及东北地区,还是年降水量不低于 100 mm 的西北地区,枣树都适宜生长。临泽县属大陆性荒漠草原气候,干燥少雨,多风蒸发大。临泽小枣在抗风、抗旱的气候条件下结果长大,果皮韧性强,成熟后不易裂果,极耐储藏运输。

五、生产方式

(一)育苗方法

根蘖归圃育苗法、枣园开沟断根育苗法、枣园起土促萌法、组织培养法和酸枣作砧木嫁接法。

(二)栽植时间

发芽前(4 月 25 日至 5 月 8 日)栽植。

(三)栽植密度

(1)枣粮间作:株距 2 ~ 3 m,行距大于 5 m,300 ~ 900 株/公顷。

(2)密植枣园:株距 1 ~ 2 m,行距 3 ~ 4 m,1 200 ~ 3 000 株/公顷。

(四)肥水管理

秋末落叶前一个月(9月中旬)施足基肥,优质农家肥60~80吨/公顷。

发芽前、开花前、幼果膨大期及时追肥。

全年灌水4~6次。

(五)整形修剪

冬季修剪与夏季修剪相结合,枝组配置合理,枝条分布均匀,树体通风透光良好。

(六)果实采收

9月20日以后适时采收。

六、特色品质

(一)感官品质

鲜枣:果实椭圆形,纵径2.4~2.6 cm,横径2.2~2.4 cm,平均单果重6.1 g以上,最大单果重9.5 g;果面平整光亮,深红色,果肉绿白色,肉质致密细脆,味甜略酸,汁液中多。

干枣:果皮深红色,果味甘甜。

(二)理化指标

鲜枣:可溶性固形物含量35%~38%,酸含量0.55%~0.78%,维生素C含量600 mg/100 g以上,制干率50%以上。

干枣:水含率14%~16%,糖含量72.8%~80.2%,酸含量1.1%~1.2%,可食率90%以上。

七、营养价值

临泽小枣含有丰富的碳水化合物、蛋白质、氨基酸、矿物质、维生素、环磷酸腺苷及卢丁等,鲜红枣果肉的维生素C含量达380~667 mg/100 g,是苹果的70~80倍,香蕉的60倍,柑橘的10倍,比号称“维生素C之王”的中华猕猴桃还高3~4倍。临泽小枣除鲜食外,还可晒制干枣,加工制成蜜枣、熏枣、脆枣以及酒枣等。红枣还是重要的中药,具有健脾益气、养血安神、润肺止咳、调和诸药的作用,对高血压、动脉粥样硬化、冠心病等症有较好的疗效,且具有预防癌症、延年益寿的功效。

八、品牌荣誉

临泽小枣自古以来享有盛名,是独具特色的地方名优特产品。临泽小枣被评为“甘肃省优质农产品”,获“甘肃省名、优、特、新产品博览会金奖”“全国名、优、特、新特产品博览会银奖”,1995年被贸易部评为“中华老字号”产品;自强生态农林科技有限公司种植的临泽小枣2018、2019年连续两年被国家农业部认证为有机食品。

2020年甘肃省农业农村厅公布了“甘味”农产品区域公用品牌名单(50个)和“甘味”农产品企业商标品牌名单(150个),“临泽小枣”入选“甘味”农产品区域公用品牌名单。

小口大枣

一、基本信息

（一）品种

传统本地大枣，因原产于甘肃省靖远县石门乡小口村而得名。

（二）品质特点

果形为椭圆形，外观紫红色油亮，表皮不褶皱。果实个大肉厚、皮薄核小、味浓，久放不干，耐储存。

小口大枣

（三）地理标志

地理标志保护产品（批准公告2010年第53号）。

（四）立地条件

保护区范围内海拔1300～1500 m，土壤类型为红壤或黄绵土，质地为沙壤土或中壤土，pH值7.2～8.0，土壤有机质含量≥0.6%。

（五）产品生产总规模

种植面积3.8万亩，年产量1.36万吨（2020年）。

二、产地范围

甘肃省靖远县石门乡、双龙镇、北湾镇、高湾镇、糜滩镇、三滩镇、平堡镇7个乡镇现辖行政区域。

三、历史传承

在明清时期，黄河沿岸有成片的枣园，产品远销宁夏、内蒙古等地，其中产于石门乡小口村的小口大枣因其果大肉厚核小，甜脆清香而闻名遐迩，为敬献贡品。民国《靖远县新志》记述，“靖远小口大枣在沙土中耐旱，虽久不雨亦能结实”。

四、产区环境

小口大枣产区处于温带半干旱区向干旱区的过渡带，属于温带大陆型半干旱气候，年平均气温为9.8 ℃，光照充足，太阳辐射资源丰富，年平均日照数为2676.1 h，年平均日照率为61%，年太阳辐射总量为617.4 kJ/cm^2，无霜期169天。充裕的光热资源，非常适宜果类植物的生长，是形成靖远小口大枣品质特征的主要因素。

小口大枣产区年降水量为 170 ~ 360 mm，年平均降雨量为 235. 5 mm，集中于 7 ~ 9 月，年蒸发量平均为 1660. 6 mm。这里降雨少且集中，蒸发量大，生产用水主要依赖于黄河水和泉水。丰富的地下水和地表水资源，保证了作物的灌溉，满足了枣树在萌芽、开花、结果期的水分供应。

小口大枣产区的种植园地多为平地，其余坡地坡度较缓，地势开阔，土层深厚，土壤主要为红壤，由红色砂岩风化后洪积红土母质发育而来，剖面呈层状结构，石灰含量多，渗水性差，微碱性。1991 年，在石家庄全国林果产品博览会上，专家鉴定的评语为"甘肃名产，小口大枣，红胶黏土，泉水浇灌，日照长，个大肉厚，驰名中外"，独特的"红胶黏土"孕育了小口大枣独有的风味。

小口大枣正是凭借地理位置、自然条件和良好的生态环境以及科学的栽培技术，形成了其个大、皮薄、肉厚、油多的品质。

五、生产方式

(一)栽培管理

(1)育苗：采用嫁接繁殖，以 1 年生酸枣播种苗作砧木，小口大枣枝条作接穗，春季在酸枣萌芽前用劈接法嫁接。

(2)栽植时间：分为秋植和春植两个时间。秋植在 10 月下旬到 11 月下旬，春植在 3 月下旬到 4 月中旬。

(3)栽植密度：栽植密度≤1665 株/公顷。

(4)肥、水管理：以有机肥为主≥15 吨/公顷，适量追施氮肥≤1. 5 吨/公顷，干旱时及时进行灌水。

(5)整形修剪：通过定干和短截修剪，以自然圆头形为主，确保树冠通风透光。

(二)采摘与制干

(1)采摘时间：采摘时间在 9 月下旬到 10 月上旬。

(2)制干：一般采用自然晾晒法制干。即将采收的鲜枣摊放在通风良好、干净的晒枣场上，将枣均匀地摊放在席子上晾晒，每平方米 40 ~ 60 kg 枣，每隔 2 h 翻动 1 次，每日翻动 5 ~ 6 次，使其上下干燥均匀，经 10 ~ 15 天，含水量降至 25% 以下，即可分等级储存。

六、特色品质

(一)感官特色

果形为椭圆形，外观紫红色油亮，表皮不褶皱。果实个大肉厚、皮薄核小、味浓，久放不干，耐储存。具体感官指标见表 1-19。

表 1-19　小口大枣感官指标

项目	要求		
	一等品	二等品	三等品
果形	果形饱满，果大均匀，具有本产品的固有特性	果形良好，具有本产品的应有特性，果实大小均匀	果形良好，果实大小均匀
品质	果皮紫色，肉质肥厚，手握不粘个	果皮紫色，肉质肥厚，手握不粘个	肉质肥厚不均，容许有超过 10% 的果实色泽稍浅；果皮紫色，肉质肥厚，手握不粘个
容许度	不超过 5%	不超过 10%	不超过 15%
总不合格果百分率	不超过 5%	不超过 10%	不超过 20%
杂质	≤0.5%	≤0.5%	≤0.5%
损伤和缺点	无霉变、浆头、不熟果和病果。虫果、破头、油头三项不超过 5%	无霉变，允许浆头不超过 2%，不熟果不超过 3%，破头、油头、干条三项不超过 10%	无霉变，允许浆头不超过 5%，不熟果不超过 5%，破头、病虫果不超过 10%，病虫果不超过 10%，病虫果不超过 5%

(二)理化指标

具体见表 1-20。

表 1-20　小口大枣理化指标

项目	指标
可溶性糖含量/%	≥58.0
总酸含量/%	≥0.9
水分含量/%	≤25.00
可食率/%	≥92

七、营养价值

通过对小口大枣的成分进行测定，表明干枣营养成分全面，蛋白质3.15%，脂肪 0.85%，游离脂肪酸 0.50%，粗纤维 5.4%，总糖 64.69%；相较临泽大枣、临泽小枣、陕西晋枣、河北金丝小枣、河南灰枣，小口大枣水分、游离脂肪酸、粗纤维含量最高，总糖含量是甘肃地产临泽大枣的 1.06 倍，临泽小枣的 1.03 倍。与中国农科院分析中心对我国北方大枣干枣果实测定的比较,小口大枣的脂肪含量低于北方大枣的平均水平,久食有利于身体健康。

矿物质元素 K、Ca、Mg、Fe、Zn、Cu 和 Mn 含量分别为 13170 mg/kg、263 mg/kg、683 mg/kg、40.68 mg/kg、11.06 mg/kg、5.78 mg/kg 和 8.76 mg/kg,显著高于其他枣果。矿物质元素是机体的重要组成部分,除了维持细胞的渗透压与机体的酸碱平衡外,还作为辅助因子参与机体生理功能的调节,表现在心肌代谢、免疫调节、生长发育、血糖代谢以及血脂调节等方面。

维生素 A、维生素 B_1、维生素 B_2、维生素 C 和维生素 E 含量分别为 10.2 IU/100 g、0.34 mg/100 g、0.52 mg/100 g、18.16 mg/100 g 和 3.23 IU/100 g;相较于其他枣果,维生素 B_1 和维生素 B_2 含量最高,维生素 C 含量略低于临泽小枣,维生素 A 和维生素 E 含量较高。与其他枣中各维生素含量相比较,除维生素 E 含量偏低,其他含量均处于较高水平。

对小口大枣氨基酸含量分析可知,氨基酸总量为 4.95%,其中必需氨基酸占 33.89%。因此,对于患有心脏病、肝病、高血压症等症状的人,可以通过食用大枣,提高自身免疫力、消除疲劳,这也符合中医红枣补气补血等药理功效。

八、品牌荣誉

1991 年,在石家庄全国林果产品博览会上获"金奖"。

1996 年,在甘肃省第二届名优特林果产品鉴评会上获"银奖"。

1997 年,在甘肃省首届林果产品展览交易会上获"银奖"。

2002 年,取得中国绿色食品发展中心颁发的绿色食品 A 级证书。

2003 年,在中国(北京)首届沙产业博览会上被评为"名优产品"。

2005 年,在首届中国国际林业产业博览暨科技经贸洽谈会上获"林博会最受欢迎奖"。

2007 年,在甘肃省第二届林果花卉展览交易会上获"金奖",同时获"甘肃十大名果"称号。

2008 年,在首届中国枣业大会暨第一届国际枣属植物研讨会上被评为"优秀奖"。

2011 年,中国农产品区域公用品牌价值评估中,"靖远小口大枣"品牌价值为 1.31 亿元人民币。

2015 年和 2016 年,"小口大枣"荣登中国品牌价值榜,品牌价值达到 2.09 亿元。

九、授权企业

小口大枣授权企业,见表 1-21。

表 1-21 小口大枣授权企业

地理标志	市场主体	统一社会信用代码
小口大枣	甘肃金杞福源生物制品开发有限公司	91620400670819533H
小口大枣	靖远县聚鑫小口大枣专业购销合作社	93620421566401428D

民勤红枣

一、基本信息

(一)品种

灰枣、骏枣。

民勤红枣

(二)品质特点

枣皮薄肉厚,核小味甜。

(三)地理标志

地理标志保护产品(批准公告2016年第112号)。

(四)立地条件

海拔≤1700 m,土壤为沙土、沙壤土,土层厚度≥1.5 m,pH值7.0~8.4,盐含量≤0.25%,地下水位低于2 m,土壤有机质含量≥1.0%。

(五)产品生产总规模

种植面积7180公顷(2014年),年产量3000 t左右(2015年)。

二、产地范围

民勤县昌宁镇、蔡旗乡、重兴镇、薛百镇、大坝镇、三雷镇、苏武镇、东坝镇、夹河镇、双茨科镇、大滩镇、泉山镇、红沙梁镇、西渠镇、东湖镇、收成镇、南湖镇、红砂岗镇、石羊河林场、勤锋农场现辖行政区域。

三、历史传承

民勤县栽植红枣已有200年的历史。

四、产区环境

甘肃省民勤县地处河西走廊东北部,石羊河流域下游,东西北三面被腾格里和巴丹吉林两大沙漠包围,是沙漠腹地的一片绿洲,境内光照资源非常丰富,为红枣的生长提供了优越的条件。

五、生产方式

(一)栽培管理

(1)育苗。选用扁核酸或酸枣为砧木,采用萌芽前带木质芽接法嫁接。

(2)定植。定植时间4月中下旬。定植密度每公顷定植株数≤3330株。

(3)施肥。以有机肥为主,每年施腐熟有机肥≥60立方米/公顷。

(4)环境、安全要求:农药、化肥等使用必须符合国家相关规定,不得污染环境。

(二)果实采收与制干

(1)采收时间:果实全红、变软时采收,骏枣10月下旬采收,灰枣11月上旬采收。

(2)制干:将采收的枣果清选后,先自然晾晒至果皮皱缩,再进行干燥。工艺流程为:枣果→清选→晾晒→水洗→干燥→包装→储藏。

六、特色品质

(一)感官特色

(1)灰枣长圆形,皮色深红、有光泽,肉质肥厚、富弹性,手握不粘个,具体见表1-22。

表1-22 灰枣外观和等级

项目	一级	二级	三级
色泽	皮色深红、有光泽	皮色深红、有光泽	皮色深红、有光泽
果形和果实大小	长圆形,果形饱满,果实大小均匀	长圆形,果形良好,果实大小均匀	长圆形,果形正常,果实大小均匀
品质	肉质肥厚,身干,富弹性,手握不粘个,一般杂质不超过0.5%	肉质肥厚,身干,富弹性,手握不粘个,一般杂质不超过0.5%	肉质肥厚,身干,富弹性,手握不粘个,一般杂质不超过0.5%
损伤和缺陷	无霉变果、浆头、不熟果和病果。虫果、破头两项指标不超过5%	无霉变果,允许浆头果不超过2%,不熟果不超过3%,病虫果、破头两项指标不超过5%	无霉变果,允许浆头不超过5%,不熟果不超过5%,病虫果、破头果两项指标不超过10%(其中病虫果不得超过5%)
容许度/%	≤5	≤10	≤15
总不合格果百分率/%	≤5	≤10	≤20

(2)骏枣长倒卵形或圆柱形,皮色深红、果肉饱满、手握不粘个,具体见表1-23。

表 1-23　骏枣外观和等级

项目	一级	二级	三级
色泽	皮色深红、有光泽	皮色深红、有光泽	皮色深红、有光泽
果形和果实大小	长倒卵圆形或圆柱形，果形饱满，果实大小均匀	长倒卵圆形或圆柱形，果形良好，果实大小较均匀	长倒卵圆形或圆柱形，果形正常，果实大小较均匀
品质	肉质肥厚，身干，富弹性，手握不粘个，一般杂质不超过 0.5%	肉质肥厚，身干，富弹性，手握不粘个，一般杂质不超过 0.5%	肉质肥厚，身干，富弹性，手握不粘个，一般杂质不超过 0.5%
损伤和缺陷	无霉变果、浆头、不熟果和病果。虫果、破头两项指标不超过 5%	无霉变果，允许浆头果不超过 2%，不熟果不超过 3%，病虫果、破头果两项指标不超过 5%	无霉变果，允许浆头不超过 5%，不熟果不超过 5%，病虫果、破头两项指标不超过 10%（其中病虫果不得超过 5%）
容许度/%	≤5	≤10	≤15
总不合格果百分率/%	≤5	≤10	≤20

（二）理化指标（表 1-24）

表 1-24　灰枣与骏枣理化指标

项目	指标	
	灰枣	骏枣
总糖（以还原糖计，可食部分干物质计）/%	≥76	≥73
含水率/%	≤25	
可食率（以质量计）/%	≥83	≥89
单果重/g	≥3.5	≥10

注：单果重允许度 5%

七、营养价值

每 100 g 果肉含蛋白质 1.2～3.3 g，维生素 C 80 mg，还含有山楂酸、环磷酸、腺苷和三萜类化合物等，每 100 kg 热量可达 2520 kJ，具有养胃健脾、益血壮神、防癌抗癌之功能，是治疗高血压病的天然药物食品，也是血气双亏病人的滋补佳品。

八、品牌荣誉

民勤县薛百镇栽植红枣已有 100 年以上的历史，被冠以“枣乡”之美誉。

民勤蜜瓜

一、基本信息

(一)品种

厚皮甜瓜(白兰瓜类、甘蜜宝类、金红宝类等)。

民勤蜜瓜

(二)品质特点

耐储运,光泽艳丽,含糖量高,网纹明显,瓜型整齐均匀,肉质细嫩,汁多味爽,香气独特,口感好,宜运输。

(三)地理标志

地理标志保护产品(批准公告2010年第110号);
农产品地理标志(登记证书编号AGI02632);
地理标志商标(注册33407344号)。

(四)立地条件

海拔1400 m以下,灌漠土或灰灌漠土,土层厚度1 m以上,土壤pH值为8.0~8.7,土壤有机质含量1%以上。

(五)产品生产总规模

种植面积15万亩,年产量40万吨(2020年)。

二、产地范围

甘肃省民勤县东湖镇、西渠镇、收成镇、红沙梁镇、泉山镇、大滩镇、双茨科镇、东坝镇、夹河镇、苏武镇、三雷镇、大坝镇、薛百镇、昌宁镇等14个镇现辖行政区域。

三、历史传承

甘肃省民勤县种植蜜瓜始于清朝光绪年间。

据说,那时有一位叫张建勋的民勤人在新疆任知县,任满回乡时,携哈密瓜种子返家。途经新疆甘沟,突遇响马劫掠,随从被害,财物被洗劫一空,张建勋绝望之际,唯见一袋瓜种撒落在地,遂拾起瓜种,忍饥挨饿,艰难跋涉,步行至柳园。疲惫不堪中,他梦见有人对他说,这些瓜种,带回家不但能让庄稼地生出翡翠,还能长出金银……

张建勋回家后,把瓜种散发给乡亲播种,这年秋天,村庄周围都变成了翡翠色,民勤种植的哈密瓜香飘五凉,享誉河西。

四、产区环境特点

民勤地处北纬38°——该区域被称为“农产品黄金生产线”。

(一)土壤地貌情况

民勤三面被沙漠、戈壁包围,地势由南向北倾斜,地势平坦,四面高起,具有明显的盆地地貌特征。民勤蜜瓜产地主要土壤类型有灌漠土、潮土、风沙土等。

(二)水文情况

民勤县的水资源主要来源于降水、祁连山前侧的一部分渗入以及潮水西盆地和金川灌区地下径流的补给。民勤蜜瓜产区属井水、河水灌区,产区无工矿企业排废污染,地下水矿化度 0.02 ~ 0.35 g/L。水质洁净无污染,符合绿色食品产地环境要求。水资源丰富,基础设施好,灌溉条件便利,适宜发展特色、优质、高效农业。

(三)气候情况

民勤县属温带大陆性干旱气候区,东西北三面被腾格里和巴丹吉林两大沙漠包围,大陆性沙漠气候特征十分明显,冬冷夏热、降水稀少、光照充足、昼夜温差大,年均降水量为 127.7 mm,年均蒸发量 2623 mm,昼夜温差 15.5 ℃,年均气温 8.3 ℃,日照时数为 3 073.5 h,无霜期 162 天,日照时间长,光辐射强。光热资源、气候条件及耕作土壤非常适宜民勤蜜瓜的生长发育。

五、生产方式

(一)栽培措施

1. 品种选择

选用抗病、优质、丰产,抗逆性强,适应性广、商品性好的品种。参考品种有:黄河蜜、玉金香、银帝、金红宝、甘蜜宝等。

2. 种子处理

播前用 200 倍福美双($C_6H_{12}N_2S_4$)溶液浸种 2 h,捞出洗净,也可用种子量 0.2% ~ 0.3% 的 50% 多菌灵拌种,可防治真菌性病害。

3. 整地施肥

年前秋耕熟化土壤,且结合秋耕每亩(667 m^2)施经无害化处理的优质农家肥 5000 kg。年后播前开沟时再施入氮肥(N) 12 ~ 13 kg,磷肥(P_2O_5)9 ~ 10 kg,钾肥(K_2O) 5 kg。然后起垄灌水,沟宽 60 ~ 70 cm,沟深 30 cm,垄(旱塘)宽 1.4 ~ 1.5 m,沟长以 30 ~ 40 m 为宜。

4. 种子质量

符合 GB/T 16715.1 瓜菜作物种子中 2 级以上要求,种子净度≥99%,纯度≥97%,发芽率≥95%。

5. 播种

(1)播种期:4 月下旬至 5 月上旬为适宜播期。

(2)播种量:根据种子大小及种植密度,一般每亩(667 m^2)用种量 200 ~ 250 g。

(3)播种方法:播前浇透底水,等水渗后在距瓜沟沿 6 ~ 8 cm 处开穴点播,每穴 2 ~ 3 粒种子,播种深度 2 ~ 3 cm。播后立即覆盖地膜。

(4)播种密度:早熟品种株距 40 ~ 50 cm,每亩(667 m^2)种植 1600 ~ 1800 株;晚熟品

种株距 50 ~ 60 cm，每亩（667 m^2）种植 1200 ~ 1400 株。

6. 田间管理

（1）间苗：定苗出苗后及时查苗、补苗。

（2）苗期管理：幼苗长至 2 ~ 3 片真叶时进行间苗，穴留双株；长至 4 片真叶时进行定苗，穴留单株。间、定苗后注意培土稳苗。

（3）灌水：民勤蜜瓜全生育期一般灌水 5 ~ 7 次，苗期要控水，做到少灌或不灌；主蔓打顶后浇第一次水；坐瓜期至果实膨大期需大量灌水，此期每 5 ~ 7 d 灌一次水，切忌大水漫灌。采收前 7 ~ 10 d 不再灌水，以确保产品质量。

（4）追肥：除施足底肥外，在蜜瓜伸蔓全开花期和坐瓜前期分两次进行追肥。第一次结合灌水每亩（667 m^2）追施氮肥（N）4 ~ 5 kg，钾肥（K_2O）5 kg；第二次结合灌水每亩（667 m^2）追施氮肥（N）6 ~ 8 kg，钾肥（K_2O）5 kg。

（5）肥料施用：肥料执行 NY/T394 绿色食品肥料准则。

（6）植株调整：

1）整枝。民勤蜜瓜采用双蔓整枝法，即留 4 片真叶摘心，选留 2 ~ 3 节 2 条子蔓，当子蔓长至 8 ~ 9 片真叶时再次摘心，摘去子蔓 1 ~ 2 节孙蔓，选留 3 ~ 4 节孙蔓结瓜。瓜前留 1 ~ 2 叶摘心，摘去其上孙蔓。幼瓜坐住后停止整枝打杈，放任生长。

2）压蔓。民勤蜜瓜子蔓开始生长时，应多次采用土块压蔓，以防风卷瓜蔓。

（7）授粉：上午 8 ~ 10 时，取当天开放的雄花剥去花瓣，将其花粉轻轻涂抹在雌花柱头上，每朵雄花可涂抹 3 ~ 4 朵雌花。授粉后挂牌标明授粉时间，以便适时采收。

（8）选瓜、留瓜：在民勤蜜瓜幼瓜长至鸡蛋大小时，选留果形周正且符合品种特征的幼瓜，一般小果型品种单株留瓜 2 个，大果型品种单株留瓜 1 个，其余果实及时摘除。

六、特色品质

（一）感官指标

外表不允许有碰压伤，裂纹，刺、划、磨伤，病虫斑。其他指标见表 1–25。

表 1–25　民勤蜜瓜感官指标

项目	指标	
	特等品（精品）	一等品
基本要求	具有本品种固有外观特征，果肉厚，风味浓郁，新鲜洁净	具有本品种固有外观特征，果肉较厚，风味纯正、新鲜洁净
瓜形	具有本品种固有瓜形，果形均匀周正、误差<5%	具有本品种固有瓜形，果形基本均匀、误差<8%
色泽、条带、网纹	具有本品种固有的色泽，条带、网纹，整齐度≥95%	具有本品种固有的色泽，条带、网纹，整齐度≥90%

(二)理化指标(表 1-26)

表 1-26　民勤蜜瓜理化指标

项目	指标	
	特等品(精品)	一等品
果重	大小一致,单果重误差率≤5%	大小基本一致,单果重误差率≤10%
可溶性固形物/%	≥15.5	≥14.5

七、营养价值

民勤的蜜瓜糖含量在 15% 左右,纤维素含量 2.6% ~6.7%,还含有苹果酸、果胶物质、维生素 A、维生素 B、维生素 C 等,含有尼克酸以及钙、磷、铁等元素,其铁含量,比鸡肉多 2 ~3 倍,比牛奶高 17 倍。民勤蜜瓜除了水分和蛋白质的含量低于西瓜外,其他营养成分均不低于西瓜,且芳香物质、矿物质、糖分和维生素 C 的含量都明显高于西瓜。

民勤蜜瓜含有大量的水分和维生素,具有生津止渴、除烦热、宁心神等作用;含有丰富的抗氧化剂,能够减少皮肤黑色素的形成,增强细胞抗晒能力。维生素含量丰富,有利于人的心脏和肝脏工作以及肠道系统和活动,清除肺部粉尘毒素;含有维生素 C 和 B 族,能确保机体保持正常新陈代谢的需要。

八、品牌荣誉

民勤是闻名全国的“瓜乡”,享有“民勤蜜瓜甲天下”之美誉。

民勤蜜瓜曾在 1992 年被评为全省优质农产品,并且已通过国家绿色食品发展中心“绿色食品”认证。

1995 年,民勤蜜瓜被原国内贸易部评为“中华老字号产品”。

由甘肃省河西瓜菜研究所在民勤县甜瓜生产基地培育的“玉金香”甜瓜品种,在 1998—2002 年北京大兴区举办的全国西甜瓜擂台赛上,连续五年囊括“中南海杯”金、银、铜奖,获黄河九省区新技术新品种金奖,2003 年被农业部全国农技推广总站指定为重点推广品种。

玉金香、红蜜宝、银帝、金冠、红壮元二号、航天玉金香等甜瓜品种获全国多个奖项。甜瓜品种玉金香、金冠在 2004 年 6 月 28 日,通过了全国农业技术推广服务中心的品种鉴定,被正式定名推广。

1999 年,民勤蜜瓜在昆明世博会上获得金奖。

2008 年,在由北京奥组委等权威机构举办的北京奥运果品暨中华名果评选活动中,民勤优质黄白蜜瓜以其优越品质,展示了强劲实力,在全国各地选送的 260 多个品种的瓜果中,脱颖而出。“甘蜜宝”荣获北京奥运推荐果品一等奖,“天香蜜”“金红宝”获二等奖,“银蒂”获三等奖,是全国参评瓜类中唯一获奖的蜜瓜,民勤亦被指定为国家专用瓜生产基地。

九、授权企业

民勤蜜瓜授权企业见表1-27。

表1-27　民勤蜜瓜授权企业

地理标志	市场主体	统一社会信用代码
民勤蜜瓜	甘肃宇海农业科技有限公司	91620621660016200F

秦安蜜桃

一、基本信息

（一）品种

春艳、麦香、仓方早生、沙红桃、北京七号、大久保、八月脆、红雪桃。

秦安蜜桃

（二）品质特点

体硕形端、色艳肉嫩、汁多味美，离核，绿色营养。

（三）地理标志

地理标志保护产品（批准公告2008年第77号）；

地理标志商标（注册6277145号）。

（四）立地条件

海拔1120～1650 m，土壤类型黄绵土、淀土，土壤pH值7.5～8.1，有机质含量≥1%。

（五）产品生产总规模

种植面积10.25万亩，年产量17.2万吨左右（2019年）。

二、产地范围

甘肃省秦安县兴国镇、西川镇、莲花镇、陇城镇、郭嘉镇、云山镇、刘坪镇、叶堡镇、安伏镇、魏店镇、王铺镇、王窑镇、千户镇、王尹镇、兴丰镇、中山镇、五营镇17个镇现辖行政区域。

三、历史传承

秦安，古称成纪，是人文始祖伏羲、女娲的故乡，具7000多年历史的人类文化遗迹——大地湾遗址，就在秦安县五营镇境内，有"羲里娲乡"之称。秦安独特的地理位置自古以来就是中国北方落叶果树最适栽培的黄金纬度区之一，也是中国桃的原产地之一。出产于秦安县的秦桃是我国现有三大桃种系中的甘肃桃的种源，也是现代秦安蜜桃的鼻祖。目前，秦安内的山区内有部分毛桃和秋桃等原始种群。

据秦安县志记载，魏晋时期已有秦桃栽培的文字记载，说明2000多年前县内就产桃。在唐宋时期，产于秦安的齐桃、二格子桃和秋桃就以个大、味美而远近闻名。相传，唐太宗李世民病重想吃故乡的蜜桃，派使者兼程摘取。从此，秦安蜜桃作为贡品进献朝廷，声名远扬。北宋有"城北十里桃花川"之说，曾有歌谣说"石窑儿，九桥儿，秦安出的好桃儿"。石窑儿在叶堡镇，折桥儿在西川镇，两地出产瓜果皆优。

明《秦安志・艺文志》载王应贞的诗："家居陇水西，门有桃千树。秋高乘鹤归，山远云堪住。"说的就是秦安西川镇一带的桃树。到民国时期，南小河谷、显亲河谷也成为桃的主要产区，出现了成片的桃园。《秦安县志稿》：环县治多桃……果棚蔬园弥望皆是。又据相关档案记载：1944年，秦安桃、杏、西瓜……县城附近，出产最多，运销通渭、静宁等县，惟数量无从估计。民国时期，罗家伦（首任清华大学校长，时任西北考察团团长）赴西北，途经秦安，作诗描绘秦安桃园美景："一川斜处树交柯，廿里桃林掠眼过。我想重来三月暮，秦安城外占春多。""廿里桃林掠眼过"盛赞的就是二十世纪二三十年代秦安城二十里的桃林。

四、产区环境

秦安县属陇中黄土高原西部梁峁沟壑区，山多川少，梁峁起伏，沟壑纵横。县域东西长约65 km，南北宽约50 km，地势西北高而东南低，葫芦河纵贯秦安中部。县境内海拔1120～2020 m。属陇中南部温带半温润季风气候区，年平均气温10.4 ℃，正常年景年均降水量507.3 mm，光照充足，太阳辐射资源丰富，全年日照时数2206.7 h，月总辐射为60 kJ/cm^2，年总辐射为486.5 kJ/cm^2。6～7月是秦安蜜桃果实快速生长和养分积累期，月平均日照时数为249.6 h，秦安蜜桃所特有的体硕形端、色艳肉嫩、汁多味美、绿色营养的独特品质与其产区所处的黄金纬度及良好的生态环境密不可分。

秦安县地处北半球温带水果的黄金种植区，县域内土层深厚、气候温和、光照充足、热量丰富、降雨适中、风力较小，这些都为蜜桃的生长提供了有利的环境条件；悠久的栽培历史已在秦安造就了一套完整精湛的培育技术体系，有利的自然环境和成熟的培育技术使秦安蜜桃果实明显大于全国其他品种的蜜桃，秦安蜜桃的最大果实达到1000 g。且由于秦安县地处黄土高原峁梁沟壑山区，常年风力较小（平均风力为2～3级），蜜桃果实受树枝叶的冲击和摩擦少，因此果面细嫩，外形端正，畸形果率很低。

秦安蜜桃产区光照充足，太阳辐射资源丰富，全年日照时数明显高于东部地区，特别6～7月是蜜桃果实快速生长和养分积累期，月平均日照时数长，云层堆积少，光照条件极佳，昼夜温差较大，非常有利于果实正常生长、着色，使秦安蜜桃色泽艳丽。秦安蜜桃产区为陇中南部半干旱、半湿润气候区，适中的雨量和较高的蒸发量交替轮回，较为干燥的空气抑制了病虫害的发生，使蜜桃果面光洁无虫斑；蜜桃产区有稳定的河水及地下水保证灌溉，保证了果实生长发育所需水分，造就了桃果肉质细嫩品质特色。

秦安蜜桃产地土壤肥力好，水源充足，有效地保证了秦安蜜桃生长所需肥水；较大的温差、干湿交替的空气、充足的阳光是桃果水蜜形成和积累的重要条件；秦安蜜桃产区光热资源丰富，昼夜温差大，使蜜桃光合作用好，糖分积累程度高；充足的水源保障，优良无污染的水质。这是秦安蜜桃汁多味美的重要因素。

五、生产方式

（一）栽培管理

（1）苗木繁育：以甘肃桃、毛桃、秋桃实生苗为砧木，进行嫁接繁育。

（2）建园栽植密度≤840 株/公顷。

（3）肥水管理以有机肥为主，盛果期果园施有机肥≥60 吨/公顷；灌水应遵循冬饱、春早、夏巧、秋控的原则，视土壤墒情适时灌水。

（4）整形修剪树形为开心形，采用冬剪和夏剪相结合，枝量≤22.5 万条/公顷。

（5）花果管理：疏花疏果，早熟品种果枝同侧留果间距 12～15 cm，中晚熟品种 14～22 cm，产量≤37.5 吨/公顷。

（6）环境安全要求：农药、化肥等的使用必须符合国家的相关规定，不得污染环境。

（二）采收

早熟品种 6 月中下旬采收，中熟品种 7 月中下旬采收，晚熟品种 8 月中下旬至 10 月初成熟采收。

六、特色品质

（一）感官指标（表 1-28）

表 1-28 秦安蜜桃感官指标

项目	要求		
	特等品	一等品	二等品
果形	具有本品应有的特征	允许果形有轻微缺陷	果形有缺陷，但保持本品种果实的基本特征
色泽	淡紫红晕色	淡紫红晕色	淡紫红晕色
着色面积/%	≥50	≥40	≥30
碰压伤	无	无	允许有轻微刺伤不多于两处
擦伤	无	允许有轻微擦伤一处	允许有不严重影响果实外观擦伤两处

续表 1-28

项目	要求		
	特等品	一等品	二等品
雹伤	无	允许有轻微雹伤一处	允许有轻微雹伤两处
裂果	无	无	允许有轻微裂口一处
虫伤	无	无	允许有轻微虫伤
滋味	甜	较甜	淡
香气	浓	较浓	淡
果肉	脆	较脆	脆软

(二)理化指标(表 1-29)

表 1-29　秦安蜜桃理化指标

项目	要求		
	特等品	一等品	二等品
可溶性固形物含量(20 ℃折光计法)/%	早熟品种≥11.0 中熟品种≥13.0 晚熟品种≥14.0	早熟品种≥10.0 中熟品种≥12.0 晚熟品种≥13.0	早熟品种≥9.0 中熟品种≥11.0 晚熟品种≥12.0
硬度/($kg \cdot cm^{-2}$)	≥800	≥700	≥300
横径/mm	早熟品种≥65 中熟品种≥75 晚熟品种≥85 油桃≥55	早熟品种≥55 中熟品种≥65 晚熟品种≥75 油桃≥40	早熟品种≥45 中熟品种≥55 晚熟品种≥65 油桃≥30
维生素 C/(mg/100 g)	≥8.4	≥7.2	≥6.7

(三)安全指标

1. 重金属指标(表 1-30)

表 1-30　秦安蜜桃重金属指标

项目	要求/($mg \cdot kg^{-1}$)
砷(以 As 计)	≤0.1
铅(以 Pb 计)	≤0.05
镉(以 Cd 计)	≤0.03
汞(以 Hg 计)	≤0.005
氟(以 F 计)	≤0.5
铬(以 Cr 计)	≤0.1

2. 农药残留指标

杀螟硫磷,倍硫磷,马拉硫磷,对硫磷,甲拌磷,氧化乐果不应检出,其他见表 1-31。

表 1-31　秦安蜜桃农药残留指标

项目	要求/(mg/kg)
六六六	≤0.05
滴滴涕	≤0.05
敌敌畏	≤0.1
乐果	≤0.5
多菌灵	≤0.2
溴氰菊酯	≤0.05
氯氰菊酯	≤1.0
氰戊菊酯	≤0.1

七、营养价值

秦安蜜桃不仅口感细腻香甜,容易消化,而且适合各个年龄层的人食用。据检测,秦安蜜桃的主要营养成分包括:丰富的维生素 C 和大量人体所需要的纤维素、胡萝卜素、番茄黄素及多种微量元素,其中硒、锌等含量均明显高于其他水果,营养价值很高,难怪中国神话传说常把桃和长寿联系在一起。它还含有大量果胶,每天吃两只可以起到通便、降血糖血脂、抗自由基、祛除黑斑、延缓衰老、提高免疫功能等作用,也能促进食欲。

秦安蜜桃除强身健体、延年益寿之外,还可以解酒并改善宿醉。根据营养学家分析,蜜桃含有的烟碱酸能有效促进血液循环,可以缓解酒后不适,很适合作为酒后水果食用。另外,秦安蜜桃还具有天然有效的美白作用。它含有天然收敛成分,可以增加肌肤的弹性,防止皱纹产生,对于假性皱纹和细小皱纹还具有修复作用,加之气味芳香浓郁,深受女性青睐。蜜桃的润肤功能也很强,全株都有药用效果,尤其是桃花的功效极其显著。

在古时的宫廷秘方中，就有用桃花煮水洗面、沐浴、饮用以美白肌肤的记载，也有用桃子榨汁加淘米水洗面，以润泽肌肤之说。因桃花具有利尿活血、清除体内废物的功能，所以还具有美容减肥的妙用。若将其与一些食品巧妙搭配，就又成了保养身体的食疗佳品。

八、品牌荣誉

秦安蜜桃以优良品质而远近闻名，畅销西北乃至中国各地，被消费者赋予"天有王母蟠桃，地有秦安蜜桃"的美誉。

1987 年，京红、大久保桃被甘肃省政府命名为优质农产品。

1997 年 8 月，脆桃在甘肃省首届林果产品展览交易会上荣获铜奖。

2000 年 3 月，秦安县被国家林业局命名为中国名特优经济林桃之乡。

2003 年，秦安蜜桃被天水市政府命名为优质农产品。

2004 年，秦安蜜桃获绿色食品认证。

2006 年 8 月，在北京举办的"奥运推荐果品评选会"上，秦安县生产的"北京七号"秦安蜜桃，被评为一等奖，同时荣获"中华名果"称号。

2007 年，在甘肃省林果花卉展览会上，"秦安蜜桃"被评为"甘肃省十大名果"，"红雪桃"被评为金奖。

2014 年，经中国经济林协会复审，秦安县被命名为"中国桃之乡"。

2015 年，在首届中国果业品牌大会上，"秦安蜜桃"荣获"2015 中国果品区域公用品牌 50 强"称号，在中国园艺学会桃分会第五届桃学术年会暨"宁波杯"赛桃会上，秦安县选送的"仓方早生""沙红桃"分别荣获金奖和银奖。

近年来，在中国农产品区域公用品牌价值评估课题组组织的中国农产品区域公用品牌价值评估中，"秦安蜜桃"品牌价值逐年提升。2010 年为 4.87 亿人民币，2012 年为 7.04 亿元人民币，2014 年为 8.08 亿人民币，2017 年为 11.62 亿元人民币。

2018 年 9 月，在第四届中国果业品牌大会上，"秦安蜜桃"力压来自全国各地的其他品牌，荣登"2018 中国果品区域公用品牌价值榜"，品牌价值 13.28 亿元。同年 11 月，"秦安蜜桃"入选"2018 年度中国最受欢迎的名优果品区域公用品牌 10 强"。

2020 年，在第六届中国果业品牌大会暨亚洲果蔬产业大会上，"秦安蜜桃"品牌在参评的 8 个桃类品牌名称中排名第 3，品牌价值人民币 13.31 亿元。

九、授权企业

秦安蜜桃授权企业见表 1–32。

表 1–32　秦安蜜桃授权企业

地理标志	市场主体	统一社会信用代码
秦安蜜桃	天水冠源果品有限公司	91620522665417636M

敦煌葡萄

一、基本信息

(一)品种

红地球,无核白。

敦煌葡萄

(二)品质特点

无核白葡萄:果粒椭圆形、果皮薄、呈绿黄色、汁少无核、酸甜可口。

红地球葡萄:果粒近圆形、粒大、味甜、肉脆、果皮中厚、鲜红色、不易脱粒、适宜鲜食,耐储藏。

(三)地理标志

地理标志保护产品(批准公告 2012 年第 222 号);

农产品地理标志(登记证书编号 AGI00305);

地理标志商标(阳关葡萄)(注册 29976379 号)。

(四)立地条件

产地范围内海拔 1100 ~ 1200 m。土壤类型为灰钙荒漠土,质地为沙壤土,土壤 pH 值 7.8 ~ 8.3,土壤有机质含量≥9.7 mg/kg。祁连山水源提供灌溉区域。

(五)产品生产总规模

种植面积 20 万亩,年产量 20 万吨左右(2018 年)。

二、产地范围

甘肃省敦煌市沙州镇、七里镇、肃州镇、转渠口镇、莫高镇、阳关镇、月牙泉镇、郭家堡镇、黄渠镇以及国营敦煌农场 10 个乡镇、农场现辖行政区域。

三、历史传承

敦煌人种葡萄,可以追溯到汉魏之际。当时的药典《神农本草经》中就有着这样的记载:“葡萄生五原、陇西、敦煌。”

唐朝王翰的诗歌“葡萄美酒夜光杯,欲饮琵琶马上催;醉卧沙场君莫笑,古来征战几人回”就是对敦煌葡萄的真实写照。

据史料记载,敦煌是最早将欧亚种葡萄传入中原的地区之一。《史记·大宛传》《汉书·西域传》和成书于南北朝时期的《博物志》中都有关于大宛盛产葡萄、酿制葡萄酒及汉使采葡萄种归的记载。不仅如此,敦煌还有着悠久的葡萄栽培历史。在唐代的敦煌遗书《寿昌县地境》和《敦煌水渠》中就分别有“葡萄城”和“葡萄渠”的记载,据此,专家考证，唐代的敦煌沙洲境内有葡萄栽植。新中国成立前，敦煌的葡萄栽植主要分布在经济条件较好的人家和大户人家的院落，成片定植的很少。

建国初期，敦煌葡萄的种植一直处于庄前屋后的低谷状态，直到1966年，在距离敦煌市区西南70 km远的国营阳关林场打响的当年栽植葡萄300亩的攻坚战，才使敦煌的葡萄栽培历史翻开了崭新的一页。

当时“文化大革命”运动在即，“以粮为纲”是国之大政，葡萄栽植的难度可想而知。几经周折，占地300亩，从新疆引进的无核白、马奶子等葡萄苗木全部按期栽种。也许是敦煌与葡萄栽植天然有缘，并没有严格按照技术规程栽植的葡萄苗木一个月后竟然有80%的成活率！后来，由于五月份的几场大风又使已经长势茁壮的幼苗尽数枯死，仅在厂部附近的草丛中幸运地存活下了28株。然而，就是这28株幼苗竟成了今天敦煌葡萄产业大发展的星星之火，40多年来，以燎原之势在敦煌的田野上生根、开花、结果。

四、产区环境

敦煌的气候条件与红地球葡萄的原产地——美国加州十分相近。自从1998年红地球葡萄引入敦煌后，栽培表现甚佳，可以与美国、智利的同类产品相媲美，被中国农学会葡萄分会命名为“中国葡萄名城”。

敦煌境内东有三危山，南有鸣沙山，西面是沙漠，与塔克拉玛干相连，北面是戈壁，与天山余脉相接。南北高，中间低，自西南向东北倾斜，平均海拔不足1200 m，市区海拔为1138 m。党河冲积扇带和疏勒河冲积平原，构成了敦煌这片内陆平原。一望无际的沙漠和大片绿洲，形成了独特的自然风貌。绿洲区好像一把扇子自西南向东北展开。

由于地处内陆，明显的特点是气候干燥，降雨量少，蒸发量大，昼夜温差大，日照时间长。年平均降水量39.9 mm，蒸发量2486 mm，全年日照时数为3246.7 h。

这里四季分明，春季温暖多风，夏季酷暑炎热，秋季凉爽，冬季寒冷。年平均气温为9.4 ℃，月平均最高气温为24.9 ℃（7月），月平均最低气温为-9.3 ℃（1月），年平均无霜期142天，属典型的暖温带干旱性气候。

敦煌绿洲由党河滋补。发源于祁连山的党河，全长390 km，流域面积1.68 km^2，年径流量3.28亿m^3，是敦煌重要的水利命脉，敦煌人民的母亲河。境内除党河外，地面水还有西水沟、东水沟、南湖泉水区，泉水总溢出量为3.14 m^3/s，年径流量9902.3万m^3。

敦煌日照时间长，全年日照时数为3246.7 h。敦煌葡萄产区光照充足，太阳辐射资源丰富，光照条件极佳，非常有利于果实正常生长、着色、积累糖分。同时较大的昼夜温差，促进了花青素形成和葡萄着色，使红地球葡萄色泽鲜艳，这也是敦煌葡萄着色度高于其他产区同一品种的原因之一。

敦煌葡萄果实成熟期昼夜温差大，利于葡萄着色和糖分积累。产区属典型的暖温带干旱性气候，较为干燥的空气抑制了病虫害的发生，使葡萄果面光洁而无病虫斑，皮薄色鲜。

敦煌葡萄产区多晴少雨，空气较干燥，但有稳定的河水、泉水保证灌溉，能够满足葡萄生长结果的需水要求，又适当抑制葡萄病虫害的发生。全国知名葡萄专家晁无疾说过：“降水稀少，有灌溉条件，是葡萄的理想栽培区域”，敦煌无疑具有这样的优势。

敦煌葡萄产区风的变化较有规律，经常以东南风与西北风交替出现，冬季多为西北风，夏季多为东南风，微风细雨造就了敦煌葡萄色泽艳丽、果形端正、果面光洁、肉质细嫩的特殊品质。

五、生产方式

（一）栽培管理

1. 苗木

（1）无核白采用扦插苗，规格和红地球相同。

（2）红地球选用以下三种苗木类型。

1）营养袋苗规格苗高15～20 cm，具3片展叶，即“三叶一心”，要求叶色浓绿，墩实健壮，无徒长；具4条以上新根；无检疫性病虫害。

2）扦插苗规格一年生新枝5 cm处，直径≥0.4 cm；成熟节6个以上，剪留2～3个饱满芽；具有粗度在3 mm以上，长度在20 cm以上的根系5条以上；无检疫性病虫害，无损伤。

4）嫁接苗规格选用贝达、SO4等优良砧木嫁接的品种苗，以提高树体抗旱、抗寒、抗盐碱能力，苗木规格参考扦插苗。

2. 定植

（1）开沟做到宽、深、平、直。即沟宽0.8～1 m，沟深0.8 m。沟线要直。

（2）定植时间4月下旬。

（3）密度：无核白株行距为0.5 m×4.5 m，每公顷≤4440株，红地球株行距为0.7 m×4.5 m，每公顷≤3 180株。

3. 施肥

基肥施腐熟有机肥1250～3500千克/亩，磷酸二铵40～50千克/亩。

4. 灌水

总体把握勤浇浅灌的原则，全生长期浇水5～8次。头水与二水的间隔时间为25～30天，二水与三水间隔20～25天。进入果实膨大期每隔10天左右浇一次水，要求保持土壤含水量为75%～85%。收获前10～15天停止浇水。

5. 环境、安全要求

农药、化肥等使用必须符合国家相关规定，不得污染环境。

（二）收获

（1）成熟时间无核白为8月中旬至9月上旬，红地球为9月中旬至10月上旬。

（2）采收选择在晴天进行，果穗放入果箱中要带梗包装，穗梗向下，不裸露于外，装箱均匀整齐。果箱中一般放置果穗1～2层为宜。

六、产品品质

（一）感官特色

味甜、爽口、有清香，汁多肉脆，具有本品种固有的风味，其他见表1-33。

表 1-33　敦煌葡萄感官特色

项目	品种	
	无核白	红地球
果穗	果穗美观整齐，呈圆锥形，果粒均匀，每穗 60～80 粒；穗重 650～800 g；果穗中等疏散	果穗美观较整齐，呈圆锥形，果粒较均匀，每穗 80～100 粒；穗重 1000～1250 g；果穗中等疏散，可平摊
果粒	粒重 4～6 g，均匀一致，果粒完整	粒重 10～25 g，单粒横径 25～27 mm；每穗 9～11 g 的中小粒不超过 5%，果皮中厚
色泽	黄绿色，坚实、有弹性、丰满，果粉完整，果色均匀一致	果皮色泽鲜红，坚实、有弹性、丰满，果粉完整，鲜红果占 95%

（二）理化指标（表 1-34）

表 1-34　敦煌葡萄理化指标

项目	指标					
	无核白			红地球		
	一级	二级	三级	一级	二级	三级
粒重/g	≥6	6～5	5～4	13～15	13～12	12～10
穗重/g	650～750	≥700	≥800	750～1000	≥1100	≥1250
可溶性固形物/%	≥23	≥20	≥18	≥20	≥18	≥17
总酸含量/%	≤0.3	≤0.4	≤0.5	≤0.4	≤0.5	≤0.6

七、营养价值

葡萄性味甘、酸、平、入肺、脾、肾经，能补益气血、强筋骨、通经络、通淋消肿、利小便、滋肾益肝。葡萄全身都是宝，葡萄汁、子、皮内均富含强力抗氧化物质——白藜芦醇及类黄酮等成分，它们在皮及子中的含量上更胜一筹。白藜芦醇及类黄酮具有阿司匹林药物的溶栓、抗血凝功能，可防御缺血性脑中风（如脑梗死、脑血栓等）。葡萄根、叶也是中药材。葡萄虽属药果兼优的养生佳品，但其性寒凉，因此当脾胃不和、虚寒泄泻时应忌食。中国古代医学对葡萄药用价值也有记载。根据《食疗本草》记载，葡萄具有以下功效："益脏气，强志，疗肠间宿水，调中；其根可煮取浓汁饮之，（止）呕哕及霍乱后恶心；女人有娠，往往子上冲心。细细饮之即止。其子便下，胎安好。"《滇南本草》说"大补气血，舒经活络"。《滇南本草图》说"治痘症毒，胎气上冲，煎汤饮之即下"。《本草再新》说它"暖胃健脾"。《随息居饮食谱》说它"补气，滋肾液，益肝阴，强筋骨，止渴，安胎"。《陆川本草》记载："滋强壮，补血，强心利尿，治腰痛，胃痛，精神疲惫，血虚心跳。"葡萄含铁量较高，对缺铁性贫血者,食用葡萄干大有裨益,是治疗的辅助措施。

从现代科学的角度看,葡萄浆果除含水分外,还含有15% ~30%糖类(主要是葡萄糖、果糖和戊糖),各种有机酸(苹果酸、酒石酸以及少量的柠檬酸、琥珀酸、没食子酸、草酸、水杨酸等),富含维生素A、维生素B_1、维生素B_2、维生素C、蛋白质、矿物质钾磷铁等多种人体必需的营养成分。因此,食用葡萄有很多好处。

八、品牌荣誉

2002年10月,敦煌葡萄——无核白葡萄取得了"阳关"牌商标和绿色食品资质认证。

2002年11月,在中国绿色食品福州展销会上,"阳关"牌葡萄获得了畅销产品奖。

2007年11月,敦煌和上海市农科院联合在敦煌开展了敦煌葡萄——红地球葡萄有机栽培研究示范,面积102亩,2009—2011年连续3年取得有机葡萄转换产品证书。

2008年6月,敦煌市被中国果品流通协会评为"全国优质葡萄生产基地",敦煌无核白葡萄、敦煌红地球葡萄被评为"中华名果"。

2011年9月18日,在陕西渭南召开的全国葡萄节会上,敦煌提供的6个葡萄样品,荣获2个金奖、1个银奖、3个优质奖。

2014年9月28日,在河北怀来召开的第二十届全国葡萄学术研讨会暨中国农学会葡萄分会成立二十周年大会上,敦煌市选送的无核白、火焰无核、里扎马特三个品种在全国22个省市送样的49个品种、161份葡萄样品中脱颖而出,荣获金奖。

2015年,在全国互联网+现代果菜产业发展年会暨第十三届中国果菜产业论坛上,敦煌葡萄入列"2015全国互联网地标产品50强"。

2020年9月23日,2020年全国葡萄产业发展学术研讨会上,无核白、红地球葡萄两个品种在全国送样的160份葡萄样品中喜获金奖。

2020年11月13日,农业农村部筛选和组委会评选,成功荣获第二十一届中国绿色食品博览会金奖。

敦煌李广杏

一、基本信息

(一)品种

李广杏类品种。

(二)品质特点

色泽黄亮如金,光洁无茸毛,果肉致密金黄,味甜汁多,富浓香,可食率90%以上,品质极佳,汁甜似蜜。

敦煌李广杏

（三）地理标志

地理标志保护产品（批准公告 2016 年第 128 号）；

地理标志商标（注册 29976378 号）。

（四）立地条件

保护区范围内海拔 1100～1200 m，土壤质地为沙壤土，土层厚度≥1 m，土壤 pH 值 7.8～8.3。土壤有机质≥9.7 mg/kg。

（五）产品生产总规模

种植面积 1.12 万亩，年产量 7500 吨左右（2019 年）。

二、产地范围

甘肃省敦煌市行政区域内 7 个乡镇现辖行政区域。

三、历史传承

敦煌李广杏种植历史悠久，由西汉名将李广从新疆传入敦煌，因此得名为“李广杏”。关于李广杏，还有一个美丽的传说：相传西汉年间，李广奉朝廷之命，于盛夏酷暑之日率军西征匈奴。一天，李广的部队迷了路，周围是一片茫茫戈壁滩，找不到一滴水，士兵们干渴难忍。此时，忽见西边流云中飘来两匹彩绸，似在有意戏弄李广大军。李广见状，弯弓搭箭，射中了一匹彩绸。被射中的彩绸落至地面后，迅即变成了一片杏林。李广甚觉奇异，率士兵们来到杏林，看见树上结满了杏子，即摘而食之，哪知杏子干涩酸苦，非常难吃，士兵们边吃边吐。李广一气之下，把树枝几乎全砍了，用树枝为士兵们搭建帐篷，就地宿营。

原来，这两匹彩绸是天宫王母娘娘身边的甜杏仙子和苦杏仙子，本奉王母之命前来帮助李广大军，谁知两位仙子初到人间，很是好奇，竟尽情地玩耍起来，还戏弄李广大军。李广射落的正是苦杏仙子。

夜深人静的时候，甜杏仙子借着月光找到了妹妹苦杏仙子。苦杏仙子一见到姐姐就相拥而泣，她委屈地告诉姐姐说：“李广大军砍了我变的许多树枝。”甜杏仙子安慰说：“别哭了，我们本是来帮助人家的，他们砍了苦树枝，那我们再让它长出甜树枝来！”苦杏仙子一脸惊愕，不知道姐姐还有何妙招。只见甜杏仙子拿出一根银针，顺手一抛，四周便长出无数根秃树。她又拿出一根杏枝，迎风一晃，抛到半空，化作无数条杏枝，杏枝飘到秃树上，迅即结出了黄灿灿的杏子。甜杏仙子和苦杏仙子看到成片的杏林里挂满了香甜可口的杏子，便飘然而去。

第二天清晨，李广和士兵们发现四周又长出大片的杏林，树上的杏子看上去非常水灵诱人。李广忍不住摘下一个杏子吃了一口，香甜无比，士兵们于是尽情开吃以补充体能。

后来，为李广大军解危救困的甜杏随着李广大军传入敦煌。敦煌人为了纪念李广，便把这种水果叫作李广杏。

李广杏经过千百年的繁衍，已遍布敦煌全市。改革开放以来，敦煌市委、市政府把发展杏子产业作为振兴县域经济、促进农民致富的支柱产业来抓，推动杏子产业快速发展。

四、产区环境

敦煌境内东有三危山，南有鸣沙山，西面是沙漠，与塔克拉玛干相连，北面是戈壁，与天山余脉相接。南北高，中间低，自西南向东北倾斜，平均海拔不足 1200 m，市区海拔为 1138 m。党河冲积扇带和疏勒河冲积平原，构成了敦煌这片内陆平原。一望无际的沙漠和大片绿洲，形成了独特的自然风貌。绿洲区好像一把扇子自西南向东北展开。由于地处内陆，明显的特点是气候干燥，降雨量少，蒸发量大，昼夜温差大，日照时间长。

（一）水文情况

敦煌绿洲由党河滋补。发源于祁连山的党河，全长 390 km，流域面积 1.68 万 km^2，年径流量 3.28 亿 m^3，是敦煌重要的水利命脉，敦煌人民的母亲河。境内除党河外，地面水还有西水沟、东水沟、南湖泉水区，泉水总溢出量为 3.14 m^3/s，年径流量 9902.3 万 m^3。

（二）光照

日照时间长，全年日照时数为 3246.7 h。

（三）气温

敦煌李广杏产区四季分明，春季温暖多风，夏季酷暑炎热，秋季凉爽，冬季寒冷。年平均气温为 9.4 ℃，月平均最高气温为 24.9 ℃（7 月），月平均最低气温为-9.3 ℃（1 月），年平均无霜期 142 天，属典型的暖温带干旱性气候。敦煌李广杏果实成熟期昼夜温差大，利于李广杏着色和糖分积累。

（四）降水和蒸发量

敦煌李广杏产区年平均降水量 39.9 mm，蒸发量 2486 mm。多晴少雨，空气较干燥，但有稳定的河水、泉水保证灌溉，能够满足李广杏生长结果的需水要求，又能适当抑制李广杏病虫害的发生。

（五）风

敦煌李广杏产区风的变化较有规律，经常以东南风与西北风交替出现，冬季多为西北风，夏季多为东南风，微风细雨造就了敦煌李广杏色泽艳丽、果形端正、果面光洁、肉质细嫩、风味浓香的特殊品质。

五、生产方式

（一）栽培管理

1. 育苗

毛杏做砧木，嫁接育苗。

2. 定植

（1）定植时间为 4 月上中旬；

（2）密度每公顷≤840 株，授粉树比例≥1∶4。

（3）施肥以有机肥为主，每年施腐熟有机肥≥75 m^3/hm^2。

(4)环境、安全要求农药、化肥等使用必须符合国家相关规定。

(二)果实采收

采收时间为6月下旬至7月上旬。

六、特色品质

(一)感官特色

果实圆形,果皮金黄色,无绒毛,果肉黄色,汁液多,香气浓郁。

(二)理化指标

单果重≥30 g,可溶性固形物≥18%(可食部分干物质计),总酸量≤0.80%。

七、营养价值

杏在中草药中相当有地位,具生津止渴、润肺化痰、清热解毒之功效。此外,杏的果肉中含有丰富的维生素 B_{17}(维生素 B_{17} 是一种抗癌物质),因此,杏肉也是抗癌佳品。杏具有很高的营养价值,其药用价值则体现在杏仁上。杏仁可止咳平喘、润肠通便,具有补肺作用;对肺病、咳嗽等疾病有一定的疗效。杏仁含有丰富的黄酮类和多酚类成分,其不但能够降低人体内胆固醇的含量,还能显著降低心脏病和很多慢(性)病的发病危险;杏仁还具抗肿瘤作用。杏仁还有美容功效,能促进皮肤微循环,使皮肤红润光泽,所以也是女士们喜欢的零食之一。敦煌有一种饮品非常出名,名为杏皮水。酸甜可口,是夏季解暑的佳品。

八、品牌荣誉

2020年11月,第二十一届中国绿色食品博览会上,敦煌李广杏经甘肃省农业农村厅推荐,农业农村部筛选和组委会评选,成功荣获第二十一届中国绿色食品博览会金奖。

第二章　蔬菜类

兰州百合

一、基本信息

(一)品种

百合科植物。兰州百合,属山丹类,是全国唯一食用甜百合。

兰州百合

(二)品质特点

个头大、味极甜美,纤维很少,又毫无苦味,色泽洁白如玉。

(三)地理标志

地理标志保护产品(批准公告 2004 年第 137 号);

地理标志商标(注册 1687899 号)。

(四)产品生产总规模

种植面积 10 万亩,年产量 4 万吨(2019 年)。

二、产地范围

甘肃省兰州市七里河区西果园镇、黄峪镇、魏岭镇、彭家坪镇、阿干镇;西固区金沟乡、柳泉镇、西固城街道,榆中县马坡乡、新营镇、龙泉乡、小康营乡;永登县金嘴乡、民乐乡、大有乡;临洮县中铺镇、辛店镇、上梁乡;康乐县五户乡;永靖县徐顶乡、关山乡等 23 个乡镇现辖行政区域。

三、历史传承

兰州百合在百合家族中以其食用性闻名。美丽的百合花是清朝光绪年间黄裕沟(位于现兰州市七里河区）农民杨万贵引进种植的，据说由于杨万贵经营的药材百合滞销，便埋在自家田地，这一埋埋出了“世间美味，陇上奇珍”。于是杨万贵率先在黄裕沟大面积种植百合，获利颇多。附近的西果园、青岗岔等地也纷纷效仿引种。杨万贵颇具经营意识，每年冬至前收购百合，集中在卧桥东侧路南寓所里，精挑细选分类，头朝下码放，白土覆盖，外搭草棚阻挡风雪，静待顾客选购。这引起当地官僚士绅的注意，更得到当时陕甘总督谭钟林的重视和大力支持。商人、官员多购其百合带回家乡，赠送亲友，兰州百合名声大震。此间种植的百合开始供达官贵人食用并向皇室进贡。

兰州百合栽培历史悠久，文化沉淀深厚。植物分类学家孔宪武在《兰州植物通志》中写道，兰州二阴山坡有野百合，西果园附近极其普遍，6～8 月开花，鳞茎可供食用。据此可推，西果园一带的野生百合应是兰州栽培百合的一个种源。百合在兰州的栽培历史至少有 400 年了，明万历《临洮附志》、清光绪《重修勾栏限制皋兰县志》均有记载。《甘肃新通志》记载：“到光绪时，兰州百合，种者渐多，得利甚优”。

国画大师张大千两次来兰州赏百合花，品百合菜肴，并赠友人以百合图。国画大师齐白石也曾绘百合图，他用笔泼辣，构图突出百合，用谐音强调“百（百合）事（柿子）”。20 世纪 80 年代，画家黄永玉赠规划大师任震英一幅《兰州百合图》。近年来，数不清的诗人画家将百合入图入诗，展现了兰州百合纯洁、吉祥的精神风采。

四、产区环境

兰州又称“金城”“陆都”“黄河之城”，群山环抱，黄河穿城而过，具有带状盆地城市的特征，地处黄河上游，年平均降水量较少，四季分明，气候温和，属中温带大陆性气候。兰州市区依山傍水，山静水动，形成了独特而美丽的城市景观。

百合是一种多年生草本植物，因其地下茎块由数十瓣鳞片相累抱合，有“百片合成”之意而得名。早在东汉时期的《神农本草经》中就有关于百合的记载。医圣张仲景分析了前人的经验，明确了百合的清热、宁心、安神之效。唐代医学家孙思邈在《千金翼方》书中叙述了百合的栽培技术，由此可见，早在 1300 年前古人就已进行人工栽培百合，并具备了相当丰富的栽培经验。

兰州百合始栽于明万历三十三年（1605 年），已有 400 多年的种植历史。兰州百合适宜于旱作栽培，对生态环境条件要求较高，一般种植海拔要达到 1800～2200 m；土层要深厚，质地要松软，有机质含量丰富；种植区还要有一定坡度，排水良好，冷凉温润，昼夜温差大等。这些条件是综合性的，缺一不可。尽管其他地区也能种植出来，但其质量、品质、外形、色泽、产量都大为逊色。正是由于兰州百合对其自然生长环境的条件要求极为苛刻，才保证了其独特的品质。

兰州百合主要种植在兰州南部二阴山区，这里土层厚，排水好，海拔 2000 多米，气候温和凉爽，植被覆盖较好，昼夜温差大，便于鳞茎积累养分，十分适合兰州百合喜温凉、喜光照、好湿润、忌酷热的生理特征。

五、生产方式

(一)栽培技术

1. 环境条件

保护范围内海拔 1800 ~ 2600 m,5° ~ 15°山坡地、条田或缓坡梯田。有机质含量10 g/kg以上,碱解氮含量 60 mg/kg 以上,速效磷含量 15 g/kg 以上,速效钾含量112 mg/kg以上,土壤 pH 值 7.4 ~ 8.6。

2. 种球繁育

利用百合地下鳞茎分化获得小鳞茎种球进行无性繁殖。

3. 管理技术

3 年以上轮作倒茬,施用有机肥。栽植密度:一、二级种球 8000 ~ 10000 株/亩,及时摘花蕾,在干旱特殊年份进行人工灌溉。

4. 采收时间

3 年生成品百合在 10 月底到 11 月中旬或早春 3 月中下旬采收。

(二)加工工艺

百合干加工工艺:干制。

六、特色品质

(一)感官特色(表 2-1)

表 2-1　兰州百合感官特色

项目	要求		
	鲜兰州百合	鲜切兰州百合	兰州百合干
色泽	洁白有光泽,无明显斑痕	洁白有光泽,无明显斑痕,不得发红	白色或略带米黄色
组织状态	鳞片肥厚饱满、无烂斑、无伤痕、无虫斑、无黄锈斑,肉质根部不得带泥土,肉质须根长度不超过 1 cm	鳞片肥厚饱满,不得发芽,无干柔	匙状或片状
气味、滋味	具有本产品特有的口味,香甜爽口、无异味	具有本产品特有的口味,香甜爽口、无异味	具有其特有气味、滋味,无异味

(二)理化指标

1. 鲜兰州百合理化指标(表 2-2)

表 2-2　鲜兰州百合理化指标

项目	指标
总糖/%	≥8.0
粗纤维/%	≤0.80

2. 鲜切兰州百合理化指标

分为鳞茎包装鲜切兰州百合(表 2-3)、散片包装鲜切兰州百合(表 2-4)。

表 2-3　鳞茎包装鲜切兰州百合理化指标

项目	指标		
	特级	一级	二级
鳞茎平均质量/g	≥80	≥65	≥50
总糖/%	≥11	≥9	≥8
粗纤维/%	≤0.70	≤0.70	≤0.80
含杂率/%	≤3	≤4	≤5

表 2-4　散片包装鲜切兰州百合理化指标

项目	指标		
	特级	一级	二级
鳞茎平均质量/g	≥80	≥65	≥50
总糖/%	≥11	≥9	≥8
粗纤维/%	≤0.70	≤0.70	≤0.80
含杂率/%	≤3	≤4	≤5

3. 兰州百合干理化指标

二氧化硫残留量≤0.2 g/kg,大肠菌群≤100 MPN/100 g,致病菌(沙门氏菌、志贺氏菌、金黄色葡萄球菌)不得检出,其他见表 2-5。

表 2-5　兰州百合干理化指标

项目	指标		
	特级	一级	二级
水分/%	≤12.0	≤12.0	≤12.0
总糖/%	10.5~14.0	10.5~14.0	10.5~14.0
碎片率/%	≤1	≤3	≤5
含杂率/%	无	≤1	≤1

七、营养价值

农业部食品质量监督检验测试中心测试结果：总糖 13%、粗纤维 0.67%、粗脂肪 0.21%、钾 0.38%、蛋白质 3.36%、总类胡萝卜素706.75 μg/100 g、钙 89.5 mg/kg、锌 7.85 mg/kg、铁 64.1 mg/kg、维生素 B_1 0.11 mg/kg、维生素 B_2 0.44 mg/kg、维生素 C 4.87 mg/100 g，营养及保健价值较高。

兰州百合亦能入药，传统中医药认为百合有润肺止咳、宁神安心、清热解毒、止血消肿、补中益气、通二便等功效。从《神农本草经》《金匮要略》《本草正义》《纲目》到《本草经集注》《新修本草》《药性论》《本草图经》《本草衍义》《本草纲目》等都有应用。现代医药学证明百合有七大药理作用：止咳、祛痰、平喘作用；强壮作用；耐缺氧作用；镇静作用；提高免疫力作用，即百合多糖能促进增强有丝分裂反应；抗癌作用，即所含秋水仙碱能抑制癌细胞的增殖；止血抗溃疡作用和抗痛风作用。用百合防治心血管疾患和糖尿病也取得了很大进展。

八、品牌荣誉

作为国内乃至世界独特的一种“食药同源”甜百合，有“兰州百合甲天下”的美誉。

1996 年 10 月，“兰州百合”获得“中华老字号”的称号。

1999 年，“兰州百合”在中国昆明世博会上获银奖。

2001 年，“兰州百合”获中国国际食品博览会金奖。

2009 年，“兰州百合”获第七届中国国际农产品交易会金奖。

2014 年，兰州市被中国林业生态促进会授予“中国百合之都”称号。

2015 年，“兰州百合”在意大利米兰世博会经贸文化艺术展上荣获“优质特产奖”。

2016 年 1 月，“全国百合产业知名品牌示范区创建”顺利通过验收。

2018 年，在上海举行的“2018 中国品牌价值评价信息发布暨第二届中国品牌发展论坛”上，“兰州百合”品牌喜进区域品牌（地理标志产品）百强榜，位列第 67 位，在甘肃省上榜的 6 个品牌中占第 4 位。

2015 年，区域品牌价值评价工作中，“兰州百合”品牌价值评价为 3.25 亿元。

2016 年，在由中国品牌建设促进会、经济日报社、中国国际贸促会、中国资产评估协会等联合举办的“2016 年中国品牌价值评价信息发布会”上，“兰州百合”品牌价值评价为 46.11 亿元。

2020 年，在山西省运城市举行的“2020 阿里巴巴丰收购物节发布会暨中国农产品地域品牌价值授牌仪式”上，“兰州百合”获得授牌，品牌价值评达 53.39 亿元。

中国品牌建设促进会和淘宝天猫联合发布了中国农产品地域品牌价值，首批授牌 9 个农产品地域品牌为标杆品牌，“兰州百合”在列。

2020 年，兰州百合入选中欧地理标志互认互保名录，协定生效后在欧洲市场将获得保护。

九、授权企业

兰州百合授权企业见表 2-6。

表 2-6　兰州百合授权企业

地理标志	市场主体	统一社会信用代码
兰州百合	甘肃陇萃堂营养保健食品股份有限公司	916201007509448444
兰州百合	兰州米家山百合有限责任公司	916201037190120105
兰州百合	甘肃爽口源生态科技股份有限公司	91620100670841781R
兰州百合	兰州凌杰商贸有限责任公司	9162010266000666X4
兰州百合	兰州兴龙百合工贸有限公司	91620103063904664C
兰州百合	兰州甜甜百合有限公司	91620103767707108Y
兰州百合	兰州金德百合商贸有限公司	91620104060611372C
兰州百合	兰州菁叶商贸有限公司	91620104675908041W
兰州百合	七里河和兴百合加工厂	92620103MA74KYMEXM
兰州百合	魏岭乡天燕百合加工部	92620103MA74PC9L1X
兰州百合	兰州市七里河区鹏成百合种植农民专业合作社	93620103332179879D
兰州百合	兰州振兴百合种植专业合作社	93620103686066126C
兰州百合	兰州晓东百合商贸有限公司	91620103MA727M4Y35
兰州百合	兰州尚古堂食品有限公司	916201043970200254

民乐紫皮大蒜

一、基本信息

民乐紫皮大蒜

(一)品种

紫皮大蒜。

(二)品质特点

个大、瓣肥、汁多、味辣、易剥皮、耐储存。

(三)地理标志

地理标志保护产品(批准公告 2009 年第 66 号);

地理标志商标(注册 21018536 号)。

(四)立地条件

海拔 1900~2400 m,地势平坦,保水保肥能力强,土质疏松,排灌条件良好,土壤 pH 值6.5~8.5,土壤肥沃的灌耕土或灌耕灰钙土,有机质含量≥1.5%。前茬以小麦、大麦、油菜等茬口为最佳，不得与葱蒜类蔬菜重茬。

（五）产品生产总规模

种植面积 5 万亩，年产量 5.5 万吨（2016 年）。

二、产地范围

甘肃省民乐县南丰镇、永固镇、洪水镇、民联镇、三堡镇、六坝镇、顺化镇、丰乐镇、新天镇、南古镇 10 个镇现辖行政区域。

三、历史传承

民乐紫皮大蒜是民乐县古老的蔬菜作物之一，具有悠久的栽培历史，据《汉书·西域传》《齐民要术》等众多史书记载，大约在汉朝时传入我国。武帝通西域，遣张骞为使，辗转多年，张骞及其使团返回汉朝时，携带了大量的域外物种，大蒜就是其中之一。据有关史料记载：张骞通西域到中亚的费尔干纳盆地的大宛和大月氏，吃到加蒜佐料的菜和用酒浸泡的蒜，觉得鲜美可口，便带回中国。作为丝绸之路重镇之一的民乐，最早触及了西来的文化和技术。汉代时，大蒜的种植已较普遍，至东汉时期已遍及全国，为后世遗留了宝贵的种植遗产和广阔的发展空间。

民乐县古为洪水镇，地处河西走廊中部的祁连山麓。“洪水大蒜”因蒜皮呈紫色，亦名“紫皮大蒜”，1929 年 3 月，东乐县迁县治于洪水城，改名民乐县，民乐成为县后，“洪水大蒜”慢慢被人们誉为“民乐大蒜”。2009 年，民乐县人民政府对民乐县生产的紫皮大蒜统命名为“民乐紫皮大蒜”。

四、自然环境特点

民乐紫皮大蒜产地处于河西走廊中部的祁连山麓，海拔在 1800～3000 m，气候凉爽，年平均气温 2.8～5.9 ℃，病虫害少，属红淤黄土的土壤，加之祁连山冰雪相融的水资源滋养，大蒜的抗病虫害自然属性，造就了民乐紫皮大蒜的独特品质。

大蒜为弦线状浅根型蔬菜。80%～90% 的根系分布在 5～20 cm 土层内，横展直径 15～20 cm，喜疏松多孔、通气良好、肥沃的土壤环境。灌耕土、灌耕灰钙土是民乐县主要农业土壤，经过冬季冰冻后，耕层疏松软绵，吸热保水性能强。故适宜大蒜生长，特别对根系和磷茎的生长发育十分有利。灌耕土和灌耕灰钙土的成土母质多为洪积冲积物，呈次生黄土。经过长期的耕作熟化，潜在养分积累多，储量也较丰富。从全县土壤普查土类的耕层养分化验结果看，灌耕土和灌耕灰钙土除磷偏低外，钾素丰富，有机质、全氮、速效氮的含量相对较高。

民乐紫皮大蒜品质好，与水质有密切关系。灌耕土和灌耕灰钙土区地上、地下水丰富，地上径流已形成自流灌溉系统，地下水通过降水和冰雪融水的垂直溶滤作用，水质仅处于初矿化阶段，水质良好，灌溉时就不会产生次生盐碱化。用含钙、镁、钠、硫较多的水灌溉土壤对大蒜的生长发育和品质的改善都十分有利，用这里的水浇蒜，鳞片洁白，内黄，黏度大，味道佳。

五、生产方式

(一)栽培管理

(1)栽种时间。播种期为土壤化冻后,3 月下旬至 4 月上旬播种。

(2)选种。选择符合本品种特征、发育良好、无检疫性病虫害和机械损伤、蒜瓣大小均匀的留种。

(3)种子处理。用预防大蒜根蛆的农药进行拌种。

(4)施肥。每亩施腐熟的有机肥 3000 ~ 5000 kg,氮肥(N)6 ~ 8 kg,磷肥(P_2O_5)4 ~ 6 kg。施硫黄粉 0.5 ~ 1 kg,并灌足冬水,早春及时耙耱、镇压保墒。

(5)播种方法。沟宽 20 ~ 25 cm,深 8 ~ 10 cm,覆土 4 ~ 5 cm,耱平。行距 14 ~ 15 cm,株距 8 ~ 10 cm。

(6)栽种密度。每亩栽种密度 3.5 万 ~ 4 万株。

(7)中耕除草。大蒜出苗后以控为主,应及时中耕,防止徒长和烂母过早。

(8)适时灌水。幼苗期适当控制灌水,以利蹲苗,苗高 8 ~ 10 cm 时灌头水,抽薹前灌二水,蒜薹伸长期灌三水,采薹前 4 ~ 5 天停止灌水,采薹后鳞茎膨大期应视墒情灌水。每次每亩灌水量为 60 ~ 80 m^3。

(9)采收。蒜薹采收后 15 ~ 25 天,假茎松软已不易折断时采收,采后至通风避雨处晾储、后熟。

(10)环境、安全要求。农药、化肥等的使用必须符合国家的相关规定,不得污染环境。

六、特色品质

(一)感官要求(表 2-7)

表 2-7 民乐紫皮大蒜感官要求

项目	要求
完好度	无腐烂变质
洁净度	无可视杂质
病虫害	无
坚实度	蒜头要紧固密实
冻伤、日灼伤	无
发芽	不发芽
水分	无异常外来水分
异味	无异嗅或异味

(二)理化指标(表 2-8)

表 2-8 民乐紫皮大蒜理化指标

项目	指标
大蒜素/(mg/100 g)	≥380
水分/%	≤70
蛋白质/%	≥6.3
氨基酸总量/%	≥3.3
维生素 C/(mg/100 g)	≥1
硒/(μg/g)	≥7.3×10^{-3}

(三)安全指标(表 2-9)

表 2-9 民乐紫皮大蒜安全指标

项目	指标/(mg/kg)	项目	指标/(mg/kg)
铬(以 Cr 计)	≤0.5	乐果	≤1.0
镉(以 Cd 计)	≤0.05	辛硫磷	≤0.05
汞(以 Hg 计)	≤0.01	乙酰甲胺磷	≤0.2
砷(以 As 计)	≤0.5	敌百虫	≤0.1
铅(以 Pb 计)	≤0.2	三唑酮	≤0.2
亚硝酸盐($NaNO_2$)	≤4.0	多菌灵	≤0.5
硝酸盐	≤1200	百菌清	≤1.0
敌敌畏	≤0.2		

七、营养价值

通过权威检测机构对民乐紫皮大蒜品质检测结果表明:衡量大蒜质量的主要成分大蒜素含量为 0.456%、总氨基酸 4.16%、维生素 C 1.24 mg/100 g、抗氧化微量元素硒含量为 8.31 μg/100 g,无农药残留物检出,达到了绿色农产品的标准。民乐紫皮大蒜有浓烈的蒜臭,味辛辣。其营养价值:每 100 g 含水分 69.8 g,蛋白质 4.4 g,脂肪 0.2 g,碳水化合物 23.6 g,钙 5 mg,磷 44 mg,铁 0.4 mg,维生素 C 3 mg。此外,还含有硫胺素、核黄素、尼克酸、蒜素、柠檬醛以及硒和锗等微量元素。

据北京营养源研究所分析,民乐紫皮大蒜,蒜味十足,大蒜素含量高达 12‰。大蒜是日常生活的调味品,也是极佳的绿色天然药品。具有抗菌消炎、降血脂、降血压、抗癌症、抗血小板凝聚等功效。

八、品牌荣誉

1992 年,在北京首届中国农业博览会上“民乐紫皮大蒜”荣获金奖,被誉为“蒜王”和“中华老字号”产品等称号,素有“陇上第一蒜”之称。

1995 年,“民乐紫皮大蒜”被国内贸易部认定为“中华老字号”产品称号。

2007 年 1 月,“民乐紫皮大蒜”获农业部“无公害农产品”证书。

2013 年,“民乐紫皮大蒜”入选了 2013 年度全国名特优新农产品目录。

酒泉洋葱

一、基本信息

酒泉洋葱

(一)品种

黄皮、紫皮圆球形长日照鲜食品种。

(二)品质特点

高圆形或圆球形,收口紧,个大、皮亮、紧实、辛辣味浓。

(三)地理标志

地理标志保护产品(批准公告 2011 年第 70 号);

地理标志商标(注册 9241273 号)。

(四)立地条件

保护区范围内海拔 1400 ~ 1800 m,土壤类型为荒漠土,质地为壤土,土壤 pH 值7.5 ~ 8.0,土壤有机质含量≥1.25%、碱解氮≥44.0 mg/L。

(五)产品生产总规模

种植面积 16 万亩,年产量 100 万吨(2018 年)。

二、产区范围

甘肃省酒泉市肃州区三墩镇、清水镇、金佛寺镇、银达镇、西洞镇、总寨镇、上坝镇、西峰镇、泉湖镇、果园镇、丰乐镇、铧尖镇、下河清镇、东洞镇、黄泥堡乡现辖行政区域。

三、历史传承

洋葱是百合科多年生宿根植物,被誉为“永不忘本的蔬菜”,原产于中亚的阿富汗、伊朗及塔吉克斯坦一带,至今已有 5000 多年的栽培历史。何时传入我国,史学界众说不一，但元代宫廷御医忽思慧在《饮膳正要》中记述，“回回葱味辛温无毒”，由此可见，元代就开始栽培洋葱了。现在洋葱种植已遍布大江南北，由于洋葱喜冷耐寒，故华北及西北各省区栽培面积较大。

酒泉种植洋葱历史悠久，明、清时期就有种植。据《酒泉农牧志》记载，1978 年开始，洋葱在酒泉县临水、三墩等人民公社批量种植，由蔬菜公司收购外销，1985 年种植面积 11462 亩，总产量 35000 吨，运销华北、东北等地。酒泉洋葱的种植历史可谓悠久，酒泉肃州区有着 30 多年的洋葱种植历史。

四、产区环境

酒泉属典型的荒漠绿洲灌溉农业区，生态条件极适宜洋葱生产，是甘肃省最大的洋葱种植基地。酒泉肃州区位于甘肃省西北部，河西走廊中段，南依祁连山，北枕古长城，东连金张掖，西连嘉峪关。肃州区地处青藏高原与蒙古高原交会处，海拔 1340 ~ 2200 m，地域辽阔，总面积 3349 km^2，地势南高北低，自西南向东北倾斜。南部的祁连山脉为海拔 3500 ~ 5000 m 的高山群，峰峦叠嶂，高峻陡拔，终年高山积雪形成颀长而宽阔的冰川地貌奇丽壮观。

酒泉肃州区昼夜温差大，土质属黏性沙土，特别适宜种植洋葱。土地平坦且土壤绝大部分是灌漠土，土壤质地以沙壤和轻壤为主，普遍盐碱较大，pH 值 7.5 ~ 8.0，富含钾，而少氮缺磷。在这样的土壤条件下种植的洋葱个大、产量高、味浓、质嫩、紧实，干物质含量高，品质、色泽、风味明显优于其他洋葱产区，因而深受国内外客商的青睐。

五、生产方式

（一）栽培管理

1. 育苗

采用日光温室或塑料大棚育苗，播种期为 1 月中旬至 2 月上旬，播种密度每平方米 ≤1500 粒。苗龄 60 ~ 70 天，株高 12 ~ 15 cm，假茎直径 0.7 ~ 0.9 cm。

2. 定植

（1）定植地块：要求三年没种植洋葱和其他葱蒜类蔬菜。

（2）定植时间：3 月下旬至 4 月上旬。

（3）密度：大球型品种 33.6 万 ~ 38.1 万株/公顷，小球型 52.5 万 ~ 57 万株/公顷。

（4）深度 1 ~ 1.5 cm。

3. 施肥

基肥施腐熟有机肥 ≥65 吨/公顷。

4. 灌水

总体把握勤浇浅灌的原则，全生长期浇水 7 ~ 8 次。收获前 10 ~ 15 天停止浇水。

5. 环境、安全要求

农药、化肥等的使用必须符合国家的相关规定，不得污染环境。

（二）收获

（1）收获时间。早熟品种为 8 月中旬至 9 月上旬，晚熟品种为 9 月中旬至 10 月上旬。成熟的标志是70%的植株假茎变软倒伏。

(2)采收。选择在晴天进行,要求带秧整株挖出,抖落泥土后原地晾晒1~2天,留假茎2 cm剪掉上部茎叶。

六、特色品质

(一)感官指标(表2-10、表2-11)

表2-10　酒泉洋葱感官要求(黄皮洋葱)

项目	一等	二等	三等
基本要求	鳞茎紧实,色泽金黄光亮,整修良好,无开裂,无病虫斑,无嫩芽,干燥,无软腐,新鲜洁净,无异味,横径≥8.5 cm,单球重≥350 g,着色层数2~3层		
外观要求	具有同一品种的特征(球形指数差别<5%),表面光滑,大小均匀一致,横径差异<3%	具有相似品种的特征(球形指数差别<10%),表面光滑,大小均匀一致,横径差异<5%	具有同一品种的特征(球形指数差别<10%),表面光滑,大小均匀一致,横径差异<10%
不合格限度(以重量计)/%	每批产品不合格率≤5%,其中不得有机械损伤,不得有病虫斑,无软腐	每批产品不合格率≤10%,其中不得有机械损伤,病虫斑不得超过2%,无软腐	每批产品不合格率≤15%,其中机械损伤不得超过1%,病虫斑不得超过3%,软腐不得超过1%

表2-11　酒泉洋葱感官要求(紫皮洋葱)

项目	一等	二等	三等
基本要求	鳞茎紧实,色泽紫红,整修良好,无开裂,无病虫斑,无嫩芽,干燥,无软腐,新鲜洁净,无异味,横径≥7.0 cm,单球重≥250 g,着色层数4~6层		
外观要求	具有同一品种的特征(球形指数差别<5%),表面光滑,大小均匀一致,横径差异<3%	具有相似品种的特征(球形指数差别<10%),表面光滑,大小均匀一致,横径差异<5%	具有同一品种的特征(球形指数差别<10%),表面光滑,大小均匀一致,横径差异<10%
不合格限度(以重量计)/%	每批产品不合格率≤5%,其中不得有机械损伤,不得有病虫斑,无软腐	每批产品不合格率≤10%,其中不得有机械损伤,病虫斑不得超过2%,无软腐	每批产品不合格率≤15%,其中机械损伤不得超过1%,病虫斑不得超过3%,软腐不得超过1%

(二)理化指标(表 2-12)

表 2-12　酒泉洋葱理化指标

项目	要求
可溶性固形物/%	8.0～11.0
干物质含量/%	10.0～12.0

七、营养价值

酒泉洋葱是酒泉市的特色农产品,因其肉质柔嫩,汁多辣味淡,品质佳,干物质含量高。洋葱供食用的部位为地下的肥大鳞茎(即葱头)。在国外它被誉为“菜中皇后”,营养价值较高。每 100 g 洋葱(白皮)富钙、锌、钾、维生素 A、维生素 E、维生素 C 等多种营养素,而且洋葱有两种特殊的营养物质——槲皮素和前列腺素 A,这两种特殊营养物质,令洋葱具有了很多其他食物不可替代的健康功效。

酒泉洋葱性温,味辛甘,有祛痰、利尿、健胃润肠、解毒杀虫等功能。可治食欲不振、大便不畅、痢疾、肠炎、虫积腹痛、创伤溃疡、赤白带下等病症。酒泉洋葱所含前列腺素 A,具有明显降压作用,所含甲苯磺丁脲类似物质有一定降血糖功效。能抑制高脂肪饮食引起的血脂升高,可防止和治疗动脉硬化症。洋葱提取物还具有杀菌作用,可提高胃肠道张力、增加消化道分泌作用。洋葱中有一种肽物质,可减少癌症的发生率。

八、品牌荣誉

“中国洋葱看甘肃,甘肃洋葱看酒泉。”酒泉洋葱之所以得到这样的赞誉,是因为酒泉是全国最大的洋葱种植基地和品质最佳基地,被誉为“陇上果菜之乡”和“西部蔬菜集散地”,在满足国内市场的同时出口日本、韩国、东南亚等国家和地区。

甘谷辣椒

一、基本信息

甘谷辣椒

(一)品种

当地地方品种“七寸红”。

(二)品质特点

色红,角长,质肥肉厚,油多,芳香浓郁,辣度适中,美味可口。

(三)地理标志

地理标志保护产品(批准公告 2011 年第 121 号);

地理标志商标（注册13745913/13745914号）。

（四）立地条件

土壤为红黏土、红砂土、黄红砂土、黄红土、绵土，质地为黏壤土，土壤pH值6.5～7.2，土壤有机质含量≥1.5%。

（五）产品生产总规模

种植面积3.5万亩，年产量7000多吨（干辣椒）（2020年）。

二、产地范围

甘肃省甘谷县大像山镇、新兴镇、磐安镇、六峰镇、安远镇、武家河镇、八里湾镇、大石镇、礼辛镇、金山镇、大庄镇、白家湾乡、谢家湾乡13个乡镇现辖行政区域。

三、历史传承

辣椒原产于美洲，意大利航海家哥伦布发现美洲之后，把辣椒带回欧洲，并由此传播到世界各地。明朝末年传入我国，称其为“番椒”。清代陈淏子在《花镜》记载：“番椒丛生白花，果俨似秃笔头，味辣色红，甚可观，子种。”相传明朝天启年，经商旅贸易，至甘谷种植，距今已四百余载。

据明天启七年（1627年）叶应甲编纂的《伏羌县志》记载，甘谷辣椒最早引种于西域，始种于明天启年间。在清代，由于气候、土壤等自然条件适宜种植辣椒，加之当地农民的精耕细作，甘谷辣椒以其独特的品质备受青睐，一度成为清室贡品。民国期间，甘谷辣椒的种植技术日趋成熟，种植面积不断扩大，辣椒已成为当地主要经济作物之一。新中国成立以后，甘谷椒农在总结以前耕作、种植、加工等方面的基础上，通过实践探索出了一套科学种植方法，使辣椒的产量和品质都有了新的突破。20世纪80年代末，随着设施蔬菜效益的凸显，以及因辣椒疫病加重而导致栽培风险加大，辣椒生产基地被迫离川进山，生产面积从原来的2333公顷曾降至数百公顷。

四、自然环境特点

甘谷县位于甘肃省东南部，天水市西北部，渭河上游。地处东经104°58′～105°31′，北纬34°31′～35°03′，甘谷县境内地表形态主要为山地、丘陵、河谷，渭河自西向东横贯全境，中部为断陷河谷，地势平坦；南部为秦岭山脉西延石质山区，甘谷县平均海拔1972 m。

甘谷县属温带气候，气候类型为大陆性季风气候，四季分明，光照充足，雨量偏少，夏无酷暑，冬无严寒。年平均气温12.6 ℃，其中极端高温36.9 ℃，极端低温-14.9 ℃。全年降水量365.6 mm，全年日照2055.2 h，无霜期215天左右。

甘谷辣椒产区多为山坡地，以绵土为主，土层深厚，土壤呈弱碱性，各产地土壤pH均大于8.0。通过对甘谷县辣椒主产区土壤养分、土壤重金属和水资源的调查、抽样和检测，有机质和全氮含量达到了Ⅲ级土壤标准，有效磷和有效钾含量达到了Ⅰ级土壤标准。甘谷辣椒主产地土壤肥沃，无污染，水质优良，非常适合干制辣椒生产。

五、生产方式

(一)栽培管理

(1)播种。采用垄作穴播,地膜覆盖栽培。4 月上中旬直播,每公顷播种密度≤97500 穴。

(2)定苗。6 ~8 片真叶时每穴留 2 株定苗。

(3)施肥。每公顷施优质有机肥≥45000 kg。

(4)环境、安全要求:农药、化肥等的使用必须符合国家的相关规定,不得污染环境。

(二)采收

10 月上中旬初霜来临前,果实红熟时采收。采收后自然干燥,禁止曝晒。

六、特色品质

(一)感官指标(表 2-13)

表 2-13　甘谷辣椒感官指标

项目	质量规格		
	一级	二级	三级
外观、形状	形状均匀,果面皱褶深密	形状均匀,果面皱褶深密	形状有差异,完整
色泽、气味	果色深红或鲜红,油亮光洁,辣味中等,辣香味浓	果色深红或鲜红,有光泽,辣味中等,辣香味浓	果色红色或紫红色,辣味中等,辣香味浓
果实长度	果实长≥20 cm,达到 90% 以上	果实长≥18 cm,达到 90% 以上	果实长≥16 cm,达到 90% 以上
杂质	无肉眼可见外来物,无霉变	无肉眼可见外来物,无霉变	无肉眼可见外来物,无霉变

（二）理化指标（表 2-14）

表 2-14　甘谷辣椒理化指标

项目	指标		
	一级	二级	三级
水分/%	≤12	≤13	≤15
总灰分/%	≤8	≤9	≤10
酸不溶灰分（干态）/%	≤1.25	≤1.3	≤1.4
辣度/（SHU）	800～5000	800～5000	800～5000
维生素 C/（mg/100 g）	>50	>40	>30

七、营养价值

辣椒营养丰富，含有辣椒碱、辣椒红素、蛋白质、胡萝卜素、脂肪油、龙葵甙、大量的维生素 C，微量的挥发油。

甘谷辣椒的反式辣椒红素含量高，最高达 19.53 g/kg，平均含量 16.06 g/kg。粗纤维对人体肠道的蠕动有着重要作用，有助于促进消化。甘谷辣椒产品粗纤维含量 25.30%，远远高于我国辣椒主产区贵州。粗脂肪含量与辣椒香味物质相关联，甘谷辣椒粉的平均粗脂肪含量为 78.35 g/kg，说明甘谷辣椒粗脂肪含量较高，香味较浓。维生素 C 是辣椒的重要营养元素之一，有抗氧化、增强免疫力、预防动脉粥样硬化等作用。甘谷辣椒维生素 C 含量丰富，最高达 772.8 mg/kg，平均含量 388.3 mg/kg。硒是人体必需微量元素，可增强人体免疫功能、抗氧化、延缓衰老、预防癌症。经检测，甘谷辣椒平均硒含量为 1.37 mg/kg，根据《富硒农产品》（GH/T 1135—2017）的规定，甘谷辣椒粉为富硒产品。

辣椒性温，能“除风发汗，行痰，除湿”。经研究发现，辣椒能通过发汗降低体温，缓解肌肉疼痛，并且辣椒素能减少传达痛感的神经递质，使人对疼痛的感觉减弱。辣椒对口腔及胃肠有刺激作用，能增强肠胃蠕动，促进消化液分泌，改善食欲，并能抑制肠内异常发酵。此外，辣椒含有一种成分，能够使人的血管扩张，刺激人体内燃烧脂肪，产生热量，使脂肪消耗加快，从而达到减肥的效果。

八、品牌荣誉

甘谷被誉为“辣椒之乡”，甘谷全录王辣椒制品有限责任公司生产的“全录王”牌系列辣椒，在 1994 年的第六届中国西部商品交易会上荣获金奖。

2003 年 2 月，甘谷辣椒被中国绿色食品委员会审核认定为 A 级绿色食品。

在天水召开的第十二届西部商品交易会上，“全录王”牌系列辣椒、“红娇”牌系列辣椒、“八户王”牌辣椒酱等产品又获得金奖并被确定为指定产品。远销韩国、日本、新西兰、印度尼西亚等20多个国家和地区，曾受到斯里兰卡总理班达拉奈克夫人的高度赞誉，被外商誉为“辣椒之王”。

正宁大葱

一、基本信息

（一）品种

三叶齐、掖辐1号、鸡腿葱。

正宁大葱

（二）品质特点

葱白（假茎）质地细密，柔嫩洁白，营养丰富，不易抽薹和分蘖，辛辣芳香，耐储藏运输。久煮不烂、久藏不干，炒汤飘浮不沉，质地脆嫩，嚼之无丝。

（三）地理标志

地理标志保护产品（批准公告2016年第128号）；

农产品地理标志（登记证书编号AGI00985）。

（四）立地条件

土壤类型为黄绵土或黑垆土，土壤质地是壤土、耕层厚度≥50 cm，土壤有机质含量≥1%，pH值7.0～7.5。

（五）产品生产总规模

栽种面积3.2万亩，年产量7.9万吨左右（2016年）。

二、产地范围

甘肃省正宁县宫河镇、榆林子镇、周家乡、永正乡、山河镇、西坡乡、永和镇、湫头乡、五顷塬乡、三嘉乡10个乡镇、58个行政村现辖行政区域。

三、历史传承

正宁大葱古代又名菜白、鹿胎和事草，栽培历史1000多年。

葱在正宁栽培历史悠久，虽无详载，但按菜肴推断，远可至周秦时，近可在秦汉。据《甘肃赋志》载，秦汉时馒头和各种面条食品就已盛行，按照正宁和子午岭人习俗，有面条就有调配品，如盐、辣、小炒（葱或韭）等。在周秦时就腌菜，它是正宁人偏喜食菜、古时先民储存冬菜习惯的遗留。腌制菜有韭菜、白菜、包菜（甘蓝）、萝卜、蒜、辣子，但无葱的记载。据这些植物的栽植推断,定有葱的栽培,因葱不是腌制菜,只是干藏或调味菜。

葱不但是生活中不可缺少的调味菜和单独菜,而且早已被古人引进婚丧嫁娶风俗中,还被引入中药。婚俗中,女方父母要给女儿几根葱和一盘大枣——葱象征一世聪明,枣是早生贵子的暗示。葬礼中,逝人一手拿葱,一手拿馒头,象征儿女对亡者的嘱咐,有步入黄泉之道,不受饥,随身带干粮之意。医学上,人们用葱和生姜制汤医治感冒,用葱根配其他草药治疗小儿积食,在中医上更是有通脾、通肺、通窍等功效。在日常生活中,人们以葱赞美人物较多,如用细如葱根代指窈窕淑女。

四、产区环境

正宁县地处陕甘交界,东依子午岭,西临泾河水,南通三秦大地,北往塞上江南。耕地多分布于比较平整、肥沃的宫河、永和、山嘉、月明四条原面,土地平整,土层深厚,熟化程度高,多为较肥沃的黑垆土壤。

正宁县位于大陆腹地,气候受季风影响明显,属大陆性季风半湿润气候,西南部气温较高,东北部气温较低。冬季多西北风,较寒冷干燥;夏季多东南风,较湿润温和;春季为过渡季节,冷热交替,变化频繁。年均气温 9 ℃,降水量 694.8 mm,无霜期 173 天左右,年平均日照时数 2447.4 h。与其他地区相比,正它县具有光照充足、昼夜温差大、土壤有机质含量高等明显的地域性特点,使得产于该地的大葱品质优良。

五、生产方式

(一)栽培管理

(1)育苗。9 月下旬播种,每亩(666.7 m^2)播种量为 3 kg,越冬前葱苗≥10 cm,2 ~ 3 片真叶。

(3)移栽。翌年 6 月上旬至 7 月中旬移栽;移栽葱苗标准:苗高≥40 cm,单株重≥40 g,叶片不少于 5 片;每亩(666.7 m^2)栽植 15000 株。

(3)施肥。每亩(666.7 m^2)施优质有机肥≥3000 kg。

(4)培土。立秋后开始培土 4 ~ 5 次,培土高度 10 cm 左右,以不埋心叶为宜。

(5)环境、安全要求:农药、化肥等的使用必须符合国家相关规定。

(二)收获储藏

10 月下旬到 11 月中旬前采收,葱白长度≥30 cm,直径≥1.5 cm,摊放地面晾晒 2 ~ 3 天后分级打捆。

六、特色品质

（一）感官指标（表 2-15）

表 2-15　正宁大葱感官指标

项目	指标
外形和色泽	具有该品种应有的外形和色泽，清洁、整齐，葱白粗长、无汁液外溢和明显失水
完整性	无冷冻、病虫害原因引起的病斑和机械损伤
葱白紧实度	松紧适度，无空心
风味与质地	肉质鲜紧，辛辣味浓，无酸、臭等异味

（二）规格（表 2-16）

表 2-16　正宁大葱规格

规格	长（L）	中（M）
葱白直径/cm	≥1.5	≥1.5
葱白长度/cm	>50	30～50
同一包装中的允许误差/%	≤15	≤10

（三）理化指标

水分≤75%。

（四）净含量和安全要求

净含量应符合《定量包装商品计量监督管理办法》。安全要求按 GB 2762、GB 2763 规定执行。

七、营养价值

正宁大葱不但有漂亮的外观，而且营养丰富，食药用价值较高。大葱中含有丰富的糖类、蛋白质、矿物质及两种维生素、胡萝卜素，是营养价值较高的蔬菜。大葱组织中含有白色油脂性的液体硫化丙烯（C_3H_6S）和大蒜素。大葱味道微甜而辛辣，性温、滑，无毒，生熟皆佳，增进食欲、开胃消食，是解腥的佳品。多饮用葱汁可治便血，可解藜芦和桂皮之毒；亦可散瘀血，止流血、疼痛及耳聋，使眼睛明亮；也能补中气不足，温中益精、养肺、养发；还具有较强的杀菌作用，并有通乳、利尿、治疗便秘等功效；中医上很早就利用葱韭蒜提取制剂，预防和治疗多种疾病。

八、品牌荣誉

2004 年获得“国家绿色认证”，“宫河”牌大葱获得国家绿色认证商标注册，并获西部交易会金奖。

迭部羊肚菌

一、基本信息

迭部羊肚菌，又称迭部狼肚菌、迭部狼肚菜，由于菌盖表面凹凸不平，状如羊肚，故名羊肚菌。

迭部羊肚菌

（一）种源

迭部县域内生长的野生羊肚菌。

（二）品种

半开放羊肚菌、黑脉羊肚菌、粗柄羊肚菌、小羊肚菌、白羊肚菌。

（三）品质特点

天然野生，菌香四溢，口感柔嫩，味道鲜美，个大柄短，营养丰富，稀有珍贵。

（四）地理标志

地理标志保护产品（批准公告 2017 年第 98 号）；

地理标志商标（甘南羊肚菌）（注册 26231325/26231661 号）。

（五）立地条件

海拔 1600 ~ 4900 m 栎、桦、松等针、阔叶混交林内。

（六）产品生产总规模

占全国野生羊肚菌产量的 40% 左右。

二、产区范围

甘肃省甘南藏族自治州迭部县现辖行政区域。

三、历史传承

迭部地处祖国腹地，古称“叠州”，藏语的意思是“大拇指”，被称为山神“摁”开的地方。古为华夏边陲深山一隔，历属少数民族聚居区，又是藏汉人民山水相连、习俗相近的毗邻之地。在这块历史悠久的沃土上，发掘的石器、陶器等诸多“马家窑”“寺洼”等古文化遗存证明，早在三四千年前的新石器时期就有人类繁衍、生息，并由游牧生活转向定居、开垦、种植的生活。迭部独特的地理位置和良好的生态植被，不仅养育了数万迭部人，也孕育了天然山珍羊肚菌。自古以来，当地藏族先民以游牧为生，喜采食林间野果、野菜和野蘑菇，而迭部又是中国主要的野生羊肚菌产地，约占全国的 40%，在生态资源没有遭到破坏以前，产量可能更高。可见，迭部先民早就有食用野生羊肚菌的习惯。

据当地老者陈述:新中国成立前,迭部属卓尼杨土司管辖范围,辖属的上迭六“旗”和下迭八“旗”每年给土司进贡的贡品里就有羊肚菌、白蕨菜等珍贵土特产。另据古藏文中记载,羊肚菌在吐蕃王朝时就是古代藏族藩王及土司等王室贵族享用的贡品。

四、产区环境

迭部羊肚菌产区地处秦岭以西延岷山、迭山之间的高山峡谷之中,位于甘肃省南部甘川交界处,是青藏高原、黄土高原和陇南山地的过渡地带,东经 102°55′~104°04′,北纬 33°39′~34°20′,东西长 110 km、南北宽 75 km,海拔高度 1600~4900 m。年均降水量 625.5 mm,地表水资源十分丰富。白龙江自西向东经高山峡谷流过,达拉、多儿、阿夏、腊子河等 20 余条支流从南北两侧汇入白龙江。动植物资源丰富,是迄今为止甘川地区保存最好的原始森林区和长江上游的重点水源涵养林区和青藏高原东部重要的绿色生态屏障,也是甘肃省最大的天然林保护区之一,县域内有多个国家级自然保护区。美籍奥地利探险家约瑟夫·洛克在日记中写道:“这里的峡谷由千百条重重叠叠的山谷组成。这些横向的山谷,孕育着无人知晓的广袤森林,就像伊甸园一样,我平生未见过如此绚丽的景色。如果《创世纪》的作者看见迭部的美景,就会把亚当和夏娃的诞生地放在这里……”。全县林地面积 281451.8 公顷,森林覆盖率为 68%,植被覆盖率达 88%,木本植物种类有 60 科、123 属、314 种,以乔、灌木种为主。

迭部羊肚菌一般单个或成片生长在海拔 2300~3000 m 的以栎、桦为主并夹有松树的阔叶林中,下层多为蔷薇科小灌木及草本植物,林下落叶层厚达 10~14 cm,落叶层下腐殖层达 10~30 cm。有森林腐殖质土、森林褐土、森林棕土的冷温地带和三分阳光、七分阴影的二阴山地带更宜羊肚菌生长,微弱散射光的刺激对其子实体的生长发育特别有利。强烈的直射光对羊肚菌的生长发育有不良影响,但在向阳的草山坡及向阳的桦、杨林内的腐质土地上,适宜生长白羊肚菌。4~6 月份是迭部羊肚菌盛产期,此时林地落叶层日平均温度 12 ℃左右,降水量在 31.5~47.5 mm,土壤含水量一般在 40%~50%。

区域内无工业企业,空气、水、土壤均未受到化学污染,且土壤中的重金属远低于国家规定范围,为天然绿色食品生产最佳区。

五、生产方式

(一)采收

采摘时间为 4 月至 8 月中旬,羊肚菌朵形完整、饱满,高度为 3~8 cm,颜色呈蛋壳色或浅黄褐色。

(二)加工工艺

1. 速冻迭部羊肚菌

原料→去杂质、刮泥脚→清洗→沥水→分拣→速冻→成品。

2. 干迭部羊肚菌

原料→去杂质、刮泥脚→烘干或晾干→分拣→成品。

六、特色品质

(一)感官指标(表 2-17)

表 2-17 迭部羊肚菌感官指标

项目	要求	
	速冻迭部羊肚菌	干迭部羊肚菌
色泽	浅褐色	深灰色
形态	宝塔形,尖顶,朵型完整,肉厚,大小一致,颗粒均匀,冷冻良好,无粘连、结块和风干现象,无虫蛀	宝塔形,尖顶,朵型完整,肉厚,大小一致,颗粒均匀,无虫蛀
气味	具有与鲜迭部羊肚菌相符的气味,无异味	具有迭部羊肚菌干品特有的菌香味,无酸、臭、霉变、焦煳等异味
破损	≤6%	≤8%
杂质	无正常视力可见外来杂质	

(二)理化指标(表 2-18)

表 2-18 迭部羊肚菌理化指标

项目	指标	
	速冻迭部羊肚菌	干迭部羊肚菌
水分/%	≤90.0	≤12.0
粗蛋白质/%	≥3.0	≥26.0
灰分(以干基计)/%	≤13.0	≤13.0

七、营养价值

羊肚菌是世界上最著名的珍稀食药用菌之一,自古就是名扬天下的山珍供品,位居世界四大野生名菌之首。在国际上被誉为“植物蛋白的顶峰”“无公害的绿色食品”“自然食品”。

羊肚菌肉质鲜嫩、香甜可口,属于高级营养滋补品,含有丰富的蛋白质、碳水化合物、多种维生素、18 种氨基酸和一些其他的化学元素。每 100 g 羊肚菌干品中氨基酸总量达 19.57 %,为各种食用菌之首,8 种必需氨基酸齐全,占氨基酸总量的 47.47%。人体必需的钾、磷、钙、钠等元素含量很高。人体必需的微量元素锌、铁、锰等含量也较丰富,每百克羊肚菌干品钾、磷含量是冬虫夏草的 7 倍和 4 倍,锌的含量是香菇的 4.3 倍、猴头菇的

4 倍，铁的含量是香菇的 31 倍、猴头菇的 12 倍等，特别是有机锗的含量很高。每百克干品中含维生素 $B_1$3.92 mg、维生素 $B_2$24.6 mg、烟酸 82.0 mg、泛酸 8.27 mg、维生素 B_{12} 0.0036 mg、吡哆醇 5.8 mg、生物素 0.75 mg、叶酸 3.48 mg，而且羊肚菌含有 3-氨基-L-脯氨酸、α-氨基异丁酸、2，4-二氨基异丁酸等稀有氨基酸，使其具有独特的风味；羊肚菌能改善人类的膳食和营养结构，对提高人体免疫功能有重要的作用。

它不仅富含蛋白质和维生素，还含有生理活性物质，是食品工业和医疗保健工业的重要原料，有着巨大的应用前景。从药理上说，羊肚菌"性平、味甘"，具有益肠胃、消化助食、化痰理气、补肾、补脑、提神之功能，对脾胃虚弱、消化不良、痰多气短、头晕失眠有良好的治疗作用。更为重要的是羊肚菌含抑制肿瘤的多糖和抗菌、抗病毒的活性成分，具有增强机体免疫力、抗疲劳、抗病毒、抑制肿瘤等诸多作用。羊肚菌的药物性能有其独特之处，是化学合成药物无法替代的，作为一种很好的免疫调节剂，可以从根本上提高人体免疫功能，起到扶正固本、强身保健的作用。

八、品牌荣誉

迭部也被称为"羊肚菌之乡"。

2020 年 29 类干羊肚菌、31 类新鲜羊肚菌 2 件地理标志证明商标在加拿大、英国、美国、法国、德国、意大利、瑞士注册成功，收到了世界知识产权组织国际局的"甘南羊肚菌"马德里地理标志商标国际注册证。

甘南羊肚菌入选中欧地理标志互认互保名录，协定生效后甘南羊肚菌在欧洲市场将获得保护。

定西马铃薯

一、基本信息

（一）品种

青薯 9 号、冀张薯 8 号、冀张薯 14 号、新大坪、陇薯系列、定薯系列。

（二）品质特点

个大，质优，色白形圆，薯皮光滑，口感沙糯，薯香浓郁，干物质含量高，耐储运，储藏期长达半年以上。

定西马铃薯

（三）地理标志

地理标志保护产品（批准公告 2017 年第 117 号）；

地理标志商标（注册 4721240 号）；

农产品地理标志(登记证书编号 AGI01879)。

(四)立地条件

海拔在 1640 ~ 3900 m,土壤类型以黑垆土、黄绵土为主,耕层深厚,有机质含量≥0.8%,土壤 pH 值为 5.5 ~7.8。

(五)产品生产总规模

种植面积 300 万亩,年产量 500 万吨(2019 年)。

二、产地范围

定西马铃薯产地范围为甘肃省定西市行政区域内所辖安定区和陇西县、通渭县、渭源县、临洮县、漳县、岷县。

三、历史传承

定西通称“陇中”,清代陕甘总督左宗棠上书光绪皇帝时曾发出“陇中苦瘠甲于天下”的感慨。1982 年,联合国有关专业考察后认为这里“不具备人类生存的基本条件”。但就是在这样一个贫瘠的地方却奇迹般地崛起了马铃薯产业,改写了“一方水土养活不了一方人”的历史。

追溯定西马铃薯的种植史要从一段家族史说起。刘氏家族在定西经历明、清、民国、中华人民共和国几个时期,有 600 余年历史,刘氏第三代传人刘晟,字孔昭,景泰七年(1456)举人,成化二年(1466)进士,明成化年间户部主事。史料记载马铃薯是明朝中后期从南美洲引入中国的,他曾奉命监督临清仓储,给家乡送来的马铃薯种子据说有万余斤,是把马铃薯引进定西种植的第一人,这在其家谱中也有记载。据此定西马铃薯种植已有 500 多年历史。

经过长期适应性选择,加上品种的不断更新换代,马铃薯更加适应定西的不同自然气候,成为抗御自然灾害、维系贫困人民生存的主要作物。历史上,马铃薯是定西人的“救命薯”。发生在 1920 年 12 月 16 日的海原大地震夺去了二十三万余人的生命,当时的北洋政府救灾不力,人民衣不蔽体、食不果腹,震后粮食极度匮乏,保存下来的马铃薯不但是充饥的食物,而且是来年种植的首选作物,不知挽救了多少定西人的生命。

如今马铃薯作为主要口粮用以果腹的使命逐渐削弱,而其作为蔬菜和食品原料的功能日益显露。

四、产区环境

定西地处东经 103°52′ ~ 105°13′、北纬 34°26′ ~ 35°35′的区域内,海拔 1420 ~ 3941 m,是青藏高原下延区与黄土高原抬高延伸区交汇地带。复杂多样的地质地理和地形地貌特征决定了气候类型的多样,为马铃薯不同类型品种的区域化布局创造了有利条件。在南部高寒阴湿区,由于海拔高、气候冷凉,是马铃薯脱毒种薯和良种扩繁的最佳区域;中北部黄土高原丘陵沟壑半干旱区,主要适宜高淀粉型马铃薯和优质菜用薯生产;在洮河、渭河、漳河流域的河谷川水区主要适宜早熟菜用型和加工型马铃薯的生产。

全市年均气温 5.7～7.7 ℃，最热的 7 月份平均气温 16.1～19.8 ℃，≥0 ℃的积温 2582.6～3257.4 ℃，≥10 ℃的积温 1729.2～2616.7 ℃，无霜期 109～162 天，年降水 350～600 mm，且主要集中在 7、8、9 三个月。降水规律与马铃薯块茎膨大期相吻合，雨热同期，生长期内日最高气温≥30 ℃的日数很少，既有利于马铃薯增产，也有利于马铃薯干物质积累，同时有利于抑制马铃薯病毒病的蔓延和加重，减缓了马铃薯品种和品质的退化速度。

全市耕地面积为 770.2 万亩，耕地土层深厚、土壤疏松、肥力中上、保水保肥和透气性适中，大部分土壤富含钾素，特别是 590 多万亩梯田，农田环境条件较好。南部高寒阴湿区土壤以黑垆土为主，有机质含量在 1.5%～3%，土壤肥沃，马铃薯单位面积产量高；中北部半干旱区土壤以黄绵土为主，有机质含量在 1%～1.5%，有利于马铃薯块茎膨大并提高商品率；河谷川水区土壤以黑垆土为主，还有少量红黏土和沙壤土，有机质含量在 1%左右，由于热量充裕，非常适宜菜用型马铃薯早种早上市和加工型马铃薯生产。这些优越的土地资源，为生产优质马铃薯奠定了基础，提供了广阔的发展空间。

五、生产方式

该产区地处黄土高原边缘，属于黄土梁峁沟壑区。属于旱作雨养农业区，马铃薯种植过程基本无灌溉补水，多采用覆黑膜保墒节水生产方式。形成“以农机为载体、集成配套黑膜覆盖+脱毒种薯+配方施肥+病虫害防治”的马铃薯节水高效的无公害栽培管理技术体系。

（一）栽培管理

（1）播种。10 cm 土层温度稳定在 7～9 ℃即可播种，一般在 4 月中旬至 5 月上旬。种薯薯块≥25 g，每个薯块 1～2 个芽眼，播种密度 49500～75000 株/公顷。

（2）施肥。每公顷施优质农家肥 15000 kg，马铃薯专用肥 750～1200 kg。

（3）轮作制度。实行 3 年以上轮作。

（二）采收

一般在 9 月中旬至 10 月中旬收获。

（三）储藏

收获后及时入库，以免薯皮变绿，强制通风避免其腐烂，储藏期间温度保持在 0～4 ℃，相对湿度 80%左右。

六、特色品质

（一）感官特色

块茎外形呈椭圆形，薯形整齐；个体大小适中，重量在 150～250 g，表皮光滑，芽眼浅且少；肉白，肉质细腻；断面抗氧化能力强，切开后长时间不变色；熟化品质好，宜于煮、蒸、炸、烤等食用，易熟烂，煮熟后表皮爆裂开花，口感沙糯，有浓郁的薯香味。

（二）理化指标

淀粉含量≥16 g/100 g，干物质含量≥23 g/100 g，钾含量≥350 mg/100 g。

(三)安全要求

产品安全及其他质量技术要求必须符合国家相关规定。

七、营养价值

定西马铃薯营养丰富,平均干物质含量在 23 g/100 g 以上,维生素 C 含量在 26 mg/100 g左右,平均淀粉含量在 17 g/100 g 以上,这三项主要品质指标均高于我国华北产区和云贵高原两大马铃薯优势产区的平均值,具体比较见图 2-1。

据抽样检验结果:定西马铃薯块茎中干物质含量为 24.1% ~30.7%,淀粉含量 18.97% ~24.25%,蛋白质含量为1.18% ~2.44%,糖类含量 1.5%左右,矿物盐类含量 1.1%左右。

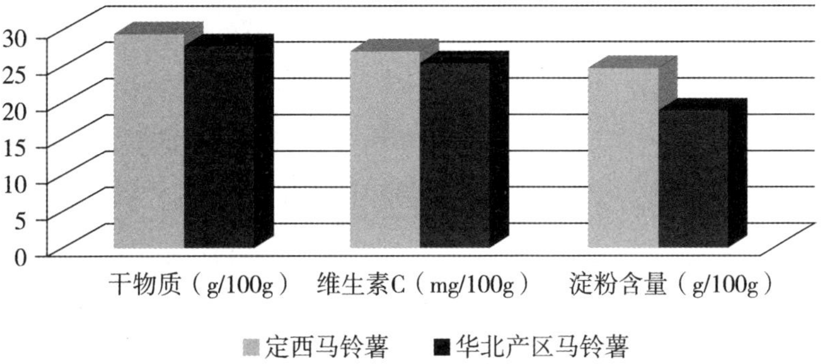

图 2-1　定西马铃薯与华北地区马铃薯品质比较图

马铃薯的赖氨酸含量较高,且易被人体吸收利用;脂肪含量为 0.1%左右;矿物质比一般谷类粮食作物高 1 ~2 倍,含磷尤其丰富。在有机酸中,以含柠檬酸最多,苹果酸次之,其次有草酸、乳酸等。马铃薯是含维生素种类和数量非常丰富的作物,特别是维生素 C,每百克鲜薯含量高达 20 ~40 mg,一个成年人每天食用半斤鲜薯即可满足需要。马铃薯是一种粮饲菜兼用的作物,营养成分齐全,在欧洲被称为第二面包作物。由于营养价值高,马铃薯食品已成为 21 世纪的一种消费时尚。

(1)马铃薯含有丰富的维生素及钙、钾等元素,易于人体消化吸收;

(2)马铃薯含有大量膳食纤维,能宽肠通便,帮助机体及时排泄代谢毒素,对便秘、肠道疾病等有一定的防治作用;

(3)马铃薯能供给对人体有特殊保护作用的黏液蛋白;

(4)马铃薯能促进消化道、呼吸道以及关节腔、浆膜腔的润滑,预防心血管系统的脂肪沉积,保持血管的弹性,有利于预防动脉粥样硬化的发生。

八、品牌荣誉

2010 年,“定西马铃薯”被甘肃省工商行政管理局认定为甘肃省著名商标。

2012 年 4 月,“定西马铃薯”被国家工商总局以商标驰字〔2012〕380 号认定为中国驰名商标。

2015～2016 年,定西马铃薯被评为 CCTV 十大魅力农产品。

2018 年 9 月,“定西马铃薯”入选首届中国农民丰收节 100 品牌农产品。

2021 年 3 月,“定西马铃薯”农业农村部在北京发布了全国乡村产业高质量发展“十大典型”。定西市因打造马铃薯产业链、实现马铃薯产业高质高效发展而入选其中。

定西马铃薯脱毒种薯

一、基本信息

(一)品种

青薯 9 号、冀张薯 8 号、冀张薯 14 号、新大坪、陇薯系列、定薯系列、LK99、费乌瑞它、夏坡蒂。

定西马铃薯脱毒种薯

(二)品质特点

产量高、品质好、抗逆性强、健康无病,质量检测总体合格率达 93.2%。

(三)地理标志

地理标志保护产品(批准公告 2004 年第 152 号)。

(四)产品生产总规模

原种扩繁基地 6 万亩、一级二级种扩繁基地 150 万亩(2017 年)。年产脱毒种薯 200 万吨以上,微型薯种薯 12 亿粒以上。

二、产地范围

甘肃省定西市行政区域内所辖安定区和陇西县、通渭县、渭源县、临洮县、漳县、岷县。

三、历史传承

1955 年,法国的莫勒尔和马丁用退化的马铃薯茎尖分生组织培养出完全无病毒的马铃薯植株,并使马铃薯植株恢复了健康状态。此后,世界上许多国家利用组织培养的方法开展了马铃薯脱毒及无病毒马铃薯种薯生产。由于用脱毒苗生产无病毒种薯解决了马铃薯因病毒为害退化而减产的问题,世界各地马铃薯产量有了大幅度提高。我国从 20 世纪 70 年代就引进了马铃薯茎尖脱毒技术,在马铃薯生产上发挥了积极的作用。目前这项技术已在大部分省、市推广应用,增产效果非常显著,深受广大农民欢迎。

2014 年以来,定西各县区积极创新推广模式,尝试实施马铃薯“一分田”种薯扩繁推广模式，让农民自己扩繁脱毒种薯，有效减轻了农户每年调运种薯的经济负担，增加了脱毒种薯自繁供应量，提高了脱毒种薯覆盖率。2016 年，市政府办公室印发了《马铃薯脱毒种薯“一分田”工程实施方案》，决定在全市范围内组织实施马铃薯脱毒种薯“一分田”扩繁推广工程。

四、产地环境

马铃薯病毒病是引起种薯退化的主要原因，而病毒病的传播主要是通过蚜虫，以桃蚜为害最为严重。蚜虫最适宜的活动温度为 23 ~ 25 ℃，低于 15 ℃则起飞困难。因此，冷凉条件下不利于桃蚜活动，但却非常适合马铃薯生长和块茎膨大。风速大能有效地阻碍蚜虫的降落和聚集。因此，脱毒种薯繁育基地应选择在高纬度、高海拔、风力大、天然隔离条件好的冷凉地区。同时，该地区 10 km 以内没有马铃薯生产田或茄科类作物，土壤松软、肥沃，能浇能排。

五、生产工艺

切取马铃薯幼芽茎尖生长 0.2 ~ 0.3 mm，进行组织培养，育成脱毒试管苗，进而结出无病毒的块茎。该项技术称作“茎尖脱毒”技术，它已成为防治马铃薯病毒、提高马铃薯产量最好的方法。

将种薯分为三代，分别为一代种薯（G1 种薯）、二代种薯（G2 种薯）和三代种薯（G3 种薯）。

一代种薯（G1 种薯）是指在人工隔离条件（温室、网室或实验室）下生产出的微型薯种薯（重量在 1 g 以上，20 g 以下），再次种植时不需要进行切块。可以是利用组培苗（试管苗）在无病害基质中（蛭石、草炭、珍珠岩、细沙等）得到的微型薯种薯，也可以是利用组培苗（试管苗）在无基质条件（水培和雾培）下得到的微型薯种薯，还可以是组培苗直接移栽到人工隔离条件下生产的小块茎。无论哪种方式生产出来的微型薯，都必须保证不带任何病害（不带任何病毒、真菌和细菌病害）。

二代种薯（G2 种薯）是指在自然条件（海拔高、蚜虫少、气候冷凉）好、天然隔离条件好、周边（800 m 内）无其他级别种薯或商品薯等条件下，利用原原种（G1 种薯）生产出来的种薯，大小控制在每块 75 g 以下。不带各种真菌、细菌病毒，田间病毒株率（PLRV、PVX、PVY、PVS）不超过 1%。

三代种薯（G3 种薯）是指在自然条件好（海拔较高、蚜虫较少、气候较冷凉）、天然隔离条件较好、周边（800 m 内）无商品薯等条件下，利用原种（G2 种薯）生产出来的、块茎大小在 50 ~ 100 g 的种薯。不带各种真、细菌病毒，田间病毒株率（PLRV、PVX、PVY、PVS）不超过 5%。

六、特色品质

相关指标见表 2-19、表 2-20。

表 2-19　种薯品质指标

种子类别	质量指标		
	纯度/%	薯块整齐度/%	不完善薯块/%
(常规种)原种	≥99.5	≥85.0	≥1.0
(常规种)(大田用种一级)	≥98.0	≥85.0	≥3.0
(常规种)(大田用种二级)	≥96.0	≥80.0	≥5.0
(常规种)(大田用种三级)	≥95.0	≥75.0	≥7.0

表 2-20　各级种薯带病植株的允许率

种薯级别	第一次检验					第二次检验					第三次检验				
	病毒及混杂株/%					病毒及混杂株/%					病毒及混杂株/%				
	类病毒植株	环腐病植株	病毒病植株	黑胫病和青枯病植株	混杂植株	类病毒植株	环腐病植株	病毒病植株	黑胫病和青枯病植株	混杂植株	类病毒植株	环腐病植株	病毒病植株	黑胫病和青枯病植株	混杂植株
原原种	0	0	0	0	0	0	0	0	0	0	0	0	0	0	0
一级原种	0	0	≤0.25	≤0.25	≤0.25	0	0	≤0.1	≤0.25	0	0	0	≤0.1	≤0.25	0
二级原种	0	0	≤0.25	≤0.5	≤0.25	0	0	≤0.1	≤0.25	0	0	0	≤0.1	≤0.25	0
一级种薯	0	0	≤0.5	≤1.0	≤0.5	0	0	≤0.25	≤0.5	≤0.1					
二级种薯	0	0	≤2.0	≤3.0	≤1.0	0	0	≤1.0	≤2.0	≤0.1					

七、品牌荣誉

已注册“新大坪”“爱兰”“凯凯”“圣大方舟”“幸泽”“陇上绿莹”等 10 多个知名商标，有效提升了相关产品的品牌影响力和市场认可度。定西已成为全国最大的脱毒种薯繁育基地。“定西马铃薯脱毒种薯”获“全国百强农产品区域公用品牌”。

2018 年以来，全市年均出口马铃薯微型薯 1000 万粒，市场覆盖沙特阿拉伯、埃及、土耳其、泰国等 7 个国家，实现出口创汇近 150 万美元。目前已得到 50 多个国内外优秀马铃薯品种的授权。

渭源马铃薯种薯

一、基本信息

（一）品种

青薯 9 号、冀张薯 8 号、冀张薯 14 号、新大坪、陇薯系列、定薯系列。

（二）品质特点

品质优良，种性强，带病少，异地调种增产潜力大。

（三）地理标志

地理标志保护产品（批准公告 2003 年第 108 号）。

渭源马铃薯种薯

（四）产品生产总规模

种质资源库 124 个品种，筛选培育渭薯、陇薯系列品种 30 多个，示范推广种植 22 个；建成组培温室 1.33 万 m^2，日光温室 1046 座，大田推广稳定在 40 万亩，年生产脱毒苗4.36亿株、原原种 4.8 亿粒、良种 80 万吨（2018 年）。

二、产地范围

甘肃渭源县，主产区会川镇、五竹镇。

三、历史传承

1965 年，甘肃省农业科学院在渭源会川镇建立了马铃薯专业育种站，专门开展马铃薯脱毒种薯繁育、品种选育的技术研究与推广工作。先后成功选育、脱毒、推广了渭薯、陇薯两大系列 20 多个品种，成功总结出了一整套比较成熟的马铃薯良种扩繁技术，所产马铃薯种薯在全国马铃薯市场上享有盛誉。“陇薯之父”王一航在该站工作了近 30 年。

2015 年，渭源县与国际马铃薯研究中心签订了马铃薯新品种引进和新技术研发合作协议书，标志着国际马铃薯中心亚太中心首家工作站在渭源县成立，开启了渭源县马铃薯良种与国际组织合作交流之旅。

四、产区环境特点

渭源县地处黄土高原西缘秦岭北的过渡地带，海拔 1930 ~ 3941 m，气候属于半干旱半湿润，年平均降雨量 525.7 mm，年平均气温 5.7 ℃，全年无霜期 142 天，雨热同季，昼夜温差大，光照充足，土壤肥沃，土层深厚，有机质含量高，自然隔离条件好，这种独特的地质地貌特征和气候条件决定了渭源县是国内马铃薯良种繁育的最佳区域。马铃薯晚疫病的发生、流行与当地气候条件、品种的抗病性、生育阶段以及病菌致病力的强弱有关，尤其与马铃薯开花期前后的气象条件关系很大。一般在日暖夜凉、阴雨连绵或多露多雾、相对湿度在75%以上时，晚疫病菌容易侵入、传染、流行。反之，如雨水少、湿度低、气温低于10 ℃或高于30 ℃时，则病害发生轻。特别是五竹镇、会川镇，海拔2300 m，年平均气温4 ℃，年降雨量650 mm，气候冷凉偏旱，传播病毒的媒介昆虫也少，是马铃薯种薯生产的最佳环境条件。

五、生产工艺

茎尖组织培育脱毒瓶苗——日光温室（连栋温室）繁育原原种——高山隔离繁育原种——大田繁育一级良种的马铃薯种薯梯级扩繁体系。

六、特色品质

品质优良，种性强，带病少。

七、品牌荣誉

渭源县已成为西北地区最大的马铃薯良种繁育与供应基地、全国县区最大的马铃薯良种基地，培育注册“五竹”“渭河源”“田地农业”种薯商标，“渭河源”种薯商标获得“甘肃省著名商标”称号，“田地农业”牌马铃薯种薯获得“甘肃名牌产品”称号。

渭源县被中国农学会特产之乡组委会命名为“中国马铃薯良种之乡”、被甘肃省农牧厅认定为甘肃省无公害农产品产地。

渭源马铃薯种薯的知名度不断提升，品牌效应逐步显现，所产种薯远销新疆、内蒙古等10多个省市，年外销马铃薯种薯40多万吨。

康县黑木耳

一、基本信息

（一）品种

属毛木耳类。

（二）品质特点

朵大肉厚质轻，气味清香，质地柔软，滑而带爽。

（三）地理标志

地理标志保护产品（批准公告2008年第147号）；

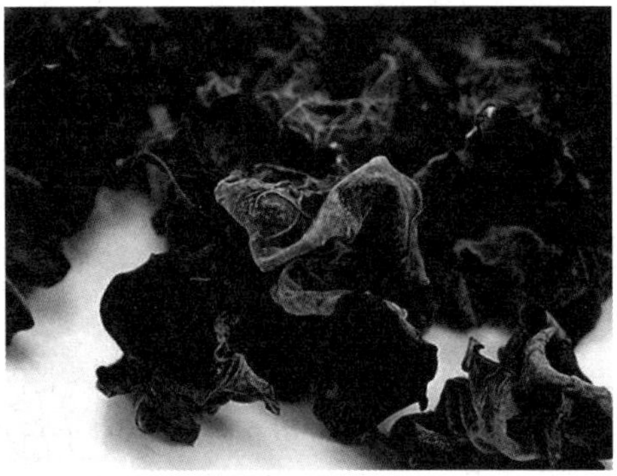

康县黑木耳

地理标志商标(注册 5615415 号)。

(四)立地条件

保护区范围内海拔高度 560～1600 m。

(五)产品生产总规模

耳林面积达 9.5 万余亩,年产量已达 50 t(2021 年)。

二、地域范围

甘肃省陇南市康县阳坝镇、铜钱镇、两河镇、三河坝镇、白杨镇、岸门口镇、店子乡、豆坝镇、城关镇、迷坝乡、大南峪镇共 11 个乡镇现辖行政区域。

三、历史传承

康县黑木耳的栽培贸易历史可上溯到清朝嘉庆年间,至今已有 200 多年的历史。新中国成立前,每年夏季到康县贩运木耳的津、沪、川、陕等地的商人络绎不绝。《康县志》卷之十记载:“民国十六年三河坝、火烧河、两河口等处产黑耳约有万斤,以平均每斤五角计算共售洋五千元”;卷之十四记载:“黑木耳——县南阳坝乱山子、梅子园、两河口、铜钱坝等处产之。其法每岁冬至节砍伐二三年之青岗树之二三尺长。自夏至秋分拾之,年运外省者不少,实出产之大宗也。”《康县志》记载:“新中国成立前木耳主要产地在阳坝、罗坪。黑木耳经私商贩运低购高销至成都、西安等地,再由商家转手运往天津、上海通过行栈出口。”

新中国成立后,康县非常重视黑木耳产业的发展,自力更生,因陋就简,土法生产,使黑木耳的产量有了较大幅度提高。为了推广技术单产,康县抽调技术人员到福建省学习黑木耳人工点菌技术,在 1972 年实现了人工大面积栽培,黑木耳生产有了重大的突破。1985 年,康县成立了“黑木耳丰产栽培及代料栽培”课题组,指导黑木耳产区的生产,扩大种植基地。其后根据黑木耳生产的需要,陆续实施多项科技开发,其中 13 项科研项目获得省、市、县“星火奖”和“科技进步奖”。同时,康县黑木耳的主产区乡镇、村、合作社都已建立了黑木耳开发工作站产业协会和技术服务小组,专门指导这一产业的开发工作。目前形成了拌料、装袋、灭菌、接种、菌丝培养、建棚排场、出耳管理、采收、干制、加工等黑木耳生产工艺流程。

四、产区环境

康县位于甘肃省东南部,西秦岭南麓,嘉陵江上游,西汉水之滨,全境处西秦岭南侧陇南山中,地质构造为昆仑秦岭地槽褶皱地带,地势西高东低,中部高、南北低。康县位于亚热带向温带过渡地区,境内气候温和,雨量充沛,年平均气温 12.1 ℃,无霜期 207 天,日照时数 1433.7 h,年降水量 742 mm。

康县黑木耳生产分布在高山密林之中,产区峰峦叠嶂,沟壑纵横,溪流密布,空气湿润。由于远离城市,不存在工业污染,黑木耳整个生长期都处在青山之中,处于自然生长状态,采用山溪水或雨水浇灌,病虫害极少,没有使用农药,保持了自古以来的天然品质。

康县是甘肃的绿色宝地，现有高等植物172科1000余种，其中适于黑木耳等食用菌生长的树种达4科6属17种，面积达110万亩；活立木蓄积量800多万 m^3，森林覆盖率为56%以上；有国家和省列珍贵树种，如香樟、银杏、红豆杉等28种，各种菌类96种；有天麻、杜仲等野生药材576种，国家野生保护动物数百种。

正是由于康县优良的地域环境、温和的气候、湿润的空气、光照和栽培基质共同作用的原因，才形成康县黑木耳独特的品质。

五、生产工艺

（一）生产基质

基质是木质素、纤维素和半纤维素含量高的栓皮栎、麻栎。

（二）菌种生产技术。

（1）品种："康耳1号""康耳6号""康耳168"。

（2）培养基：母种为PDA培养基；原种、栽培种培养基为杂木屑78%，米糖或麦麸皮20%，蔗糖1%，石膏1%。

（3）灭菌：母种、原种和栽培种培养基均采用常规灭菌方法进行灭菌。

（4）培养：在24～28 ℃下暗光培养。

（三）栽培技术

（1）树种必须是栓皮栎和麻栎。

（2）耳场选择背风向阳、日照时间长、排灌方便之处。

（3）砍树期：冬至到大寒期间砍树。

（4）段木含水率达到35%～40%时进行接种。

（5）在段木上接种。行距7～8 cm，孔距6～7 cm，孔深1.8～2 cm，用直径为0.8～1 cm的钻头打孔。

（6）管理：①排场（眠山）。把接种后的段木平铺在耳场内，每隔7～10天翻动段木一次，使段木均匀地接受阳光雨露。②起架。段木上有80%以上的接种穴周围长出耳芽（幼耳）时起架，耳棒之间相距3～6 cm，横木距地面60～80 cm。③割草。耳场内杂草超过10 cm时，及时割除。④翻棒。每采摘过一茬黑木耳后，将耳棒掉头换面，重新排好。

（7）采摘和晾晒。适时采摘和晾晒。

六、特色品质

（一）感官特色

耳片光面为黑褐色至浅棕色；不允许拳耳、流耳；具有黑木耳特有的清香味，无异味；无流失耳、虫蛀耳和霉烂耳。不得着色，不得添加化学物质。

（二）理化指标

粗蛋白质要求不低于8.0%，总糖（以转化糖计）不低于22.0%，脂肪不低于0.4%，粗纤维和灰分为3.0%～6.0%，其他见表2-21。

表2-21　康县黑木耳理化指标

项目	指标	
	一级	二级
朵片大小	朵片完整，不能通过直径 2 cm 的筛眼	朵片基本完整，不能通过直径 1 cm 的筛眼
含水量/%	≤13	≤13
干湿比	1∶15 以上	1∶14 以上
耳片厚度	1 mm 以上	0.7 mm 以上
杂质/%	≤0.2	≤0.5

七、营养价值

康县黑木耳采用段木栽培，含有丰富的纤维素、植物胶质、脂肪和多糖胶体，是一种营养丰富的食用菌，被誉为“菌中之冠”。据分析，每 100 g 干品中含蛋白质 10.6 g、脂肪 0.2 g、碳水化合物 65 g、钙 358 mg、磷 201 mg、铁 185 mg、维生素 B_1 0.15 mg、维生素 B_2 0.55 mg、胡萝卜素 0.03 mg。

木耳也被营养学家誉为“素中之荤”和“素中之王”，每 100 g 黑木耳中含铁 185 mg，它比绿叶蔬菜中含铁量最高的菠菜高出 20 倍，比动物性食品中含铁量最高的猪肝高出约 7 倍，是各种荤素食品中含铁量最多的。食用黑木耳可以养血驻颜，令人肌肤红润、容光焕发，并可防治缺铁性贫血；其丰富的膳食纤维，能帮助胃肠道蠕动，有利于排便。另外，干燥的黑木耳吸水性极强，利用其吸水膨胀的特性，增加饱足感，从而达到控制食欲的目的，也可以减少脂肪的堆积，达到瘦身的功效，适合肥胖和减肥人群食用。

黑木耳有“食品阿司匹林”之称。干燥的黑木耳也是传统的主要中药材之一，明代药学家李时珍的《本草纲目》多处写到木耳的药用功能：“木耳生于朽木之上，无枝叶，乃湿热余气所生，主治益气不机、轻身强志、断谷治痔。”从中医学的角度来讲可以补中益气、润肺止咳，不仅可以改善气血亏虚导致的头晕头痛，又可以辅助治疗肺热咳嗽。近代医学认为：木耳性平、味甘、有小毒，归脾、肾二经，有滋养脾胃、安神润燥、活血祛瘀之功效，主治崩中漏下、痔疮出血、血痢便血、腰腿疼痛、手足抽筋、心血管病、动脉硬化、产后虚弱等疾病。其含有的核酸物质可降低血脂，减少血小板凝块，预防血栓的形成、动脉粥样硬化和冠心病的发生。经常食用黑木耳可溶解血栓，缓解冠状动脉粥状硬化等症状。另外黑木耳还能减轻外伤引起的疼痛，止血止痛。现代医学研究发现，木耳还有一定的抗肿瘤活性。

实践证明,木耳可以把残留在人体消化系统内的灰尘、杂质吸附集中起来排出体外,从而起到清胃涤肠的作用。它对胆结石、肾结石等内源性异物也有比较显著的化解功能。

八、品牌荣誉

数十年来,康县黑木耳及康县获得了一系列荣誉。

1985 年,康县黑木耳获得“甘肃省优质产品证书”。

1997 年,中国食用菌协会将康县命名为“全国木耳之乡”“全国食用菌行业先进县”,康县是全国黑木耳生产基地之一。

2010 年,“康县黑木耳”跻身“中国农产品区域品牌价值 200 强”。

2012 年,“康县黑木耳”获“最具影响力中国农产品区域公用品牌”称号。

2015 年,康县黑木耳成功入选农业部优质农产品开发服务中心《2015 年度全国名特优新农产品目录》。

2020 年康县黑木耳列入“甘味”区域公用品牌“好中优”系列。

九、授权企业

康县黑木耳授权企业见表 2-22。

表 2-22　康县黑木耳授权企业

地理标志	市场主体	统一社会信用代码
康县黑木耳	康县恒康商贸有限责任公司	9162122469560140XG
康县黑木耳	康县湾里生态开发有限责任公司	91621224695623692F
康县黑木耳	康县信康经贸有限责任公司	91621224756569598D
康县黑木耳	康县兴源土特产经贸有限责任公司	91621224MA74HJMM8P
康县黑木耳	康县城关镇陇南特产总汇	92621224MA74QJNT0W

第三章　粮油类

◎武都橄榄油　◎环县荞麦　◎通渭苦荞麦
◎靖远文冠果油　◎会宁胡麻油

武都油橄榄

一、基本信息

（一）品种

佛奥、莱星、皮削利、九峰 6 号、戈达尔、阿斯、鄂植 8 号、配多灵、科拉蒂那、格罗莎、中山 24 号、城固 32 号。

武都油橄榄

（二）品质特点

气味纯正，滋味较好，色泽淡黄透明，风味独特。

（三）地理标志

地理标志保护产品（批准公告 2005 年第 176 号）；

地理标志商标（注册 5772095 号）。

（四）产品生产总规模

种植面积 49 万亩，年产量油橄榄鲜果产量 3.8 万吨，初榨油 5700 吨（2019 年）。油橄榄保存面积约占全国的 60%，橄榄油产量占全国的 93%，油橄榄鲜果产量占全国的 91%，是全国最大的初榨橄榄油生产基地。

二、产地范围

甘肃省陇南市武都区的角弓镇、石门镇、两水镇、坪垭乡、姚寨镇、城关镇、东江镇、汉王镇、桔柑乡、三河镇、外纳镇、玉皇乡、郭河乡等 13 个乡镇现辖行政区域。

三、历史传承

油橄榄是世界著名的木本油料兼果用树种，栽培品种有较高食用价值，主要分布于地中海国家及全球其他亚热带地区。油橄榄起源于史前时代,小亚细亚的南部有大面积的野生油橄榄树林。

1963 年,周恩来总理到阿尔巴尼亚访问时详细了解油橄榄的一些情况后决定引种,并分布在 16 个点进行试种,武都区并不在此之列。1964 年初,阿尔巴尼亚政府向中国赠送的 1 万株油橄榄树苗最先在广西、云南、贵州、四川、浙江、湖北等地进行了试种,但生长状况并不理想。

1975 年,为了响应时任甘肃省委书记宋平的号召,武都汉王镇的罗永祥首先种植了 12 亩 186 株油橄榄,并于之后建起了种植园。1986 年,也就是建园以来的第七年,汉王林场的油橄榄终于开始挂果。

1988 年,武都油橄榄在汉中榨油时被中国林科院邓明全研究员发现,引起了专家们的高度重视。经实地考察发现,国内许多地方表现不佳的油橄榄却在武都长势良好。1989 年年初,林木育种学家、杨树及油橄榄专家徐纬英教授在邓明全研究员的陪同下,踏上了武都大地,经过多次反复考察论证,确认武都区白龙江流域海拔 1500 m 以下的河谷及半山地带是全国油橄榄最佳适生区,全区 19 个乡镇 420 个村可栽植油橄榄的面积在 50 万亩左右。

1989 年,武都橄榄油迎来了第一次丰收,当年采摘油橄榄鲜果 1 万多千克。

1990 年,武都大湾沟油橄榄示范园建设启动。历经 3 年,栽植佛奥、莱星、皮削利、皮瓜尔等 18 个品种 2500 株。大湾沟油橄榄示范园油橄榄产量远远高于国际橄榄油理事会产量标准,达到了地中海高产水平。其中有 7 个品种比地中海原产地早挂果 4 年,开创了油橄榄在中国种植 4 年结果的新纪录。

虽然油橄榄在武都试种取得很大成功,但是当时由于多方面原因,并没有真正当作一项产业来抓,到 1997 年,武都油橄榄种植也仅有 1320 亩。尽管如此,武都依然被国家列为全国三大油橄榄生产基地之一。

1998 年,国际橄榄油理事会绘制的《世界油橄榄分布图》上,第一次标上了中国的名字,武都区以其独特的气候条件,被划分为一级适生区。

2000 年,国家计委将武都列为"山区经济产业化油橄榄示范项目县",投入资金 900 万元进行基地建设和配套基础设施建设。自此,武都区掀起油橄榄产业开发热潮。

2012 年,武都区制定出台了《关于加快油橄榄产业发展的决定》和《油橄榄产业发展扶持奖励办法》,整合发改、扶贫、林业、水利、交通等各类涉农资金,财政每年安排 1000 万元资金,采取以奖代补、贴息等形式,鼓励能人大户和企业承包、租赁集体荒山、荒坡、荒滩,鼓励农民流转土地、集中经营,大力发展油橄榄,实现适宜区全覆盖。

2013 年 2 月 9 日,时任国务院总理的温家宝前往舟曲看望群众,路过武都时专程考察了武都区油橄榄产业,鼓励武都干部群众发挥地方特色优势,继续努力,做大做强中国油橄榄产业。

四、产地环境

武都的气候、土壤等与地中海沿岸极其相似,同处世界顶级油橄榄黄金生产带(北纬 32°的气候、土壤等条件),大自然赋予其得天独厚的条件,稀缺的高原河谷气候最适宜油橄榄的生长，出油率和挂果率都与原产地相差无几，是国际油橄榄协会IOC认定的油橄榄一级适生区。

武都位于甘肃省东南部，为陇南市委、市政府所在地，属北亚热半湿润气候向温暖半干旱气候过渡带，年平均气温14.9 ℃，年日照时数1872 h，无霜期210～240天，年降水量460 mm左右，气候温和，四季分明，土壤中性偏碱，含钙量高，为油橄榄最佳适宜种植区之一。

武都区种植油橄榄的地带夏季高温多雨、冬季温暖少雨、全年降水量的51%集中在7～9月，这种雨热同期的气候特点有利于油橄榄树的生长发育，特别是8月下旬至9月底大约有45天的雨热同期，也正是油橄榄生长的第二个高峰期。因此，武都种植的油橄榄树比原产地橄榄树体强健，结果早，产量高。另外，武都油橄榄产区年日照时数达到2100 h，且这些地带植被较少，光照非常充足，太阳光的利用率极高，正好适合油橄榄树喜强光的要求。因此，武都产区的橄榄果含油量高，最高可达36%，橄榄油的香气、含氮化合物、芳香物质都较其他橄榄油高。加之武都产区温度适宜，地处白龙江两岸，昼夜温差较大，有利于油橄榄内有效物质的积累。产区湿度多在61%左右，采果的冬季只有50%，这种干燥的气候特别适宜油橄榄树和果子健康生长，这也是武都油橄榄病虫害少、出油率高、油品质量好的原因之一。

产区土壤属侵蚀性褐土、黄绵土，中性偏碱。土壤纹理垂直且具有多孔性，土质疏松、透气利水性能良好，可溶性钙含量高，这样的土壤条件很适合油橄榄树的生长，表现为叶绿素含量较高、光合作用强、有机质的合成积累量较多，油橄榄产品品质密切相关的油酸、亚油酸等有效成分含量高。

武都温暖湿润，光热充足，适宜于多种动植物繁衍生息。油橄榄产区分布于白龙江河谷海拔1300 m以下河谷地带的二阶台地上，这里远离城市和居民生活区，方圆几百里内无工厂，不存在工业污染；加之当地农民按照传统农业方式进行耕作，不施用农药，因此，绝大多数橄榄园处在自然生长状态，保持了油橄榄产品的纯天然品质。

产区地理位置的独特性，立地条件的适生性，生态环境的优越性，孕育出独具特色的优质油橄榄产品。

五、生产工艺

（一）栽培管理

（1）建园土壤肥沃，理化性能好，质地疏松，保水保肥性强，通透性良好，钙质含量高的中性偏碱性土壤，pH值7～8。

（2）苗木要求：栽植苗木选用二级标准以上无病虫害、无机械损伤的优质壮苗。

（3）栽培管理：每年采果要对树盘进行松土除草，保持土壤疏松。

（4）土、肥、水管理：橄榄园采用全园深翻法。施基肥于冬季果实采收后，结合深翻进行，以有机肥为主；追肥在花前或花后进行，以速效肥为主。灌溉分冬、春、伏和果实采收前4个阶段进行。

（5）整形修剪：树形以三主枝开心形、单圆锥形为主，逐年修剪。

(二)果实采收及分级

(1)采收:10 月下旬至 11 月中旬果实成熟率达到 60% ~70%时,分品种采收。

(2)果实分级:按照果实品种、形状、大小、成熟度分级,保护范围为 1 ~3 级。

(3)加工工艺流程:

鲜果→清洗→粉碎→搅拌→融合→压榨→油水混合液→过滤→油水分离→油

油水混合液↓油渣;过滤↓排杂质;油水分离↓水

六、特色品质

(一)感官特征

色泽淡黄透明,气味纯正,滋味较好,风味独特。

(二)理化指标

武都油橄榄酸度仅 0.37%,热量 504 J,全脂含量每 14 g 中含饱和脂肪酸 2 g,多不饱和脂肪酸 2 g,单不饱和脂肪酸 10 g,水分及挥发物含量≤0.1%,不溶性杂质含量≤0.05%;不含胆固醇,不得检出溶剂残留,其他见表 3-1。

表 3-1　武都初榨橄榄油理化指标

项目	指标		
	特级初榨橄榄油	优级初榨橄榄油	普通初榨橄榄油
色泽 (罗维朋比色槽 25.4 mm)	≤黄 35,红 2.0	≤黄 35,红 3.0	≤黄 35,红 4.0
透明度(20 ℃,24 h)	澄清、透明	澄清、透明	稍有沉淀、较透明
酸度/(m/m,%)	≤1.0	≤2.0	≤3.0
过氧化值/(mmol/kg)	≤6.0	≤6.5	≤7.0

七、营养价值

橄榄油具有“液体黄金”“植物油皇后”“地中海甘露”的美称,原因在于其极佳的天然保健功效、美容功效和理想的烹调用途。橄榄油中的不饱和脂肪酸主要有油酸、亚油酸、亚麻酸、棕榈油酸和花生烯酸等,其中,亚油酸和亚麻酸是人体必须所需的重要脂肪酸。油酸属于 ω-6 系列脂肪酸,亚麻酸属于 ω-3 系列脂肪酸,ω-3 脂肪酸可减少巨噬细胞、淋巴细胞产生的促炎性细胞因子,抑制肿瘤坏死因子和白细胞介素合成。单不饱和脂肪酸极易经肠道吸收,且不易在体内氧化沉积,因此可减少胃酸的分泌,对胃炎及十二指肠溃疡有一定的防治作用,并可刺激胆汁分泌,激化胰酶的活力,使油脂降解,被肠黏膜吸收,以减少胆囊炎和胆结石的发生;还能增加肠道蠕动功能,长期食用可以有效缓解便秘。橄榄油中高含量的不饱和脂肪酸和较低含量的饱和脂肪酸对维持血液中胆固醇水平有积极作用。多不饱和脂肪酸可降低低密度脂质胆固醇，有预防血管硬化，减少心肌梗塞和冠心病的发生等作用。橄榄油富含与皮肤亲和力极佳的角鲨烯和人体必需脂肪酸，富含单不饱和脂肪酸和维生素 E、维生素 K、维生素 A、维生素 D 等及酚类抗氧化物质，能有效保护皮肤。橄榄油含有多酚和脂多糖成分，有防辐射的功能。橄榄油含有的抗氧化剂可以消除人体内自由基，恢复人体脏腑器官的健康状态，能防止脑衰老，并能延年益寿。橄榄油通过降低高半胱氨酸（一种能损伤冠状动脉血管壁的氨基酸），防止炎症发生。

油橄榄果实具有清肺、利咽、生津、解毒的作用，可用于治疗咽喉肿痛、烦渴、咳嗽、吐血以及菌痢，具有独特的药用价值，其各种加工产品具有食用、护肤以及保健功效。

八、品牌价值

多年来，武都油橄榄凭借其独具特色的高质量品质，获得了一系列荣誉与奖项。

1994 年、1997 年，武都生产的橄榄油获甘肃省林业名特优新产品博览会金奖和全国首届林业名特优新产品博览会银奖。

2005—2009 年，连续五年获得中国杨凌农业高新技术博览会后稷奖及后稷特别奖。

2011 年，武都被中国经济林协会授予“中国油橄榄之乡”称号。同年 11 月，在“IEOE 2011 中国国际食用油产业博览会”上，武都橄榄油被授予“中国食用油产业突出贡献奖”。

2017 年，武都橄榄油在第 11 届中国（广州）国际食用油及橄榄油产业博览会和第 12 届中国（北京）国际食用油及油橄榄展览会上，荣获“中国橄榄油卓越品质奖”，武都区油橄榄企业共获得 16 个奖项。

2017 年 4 月，武都橄榄油在美国洛杉矶举办的国际特级初榨橄榄油大赛上荣获大赛银奖和铜奖。

2017 年 5 月，在美国纽约举办的国际橄榄油大赛上，武都特级初榨橄榄油从 27 个国家选送的 910 份橄榄油中脱颖而出，荣获金奖，这是中国引种油橄榄 50 多年来，首次参加国外举办的国际初榨橄榄油大赛并连续获奖。

在以色列举行的“2018 年特拉橄榄油大赛”上，祥宇公司选送的“祥宇”牌单果级特级初榨橄榄油，在大赛中荣获最高荣誉金奖。

2018 年 4 月 3 日，在西班牙马德里结束的国际油橄榄理事会橄榄油官方评比中，陇南田园油橄榄科技开发有限公司的橄榄油在全球多个国家的 189 个参赛油品中脱颖而出，荣获一等奖——马里奥 · 索利纳斯奖，成为获得这一国际橄榄油品质最高奖项的首款中国橄榄油［马里奥 · 索利纳斯奖是由国际油橄榄理事会（IOC）授予最高品质特级初榨橄榄油的唯一官方奖项，是橄榄油界的“诺贝尔”］。

2020 年 6 月，中国原产祥宇特级初榨橄榄油在意大利 EVO IOOC 橄榄油大赛中又获两枚金奖。EVO IOOC 橄榄油大赛得到了意大利政府农业、食品和林业政策部的赞助，该比赛被宣布为意大利最重要的一场比赛，并且跻身于特级初榨橄榄油的前五名国际比赛之列。而陇南祥宇特级初榨橄榄油同时入围了北半球最佳单品种候选名单。

2020 年，在希腊雅典娜国际橄榄油大赛中，祥宇橄榄油从来自全球 430 份橄榄油样品中脱颖而出一举夺魁，成为本次大赛的最高分得主，荣获大赛双金奖，另获最佳展示奖、单品种最高奖及全球最佳有机特级初榨橄榄油等多枚单项奖。这也是中国油橄榄企业首次在橄榄油原产地希腊荣获的最高国际奖项。

目前武都区研发出食用橄榄油、橄榄油丸、系列化妆品等 11 大类 80 多种产品，油橄榄产品研发处于全国领先水平。其中油橄榄系列产品荣获国际国内 84 个奖项。

2020 年 7 月 27 日，武都油橄榄入选中欧地理标志第二批保护名单。

九、授权企业

武都油橄榄授权企业见表 3-2。

表 3-2　武都油橄榄授权企业

地理标志	市场主体	统一社会信用代码
武都油橄榄	陇南绿源油橄榄科技开发中心	91621200720292670l
武都油橄榄	陇南市祥宇油橄榄开发有限责任公司	91621200710281142N
武都油橄榄	陇南市世博林油橄榄有限公司	91621202762368055L
武都油橄榄	陇南田园油橄榄科技开发有限公司	91621202773402095R

环县荞麦

一、基本信息

(一)品种

美国甜荞、定甜荞 2 号、平荞 2 号、平荞 6 号、榆荞 3 号等品种。

(二)品质特点

粒大、皮薄、出粉率高、淀粉含量高、面筋含量高。

(三)地理标志

地理标志保护产品(批准公告 2010 年第 110 号)。

环县荞麦

(四)立地条件

保护区范围内海拔 1400 ~ 1800 m，土壤主要属于黑垆土与黄绵土，山坡地应≤15°。土壤 pH 值 7.5 ~ 8.5，有机质≥0.8%。年平均气温 6.7 ~ 9.2 ℃，年均降水量 350 ~

420 mm。

(五)产品生产总规模

种植面积30万亩以上,年产量3.6万吨。

二、产区范围

甘肃省环县甜水镇、山城乡、罗山川乡、毛井镇、车道镇、芦家湾乡、小南沟乡、南湫乡、虎洞镇、洪德镇、耿湾乡、四合原乡、秦团庄乡、环城镇、曲子镇、木钵镇、八珠乡、樊家川镇、演武乡、合道镇、天池乡等21个乡镇现辖行政区域。

三、历史传承

荞麦的历史悠久,《诗经》中有"视尔如荍,贻我握椒"的诗句,荍即荞麦,说明2500年前,中国已种植荞麦了。南北朝时期,《齐民要术·大小麦瞿麦附》载,"以伏为时,一名地面,良地一亩用子五升,薄田三四升,亩收十石。浑蒸,曝干,舂去皮,米全不碎。炊作飧,甚滑。细磨,下绢簁,作饼,亦滑美。然为性多秽,一种此物,数年不绝,耘锄之功,更益劬劳。"瞿麦即荞麦。文中对荞麦的播种期、播种量、产量水平、加工及食用方法和易落粒的特性都做了明确记载。

据史料记载,早在春秋战国时期,荞麦在环县就有种植,是当地劳动人民栽种的主要农作物之一。秦汉时期,荞面饸饹就已成为当地群众餐桌上的一道美食。荞麦面粉制成的食品多达10余种,各有特色,其中以荞面饸饹最具地方特色,因其独特的制作手法,配料红、白、绿相间,色、香、味俱全,使环县荞面饸饹的美名得以广为传播。现今,环县荞面饸饹不但是当地人日常生活、红白喜事和招待宾朋必不可少的主食之一,而且享誉西北,是各地朋友争相品尝的特色美味佳肴。

四、产地环境

环县隶属甘肃省庆阳市,地处陕、甘、宁三省(区)交界,位于毛乌素沙漠与黄土高原的交汇地带,气候凉爽,干旱少雨,特殊的土壤、气候和降雨量使得环县盛产的荞麦、糜子、谷子、洋芋、燕麦等小杂粮和胡麻、葵花、黄豆等多种经济作物,质优品良,属绿色无公害产品。其中小杂粮产量居全省之首,被命名为"中国小杂粮之乡"。

环县境内丘陵起伏,沟壑纵横,农业区海拔在1100~2100 m,以流水地貌为主,土壤主要属于黑垆土与黄绵土,土层深厚,有机质含量丰富,pH值适中,耕作层无有毒重金属离子和有机氯、磷化物富集。因此这里种植的环县荞麦所含的微量元素均高于其他地区,尤其是芦丁含量高于其他地区10多倍。而这里黄土层深厚而软,有利于荞麦根系的生长,因此环县荞麦结出的荞麦颗粒"皮薄、面白、粉多、筋大"。

环县拥有得天独厚的自然条件,特别适合荞麦的生长。荞麦的产量虽然不高,但它适应干旱和凉爽的气候,而且成熟较快,所以在当地作为晚季作物来填闲补种。

五、生产方式

(一)栽培管理

(1)选地、整地。选择玉米、小麦、糜谷、豆类等茬口。前茬作物收获后,及时深耕 20 ~ 25 cm,并及时镇压耙耱。秋耕地在土壤封冻和解冻之前进行镇压耙耱,复种荞麦在播种前耙耱。

(2)种子处理。播前晾晒种子 1 ~ 2 d,用 35 ~ 40 ℃温水浸种 10 ~ 15 min。选用 0.005%钼酸铵或 0.1%高锰酸钾、0.03%硼砂、0.05%硫酸镁、3%氯化钾等微量元素溶液 100 kg 浸种 50 kg。

(3)拌种。晒种、浸种后,可用 0.5%辛硫酸乳油 50 kg 加水 3 kg 拌种子 50 kg,堆放 3 ~ 4 h 摊开晾干后播种。

(4)播种:轮作年限两年以上,正茬荞麦 6 月上中旬播种,复种荞麦 6 月下旬至 7 月上旬播种。平地条播,15°以下山坡抓粪点播。条播行距 25 ~ 30 cm,抓粪点播行距 38 ~ 40 cm,播种量 45 千克/公顷至 60 千克/公顷,保苗 120 万 ~ 180 万株/公顷。播种深度 3 ~ 4 cm。

(二)田间管理

(1)苗期管理。播后遇雨,用耙破除板结。

(2)花期管理。创造授粉条件,可在荞麦田养蜂、放蜂,提高荞麦结实率、株粒数、粒重和产量。

(3)施肥。以有机肥为主,实行配方施肥,不使用未经发酵腐熟、未达到无害化指标和重金属超标肥料。播种前施优质腐熟的农家肥 45000 千克/公顷,尿素 75 ~ 150 千克/公顷,过磷酸钙 225 ~ 275 千克/公顷,严禁施用含有铅、镉等重金属成分的肥料及硝态氮肥。播种时施草木灰 7500 千克/公顷或硫酸钾 225 千克/公顷。

(4)环境、安全要求。农药、化肥等的使用必须符合国家的相关规定,不得污染环境。

(三)收获储藏

(1)收获:9 月下旬至 10 月上旬,当 90%以上籽粒变黑变硬并呈现本品固有粒色时及时收获,并扎捆或扎把。每捆鲜重 10 ~ 15 kg,水分应小于 13%,自然风干后脱粒。

(2)储存:库存不超过两年。

六、特色品质

(一)感官特色

粒大、皮薄、出粉率高、淀粉含量高、面筋含量高。

(二)理化指标

水分≤13%,不完善粒≤3%,千粒重≥25.5 g,粗淀粉≥637.6 g/kg,芦丁≥5.4 g/kg,粗脂肪≥21.9 g/kg,粗蛋白质≥114.8 g/kg,赖氨酸≥5.93 g/kg。

(三)安全要求

产品安全指标必须达到国家对同类产品的相关规定。

七、营养价值

荞麦含有十分丰富的人体所需矿物质，有铁、钙、钾、镁、铜、锌、锰等多种元素及维生素 B_1、维生素 B_2、芦丁、色氨酸、赖氨酸、粗蛋白、粗淀粉、粗纤维等，是一种药食同源食物，其元素比例搭配正合人体，实为“五谷之王、生命奇效素”。人体所需的 22 种氨基酸荞麦里就有 17 种。荞麦面粉中蛋白质和脂肪含量高于大米、小麦，多种维生素的含量也高于其他主要粮食。

荞麦有较好的药用价值，特别是独有的芦丁，是治疗高血压、糖尿病的辅助剂。荞麦面有杀肠道病菌、消积化滞、凉血、除湿解毒、治肾炎、蚀体内恶肉的功效，荞麦米粥能治烧心和便秘，荞麦青体可治坏血病，植株鲜体可治眼角膜炎，荞麦软膏能治丘疹、湿疹等皮肤病。

荞麦花还是环县当地一种重要的蜜源植物，荞麦花蜜更是别有一番滋味。荞麦种子的皮被称为荞麦皮，常被人们用来做枕头的填充材料，这种荞麦皮枕头对颈椎病有非常好的恢复作用。

八、品牌荣誉

2010 年，“甜龙”牌荞麦系列产品获得“中国著名品牌”称号。

2013 年，“万佳欣禾”“荞麦米”荣获甘肃省名牌产品。

2020 年，列入 2020 年度“陇上好粮油”产品名单。

九、授权企业

环县荞麦授权企业见表 3-3。

表 3-3　环县荞麦授权企业

地理标志	市场主体	统一社会信用代码
环县荞麦	甘肃万佳杂粮工贸有限责任公司	91621022660047680Q
环县荞麦	环县鑫泰杂粮工贸有限责任公司	91621022719026009C
环县荞麦	环县荣康粮油加工有限责任公司	91621022720208029W
环县荞麦	甘肃甜水田龙原生态原生态农特产有限公司	916210227103051831

通渭苦荞麦

一、基本信息

(一)品种

云荞1号等当地主推的苦荞麦品种。

通渭苦荞麦

(二)品质特点

麦籽粒饱满,大小均匀,皮色较深,粒面粗糙,黄酮和蛋白质含量高。

(三)地理标志

地理标志保护产品(批准公告2017年第98号)。

(四)立地条件

海拔1400~2500 m,土壤类型主要为黑麻土、黄绵土、黑垆土,耕作层有机质含量≥0.85%。

(五)产品生产总规模

种植面积3067公顷,年产量7360吨(2010年)。

二、地域范围

通渭苦荞麦产地范围为甘肃省定西市通渭县现辖行政区域。

三、历史传承

苦荞麦在通渭有近2000年的种植历史,《通渭县志》(光绪年间)物产篇记述:"荞有苦甜二种,苦荞,味苦,性平寒",说明苦荞麦自古以来就被通渭人当成是药食两用之材广泛种植。"头戴珍珠花,身穿紫萝纱;出门二三月,霜打就归家"是当地人对苦荞的描述。"正月二十五,黄风刮起土,荞麦压折股"是通渭人预测当年苦荞丰歉的农谚。

通渭人喜欢吃苦荞麦面,还有一段动人的传说。传说古代牛谷河畔土地肥沃,各种粮食都是多穗的,粮食非常多,吃不完,好多人不敬天道,不事稼穑,暴殄天物。有一天,玉皇大帝下界游玩,看见有人随意糟蹋粮食,他非常生气,命"牛神"将五谷杂粮在三个时辰内全部捋为单穗,减少产量以示惩罚。"牛神"奉命行事,用了足足三个时辰才捋完了所有五谷。"牛神"见苦荞麦不是什么正经庄稼,便顺手捋了一把,不想捋破了手指,便匆匆去复命。苦荞麦染了"牛神"的血,茎秆、叶脉都变成了红颜色,长得特别快,牛谷河畔的通渭百姓靠吃苦荞麦才免于饿死。"牛神"也因没有完成玉帝的命令被罚到人间劳作。从此以后,百姓都一心向善,但老天的惩戒不可不记,苦荞麦有活命之恩,用苦荞麦面做成荞圈圈意在让百姓牢记不能随意糟蹋粮食。荞圈圈中间做成空的就是告诉后代不勤俭持家就会坐吃山空。

20 世纪 80 年代前，通渭自然条件严酷，十年九旱，冰雹等灾害频繁，当夏粮作物受灾以后，苦荞麦因其生长周期短，成为人们补种首选的秋粮作物，因此被誉为“保命粮”。

我国荞麦品种资源极其丰富，仅通渭种植的苦荞品种就有数十种之多。在当初那个交通及信息闭塞、品种选育手段落后的年代里，苦荞麦品种更新非常缓慢，生产用种多为产量较低、混杂严重的古老地方品种，严重制约着品质的提高，影响荞麦生产及产业的快速发展。2003 年以来，为了使苦荞麦的生产能满足其市场的需求，进一步推进苦荞的开发利用，先后引进了数十个品种来改良通渭县苦荞品种资源，如九江苦荞、榆荞 2 号、兴苦 2 号、凉荞 1 号、昭苦 2 号、迪庆苦荞、黔威 3 号、黔黑荞 1 号、晋苦 2 号、云荞 1 号等。通过多年的品种比较试验，从中筛选出了表现突出的为当地主栽品种云荞 1 号。云荞 1 号以高产、稳产、抗性强和适应性广而在通渭县广泛种植，从而推进了苦荞麦种植业的迅速发展。

四、产区环境

由于苦荞麦其耐旱、耐寒、耐瘠特性，很适宜在通渭土壤贫瘠、气温较低的高寒山区种植。通渭气候冷凉、日照充足，雨热同期，年均气温 7.5 ℃，无霜期 135 天，≥0 ℃的积温 2530 ℃，≥10 ℃的积温 1823 ℃，年降水量平均在 380 mm，形成了苦荞麦生长发育的有利条件，为有效成分类黄酮等积累奠定了基础，从而通渭苦荞麦黄酮含量高的独特品质特色。

通渭县地处东经 104°57′～105°38′、北纬 34°55′～35°30′的区域内，海拔为 1410～2521 m，属黄土高原丘陵沟壑干旱半干旱区，耕地土壤类型主要为黑麻土、黄绵土、黑垆土，且土层较厚、土质疏松，含有丰富的微量元素和矿物质，有利于苦荞麦营养的生长，耕作层有机质含量≥0.85%，纬度和海拔高度高，生长期长，生长温度低，从而形成造就了通渭苦荞麦蛋白质含量高的独特品质特色。

五、生产方式

（一）栽培管理

（1）选茬、整地：轮作年限 3 年以上，春、秋进行深耕。

（2）配方施肥：每年每亩（666.7 m^2）施农家肥 1000 kg 以上。

（3）播种：5 月上中旬播种，播深 3～5 cm，每亩（666.7 m^2）保苗 8 万～10 万株。

（4）田间管理：苗高 7～10 cm 时，进行除草与间苗；结合苗情适当追肥。

（二）收获

当 2/3 籽粒成熟即籽粒变为褐灰色或黑色时收获。

六、特色品质

(一)感官特色

籽粒饱满,大小均匀,皮色较深,粒面粗糙。

(二)理化指标

水分≤14.5%,黄酮≥2.5%,蛋白质≥12.0%。

(三)安全要求

产品安全及其他质量技术要求必须符合国家相关规定(按 GB 2715 规定执行)。

七、营养价值

现代研究证明,苦荞麦,其营养价值居所有粮食作物之首,富含大量的蛋白质、多种氨基酸,且配比合理,通渭苦荞品质较好。据有关方面检测,该地区所产苦荞与四川凉山地区各类指标持平。其粗蛋白含量在 10% 左右,并富含精氨酸、赖氨酸、色氨酸、组氨酸等氨基酸,对其他谷类粮食有很好的互补性;脂肪酸含量为 2.1% ~2.8%,其中油酸和亚油酸含量占 80% 左右。

苦荞麦还具有很高的药用价值,《本草纲目》记载:苦荞麦性味苦、平寒,有益气力,续精神,利耳目,有降气宽肠健胃的作用。富含大量黄酮类物质,约占干重的 2% 以上,主要成分芦丁约占 80%。芦丁是一种多元酚,属芸香糖苷,对调节人体毛细血管渗透性,改善心血管系统,抑制恶性肿瘤生长,抗糖尿病,消炎,治疗溃疡以及呼吸道系统疾病等有良好的作用。通渭所产苦荞的维生素 B_1、维生素 B_2 等维生素和葡聚糖等膳食纤维非常丰富,这些维生素和膳食纤维对预防糖尿病和高血脂具有积极的作用。此外,硒、钾、镁、铜、铬、锌、钙、铁等无机盐含量较高,镁的含量是小麦面粉的 11 倍以上,铁元素是其他主粮的 2 ~5 倍,锌为 1.5 倍以上,锰为 1.4 倍以上,钾为小麦的 2 倍,大米的2.3倍,黄玉米面的 1.5 倍。镁、钾的高含量大大增强了苦荞粉的营养保健功能。

八、品牌荣誉

通渭是全国最大的苦荞麦产区,被誉为"苦荞麦之乡"。世界苦荞在中国,中国苦荞在通渭,通渭苦荞,又称鞑靼荞。主产于海拔 2300 m 以上的通渭华家岭国家级无公害标准示范种植基地,属原生态古老品种。有"中国第一荞"之称。

2012 年在第十八届中国兰州投资贸易洽谈会(简称兰洽会)上,通渭县乐百味公司的"苦荞"系列产品不仅受到国内客商的好评也受到外商的青睐。

靖远文冠果油

一、基本信息

(一)品种

地方原有品种。

(二)品质特点

油品清亮,色泽金黄,味道甘美,香气浓郁、营养丰富。

(三)地理标志

地理标志保护产品(批准公告2017年第117号)。

靖远文冠果油

(四)立地条件

海拔高度1290～3017 m,土壤为灰钙土为主的黄绵土。

(五)产品生产总规模

文冠果种植面积22.8万亩,文冠果油年产量570余吨(2020年)。

二、产地范围

靖远文冠果油产地范围为甘肃省白银市靖远县乌兰镇、东湾镇、北湾镇、北滩镇、刘川镇、东升镇、五合镇、双龙镇、糜滩镇、平堡镇、三滩镇、高湾镇、大芦镇、若笠乡、兴隆乡、永新乡、靖安乡、石门乡等18个乡镇现辖行政区域。

三、历史传承

靖远县文冠果栽植历史悠久,据考证,公元17世纪中叶明朝崇祯年间就已零星栽植,所产文冠果含油量高,油品品质尚佳,色泽清亮金黄,味道甘美,香气浓郁,营养丰富,是木本植物油中的极品,自古有“南茶油,北文冠”之美称。在甘肃靖远县东湾镇砂梁村乃家台子,生长着两株百年以上的文冠果古树,经鉴定大的一株有300年以上的树龄,被列为“国家二级保护古树”,地围达3.6 m,树高6 m,冠幅6 m多。因其历史悠久,若有灵性,故被当地人奉为神树,慕名而来的游客更是络绎不绝。相传雍正年间,有兵卒在此砍柴,误砍文冠果树,文冠果树晚上托梦于乃公说他肢体被伤,让用泥土敷上。次日乃公一看,被砍处果然像是鲜血滴淋,从此便被当地人奉为神树。20世纪90年代,当地树木遭遇天牛之劫,杨柳各树均被天牛所害,唯独文冠果树免受其灾。

四、产地环境

靖远地处干旱半干旱地区，光照充足，日夜温差大，自然条件和独特的地理位置自古以来就是最适宜文冠果树栽培的地区之一。降水稀少，日照时间长，极有利于果实光合作用、有机物质的积累和果实产油量的增长，这样的自然环境非常有利于文冠果树的生长发育。县域内没有污染性工矿企业，土壤、大气、水质均符合国家对环境保护的相关规定，靖远文冠果油在这样的环境条件下，形成具有靖远地域特色的优良品质。

五、生产工艺

（一）栽培管理

1. 育苗

（1）种子处理：80 ℃热水烫种 10 min，自然温度浸种 48 h，3 倍体积河沙混合种子，置于 26 ℃的恒温室内催芽至 85% 的种皮开裂。

（2）播种：时间 4 月中旬，株行距 9 cm×15 cm，播种深度 3 ~ 4 cm，覆土 2 ~ 3 cm，覆土后轻度镇压。

（3）苗期管理：全年灌水 4 次，每亩施尿素 20 kg、过磷酸钙 60 kg、硫酸钾 20 kg，每次灌水后松土除草，霜降前后灌足冬水。

2. 栽植与管理

（1）栽前整地。按株行距挖直径 50 cm 的栽植穴，穴的底部施腐熟有机肥 10 ~ 15 kg。

（2）栽植。春、秋两季定植，株行距 3 m×4 m。栽植深度：苗木根颈与地面相平，根系舒展，覆土踏实，灌足水。

3. 田间管理

（1）定干、整形。定干高度 60 cm 左右，树干高度 50 cm，侧生主枝 6 ~ 7 个，分枝角度 50°左右，树高 3 m 左右。

（2）施肥、灌水。全年灌水 3 ~ 4 次，每亩施腐熟有机肥 1000 kg 以上、尿素 30 kg、复合肥 50 kg。

（3）松土、除草。全年松土除草 3 ~ 4 次。

（4）病虫害防治。树冠萌芽前喷一次 5 波美度石硫合剂，5 月上旬喷一次广谱性杀虫剂。

（二）采收储存

（1）采收。7 月下旬至 8 月上旬果皮由绿色变为黄褐色、种子由红褐色变为黑色时采收。

（2）脱粒。及时摊开晾晒果实至裂口，分离籽粒与果壳，籽粒晾晒至含水率 15% 以下。

（3）储存。籽粒在通风干燥的室内存放，温度≤20 ℃，空气湿度≤30% 。

（三）生产工艺流程及关键点控制

1. 生产工艺

籽粒筛选→水煮降解→温火炒制→壳仁→分离→粉碎种壳→壳仁混合→成油胚→压榨→过滤→沉淀。

2. 关键点控制

籽粒筛选：杂质含量≤0.2%。

水煮降解：沸水煮 40 min。

温火炒制：温度为 160 ℃，炒至含水率 17%。

压制油胚：静态压榨至 60 MPa。

沉淀：≥15 天。

六、特色品质

（一）感官特色

色泽淡黄色至金黄色，口感爽滑无涩味，香味浓郁绵长，无异味。

（二）特征指标（表 3-4）

表 3-4　靖远文冠果油特征指标

项目	指标
油酸含量/%	27.5～33.5
亚油酸含量/%	41.1～46.8
神经酸/%	≥1.6

七、营养价值

文冠果种仁油含有 12 种脂肪酸，包括棕榈酸、硬脂酸、油酸、亚油酸、亚麻酸、花生酸、花生一烯酸、花生二烯酸、山嵛酸、芥酸、二十四烷酸、二十四一烯酸，其中含量最高的是亚油酸，其次是油酸。因含大量的不饱和脂肪酸，食用可预防和治疗动脉硬化症，对治疗高血脂、高血压、血管硬化和慢性肝炎均有明显的保健和治疗作用。经过加工后可制成亚油酸丸、益寿宁等药物。除含有油酸和亚油酸外，还含有一种稀有的功能性成分和药品原料——神经酸，其含量在3%左右。研究发现神经酸通过酰胺键与鞘氨醇结合形成神经鞘脂，神经鞘脂是构成大脑白质和有髓神经纤维的重要组成成分，这表明神经酸与大脑的发育以及神经细胞的生物合成与修复密切相关，不仅可以保护神经系统，还具有抑菌抗炎以及抗氧化等作用，可用于治疗动脉硬化、阿尔茨海默病、风湿病等多种疾病。

虽然在藏、蒙佛教中有对文冠果油食用的历史记载，但缺乏对其食用安全性和毒理学方面的研究。截至 2020 年 6 月底发布的新食品原料目录，文冠果油尚未列入其中。

八、品牌荣誉

靖远文冠果油在 2015 年 12 月获得了美国巴拿马万国博览会百年庆典“产品至尊奖”,提高了靖远文冠果油的市场知名度和影响力,对靖远文冠果油进一步打造品牌、拓展市场起到了强力的助推作用。

2019 年 9 月 26 日靖远县被中国特产之乡推荐评审活动组委会授予“中国文冠果之乡”称号。

靖远文冠果油列入 2019 全国乡村特色产品和能工巧匠目录。

会宁胡麻油

一、基本信息

(一)品种

陇亚 10 号、张亚 5 号、陇亚 11 号、定亚 22 号。

(二)品质特点

色亮味美,香气浓郁,α-亚麻酸含量高,天然绿色。

(三)地理标志

地理标志保护产品(批准公告 2017 年第 117 号)。

(四)立地条件

保护区范围内海拔 1400 ~ 2200 m,土壤类型为黑垆土、黄绵土、灰钙土。

(五)产品生产总规模

种植面积 35 万亩左右(2018 年),年加工生产优质胡麻油 1.5 万吨以上(2016 年)。

会宁胡麻油

二、产地范围

会宁县会师镇、郭城驿镇、河畔镇、头寨子镇、甘沟驿镇、太平店镇、平头川镇、侯家川镇、中川镇、老君坡镇、柴家门镇、汉家岔镇、四方吴镇、大沟镇、白草塬镇、刘家寨子镇、丁家沟镇、新添堡回族自治乡、党家岘乡、杨崖集镇、翟家所镇、八里湾乡、韩家集镇、新塬镇、草滩镇、新庄塬镇、土门岘镇、土高山乡等 28 个乡(镇)现辖行政区域。

三、历史传承

胡麻种植历史悠久,早在 5000 年前,波斯湾、黑海及里海地区就开始种植亚麻,出现了用亚麻织就的布料。到中世纪时,亚麻籽在小亚细亚地区广泛种植。中国对亚麻的利用有2000多年的历史,《本草经》记载:“胡麻,一名巨胜,一名鸿藏。”公元前二世纪,汉代特使张骞出使西域带回亚麻种子,在我国甘肃、内蒙古、陕西、山西等地开始种植。胡麻的“胡”古指我国西北少数民族和地区,由此可见,胡麻就一直生长在我国西北寒冷地区。据甘肃史话丛书《会宁史话》载,“会宁种植胡麻大约始于唐代,系油用亚麻,为主要油料作物”。据文献记载,古代的会宁,人口少,土地多,树木葱茏,粮丰物阜,牛羊成群。唐代贞观八年(634年),因盛产粮薯,仓储殷实,曾诏改会州为粟州,意为粟黍之地、米粮之乡,胡麻已经大量种植。

据《会宁县志》记载:“胡麻,又名亚麻。”一年生草本,亚麻科油料作物,种子扁卵圆形,暗褐色,有光泽。喜凉爽湿润气候。

四、产区环境

胡麻喜凉爽湿润气候,耐寒、耐旱、耐贫瘠、怕高温。以土层深厚,疏松肥沃,排水良好的微酸性或中性土壤栽培为宜,含盐量在0.2%以下的碱性土壤亦能栽培。会宁海拔高,土层深厚,常年少雨,昼夜温差大,环境无污染,在这样的特殊自然条件下,所产的亚麻籽含油率高、品质优良。

会宁县位于中国西北部,与青海交界。会宁海拔较高,平均为2025 m,常年干旱少雨,光照充足,昼夜温差大,加上土层深厚,土壤中富含镁、锰、钒、硒、钼等元素,非常适合亚麻生长。会宁当地无工业污染,而且当地人种植亚麻,依然保持着原始的种植方法,即不施化肥,不打农药,这里的亚麻是真正的绿色有机产品。

五、生产工艺

(一)栽培管理

(1)播种:时间3月中旬,播籽量4～5 kg/亩,留苗20～25万株/亩,播深2～3 cm。

(2)施肥:农家肥≥500 kg/亩。

(3)环境、安全要求:农药、化肥等的使用必须符合国家的相关规定,不得污染环境。

(二)收获储藏

(1)收获时间:8月上旬至8月下旬。

(2)采收标准:茎秆变黄、蒴果褐色、顶部微裂,籽粒含水量≤13%。

(3)脱粒:收获后20日内。

(4)储存:温度≤20 ℃、空气湿度≤30%,通风,干燥,籽粒水分≤10%。

(三)生产工艺流程及关键点控制

1. 生产工艺

原料→筛选→蒸炒→压榨→水化脱胶→过滤→沉淀。

2. 关键点控制

(1)原料筛选含杂质量≤0.3%。

(2)蒸炒温度冷榨(60～80 ℃)、热榨(150～170 ℃)。

(3)压榨水分9%～12%,出油率为32%～36%。

(4)水化脱胶油温 55 ~75 ℃、搅拌转速 50 r/min、加水量 2% ~4%、加盐量 0.10% ~ 0.15%、搅拌 30 min 左右。

(5)沉淀≥15 天。

六、特色品质

(一)感官特色

清澈透亮,黄褐色,具有胡麻油特有的香气和滋味,味柔和、无苦涩。

(二)理化指标

α-亚麻酸≥48%。

(三)安全及其他质量技术要求

产品安全及其他质量技术要求必须符合国家相关规定。

七、营养价值

“会宁胡麻油”是由会宁境内种植的名优品种胡麻籽生产的,具有 α-亚麻酸含量高、亚油酸含量低的特点。会宁胡麻籽含油率 40% 以上,蛋白质含量 22% 以上,木酚素含量 2.5% 左右;会宁胡麻籽中还含有人体必须的 18 种氨基酸,三种维生素(A、E、B_1)和 8 种微量元素,膳食纤维含量 24.5% 左右,是一种营养价值较高的植物蛋白质。

经过物理压榨等加工得到的会宁胡麻油含有 50% 以上的 ω-3 脂肪酸母体物质 α-亚麻酸,其脂肪酸组成中的 ω-3、ω-6、ω-9 是最合理的配比;会宁胡麻油中含有维生素 E,一种强有效的自由基清除剂,有延缓衰老和抗氧化的作用;还含有类黄酮 23 mg/100 g,类黄酮化合物有降血脂、抗动脉硬化的良好作用;会宁胡麻油中的不饱和脂肪酸的含量约为 90%,必需脂肪酸总量高达 70% 以上,其碘值也很高,非皂化物为 8.26%,说明在胡麻油中还存在数量可观的高脂肪酸、甾醇和羟类等。会宁胡麻油还含有蛋白质、芝麻素、维生素 E、卵磷脂、蔗糖、钙、磷、铁等矿物质,对维持人体正常的生理功能具有重要作用,是一种营养极为丰富的食用油。

八、品牌荣誉

“会宁胡麻油”以其独特的风味和保健功能逐步享誉陇上,闻名全国,成为陇上精品。

2013 年,会宁被中国特产协会授予“中国亚麻籽之乡”称号。“会宁胡麻油”是“甘味”品牌目录中 26 个“好中优”品牌之一。

第四章　茶叶类

◎康县龙神茶　◎文县绿茶

康县龙神茶

一、基本信息

(一)品种

无性系良种龙井 43 号、福云 6 号、名山 311、名山 131;有性系群体种信阳种、紫阳种、鸠坑种、宜兴种和迎霜种及符合龙神茶要求的品种。龙神茶开发出了“龙神翠竹”“龙神翠峰”“龙神银豪”“龙神毛尖”“龙神秀眉”“龙神绿茶”“龙神炒青”7 大系列 20 个茶叶品种。

康县龙神茶

(二)品质特点

茶芽鲜嫩、条索紧细、色泽绿润、清香爽口、滋味鲜醇、经久耐泡。

(三)地理标志

地理标志保护产品(批准公告 2006 年第 197 号)。

(四)立地条件

土层深度在 0.8 m 以上,坡度在 25°以下,pH 值 4.6～6.2,有机质含量≥1.78%。

(五)产品生产总规模

种植面积近 5.89 万亩,年产茶叶 615 吨(2014 年)。

二、产地范围

甘肃省康县叶子坝村、茶园村、五颗石村和老庄村 4 个村现辖行政区域。

三、历史传承

在康县民间,流传着一段动人的传说:很久以前,康县阳坝一个山沟边,住着一对相依为命的母女。一天，女儿在沙滩边玩耍时带回一个圆圆的鹅卵石。因贪玩怕母亲责骂，便将鹅卵石藏在自家仅剩下几粒米的米缸中，第二天，母亲做饭时，发现缸里竟然装着满满一缸米。母亲很惊奇，一再追问女儿，女儿只好说出实情。说来也奇怪，这个鹅卵石无论放在什么东西中，这种东西总会增多。渐渐地家里的东西应有尽有。这件事被当地的一户恶霸知道，这个恶霸便带着一群人去抢这块石头。万般无奈之下，女儿将鹅卵石吞进腹内，顿觉腹中干裂如火焚，口干舌燥，就快步来到沟边的河水旁喝水，整整七天七夜，结果把沟边的河水全喝干了，女儿也一摇身变成一条龙。原来，女儿吞下去的不是鹅卵石，而是一颗千年的龙蛋。这件事情惊动了玉皇大帝，他便派二郎神杨戬下界调查此事。女儿惦记母亲，藏身附近，母亲亲眼看到女儿化龙，又被天兵天将追赶，十分担心，终日以泪洗面，哭瞎了双眼。二郎神感于母女至爱亲情，抬手将山崖裂开一条缝，让龙女钻进去躲藏。观世音菩萨知道此事后，治好了母亲的眼睛，用玉净瓶中的杨柳枝点水，将沟中遍野的竹子变成满坡的茶树。龙女十分感激观音，加之再也不想离开母亲，便在茶园边化成一座龙形的石山。从这以后，人们便将此沟改叫"龙神沟"，所产之茶称为"龙神茶"。

康县茶叶生产的历史很早，早在200多年前，康县太平乡阳坝村麻地沟的溪边就已经生长着茶树。但由于历史的原因，目前可查的文字记载是20世纪50年代。1958年，康县从湖南调进茶籽25 kg，在阳坝上坝苗圃试种成功。1964年，甘肃省农牧厅从安徽、湖南、江西调入茶籽分配到康县后，又在阳坝的上坝、龙神沟，太平、三河等地种植300亩又获成功，至今茶叶在康县已有40多年的发展历史。

四、产地环境

茶区属北亚热带温湿气候，日照充足，山上多云雾，形成了直射光少，漫射光多的特殊条件，十分适合茶树喜荫的生长要求，因此龙神茶氨基酸含量较高，茶叶香气、含氮化合物、芳香物质较其他茶叶为高。加上温度适宜，茶区内年平均气温为12.6 ℃，具有较好的越冬条件，且昼夜温差较大，平均温差10 ℃左右，有利于茶叶有效成分的生成。茶区雨量充沛，降雨时段分布明显，高峰期集中在7～9月，低峰期在4～6月，生长季节有旱季和雨季之分，为茶树的物质代谢提供了便利，有利于茶叶优良品质的形成。

茶区土壤属黄棕壤，有机质含量丰富，土壤微生物多，具有良好的理化特征；土壤疏松，富含有机质，有效磷、钾含量较高，偏酸性（pH＝5.0～6.5）。加之春、夏季节，雷电天气出现较为频繁，为土壤肥力的增强提供了条件。在这样的土壤条件下，茶树新梢育芽力强，叶绿素含量较高，光合作用强，有机质的合成和积累也较多，与茶叶品质密切相关的氨基酸。茶多酚、儿茶素等有效成分含量高，酶活性增强，提高了茶叶的鲜爽度。

茶区的各种动植物资源十分丰富，既有亚热带动植物，又有高寒地区动植物。生长有高等植物172科700多种，分布着100多种真菌，列入国家保护的一、二类珍稀树种如香果、红椿、红豆杉等，以及省级保护珍稀树种达28种，并有生长百年的大茶树——太平老鹰茶，属国内少有，被收录入《中国茶树品种志》。林内还生活着金丝猴、羚、豹、红腹雉、长尾雉等14种国家保护的珍贵兽、禽，大鲵、水獭等珍贵水生动物。生物资源的多样性和复杂性，既保持了茶区的生态平衡，又使区内病虫害极少发生。茶区远离城市，交通不便，但也无工业污染，群众传统农业意识强，没有使用农药和化肥的习惯，从而保证了茶树生长的环境条件，使茶园处于自然生长的状态，保持了龙神茶叶纯天然的品质。当地出产的龙神茶叶，芽叶肥壮，稚嫩性好，营养丰富，香气天成。在历次抽检中，14 项国家规定的农药残留没有一项被检出。

独特的地质、地貌、土壤、降水、光热及良好的植被等资源优势，特殊的地理环境造就了适宜茶叶生长的独特条件，孕育了独具特色的龙神优质茶叶。

五、生产工艺

（一）栽培管理

（1）种子采收时间和存放。9 月底到 11 月初种果开裂成熟后进行采收，并及时晒至种子含水量在 30% 左右时进行分装打包运输或存放在干燥、通风处。

（2）整地。种植前深翻改土，施足基肥，按照通风透光的要求，合理整地，起垄。

（3）播种或栽植。种子直播时间自 10 月下旬至翌年 3 月，分别在土壤封冻前和解冻后进行。采用双行条播，每亩播茶籽 40 kg。种植方法是在翻好的种植带面上，按照“大行 150 cm×小行 40 cm×株距 26 cm”的要求，开挖深 15 cm 的播种沟，按 26 cm 的株距，每窝播茶籽 10～12 粒，覆土 3～4 cm。

（4）施肥。只允许施用农家肥、有机肥，不施用化肥，基肥用农家肥或油渣，追肥选用稀人粪尿或茶叶专用有机复合肥。

（5）定型修剪。提倡“以采代剪”，轻修剪整平茶蓬，在每年春茶后（5 月中上旬）或深秋（10 月中下旬）进行。

（二）采摘时间和标准

（1）龙神茶精品采摘时期为清明前初生单芽，要求芽头肥壮，长 1.6～2 cm，色绿微黄，整齐均匀、新鲜有活力、无病虫芽、无紫芽、净度 100%。

（2）龙神茶特级采摘时期为清明前后采摘的一芽一叶初展或开展，新鲜有活力，长 2～2.5 cm，叶质柔软，色绿微黄，无病虫芽，无紫叶芽，无鱼叶，匀齐，净度 100%。

（3）龙神茶一级采摘时期为谷雨前采摘的一芽一叶和一芽二叶初展，长 2.5～3 cm，色绿微黄，叶质柔软，嫩茎易折断，无紫叶芽，无鱼叶，整齐，净度 100%。

（4）龙神茶二级采摘时期为谷雨后采摘的一芽二叶、一芽三叶初展，长度不超过 4 cm，新鲜色绿，叶质柔软，嫩茎易折断，无紫叶芽，无杂质，匀度尚匀齐，净度尚好。

（三）鲜叶运输保鲜

采用透气性好、无毒、无异味的器具盛装鲜叶，保持清洁、卫生、无污染、无异味，运输中须防雨、防压、防爆晒，运往加工地点后进行摊晾，摊晾时间为 6～8 h，厚度 8～10 cm。

（四）工艺流程

原料收购→摊青→杀青→做形→烘干→提香→精选→包装→入库。

六、特色品质

(一)感官特色

外形挺直微扁,翠绿,汤色嫩绿明亮,栗香,叶底黄绿显芽。

(二)理化指标

水分≤7%,水浸出物≥40.9%,茶多酚≥33.3%,游离氨基酸总量≥3.0%,儿茶素总量≥17.26%,总灰分≤7.0%,咖啡碱≤4.1%,粗纤维≤7.9%。

七、营养价值

康县龙神茶以其色、香、味、形俱佳和纯天然无污染的特性,为茶叶家族中的上等佳品。该茶外形扁平挺直或条索细紧,色泽翠绿,滋味醇爽,口感清新,带有栗香。茶多酚、氨基酸、咖啡碱含量较高。长期饮用,可清肝明目,强体减肥,降压益寿。

八、品牌荣誉

2002年,“龙神翠峰”“龙神翠竹”分获第四届国际名茶金奖和银奖。

2003年9月,龙神茶获得中国农科院茶叶研究所有机茶发展与研究中心的有机茶认证,康县阳坝镇大沟村500亩茶园被认定为有机茶原料生产基地。

2004年,龙神茶获国家质量部门计量保证能力“C”认证和北京恩格威认证中心的ISO国际质量管理体系9001~2000标准认证。

2002年到2004年间,康县先后被列为“甘肃省首家无公害茶叶生产示范基地县”“甘肃省无公害茶叶产地”等。

康县龙神茶业有限公司生产的“特级翠竹”和茗芝茶业有限公司生产的“茗芝翠竹”荣获“2011年甘肃省扁形名优茶金奖”;同时获得银奖的还有康县龙祥茶业有限公司生产的“龙祥翠竹”、龙神茶业有限公司生产的“精品翠竹”和梅园茶厂生产的“梅园翠竹”;茗芝茶业有限公司生产的“茗芝毛尖”同期荣获“2011年甘肃省卷曲形名优茶金奖”;康县龙神茶业有限公司生产的“龙神特峰”荣获“2011年甘肃省卷曲形大宗茶银奖”。

2015年12月,”龙神茶“荣获“甘肃名牌产品”称号。

2016年,在第二届中国有机农业大会上,康县龙神茶业有限公司出品的“康阳”龙神翠竹被评选为2016年度中国“十佳有机农产品”。

2019年中国特色旅游商品大赛和2019年甘肃旅游商品大赛,康阳·龙神珍品茶叶系列荣获2019年甘肃旅游商品大赛铜奖。

文县绿茶

一、基本信息

(一) 品种

无性系品种有迎霜、福鼎大白茶;有性系品种有信阳种、鸠坑种、宜兴种等适合在保护区内种植。

文县绿茶

(二) 品质特点

茶产品芽头重实、内涵丰富、滋味醇厚、香高耐泡、质量安全无污染。

(三) 地理标志

地理标志保护产品(2013 年第 128 号)。

(四) 立地条件

海拔 600 ~ 1600 m 的白水江自然保护区边缘的山地,土壤为黄棕土壤,pH 值 4.5 ~ 5.5,有机质含量≥1.0% 。

(五) 产品生产总规模

种植面积 8.97 万亩,年产量 582 吨(2020 年)。

二、产地范围

碧口镇、中庙镇、范坝镇、刘家坪乡所辖区域。

三、历史传承

文县种茶历史悠久,鲜为人知。

1934 年,碧口镇李子坝村杨家桥(后将该地命名为茶园社)农民种植茶叶 1 亩,试验种植成功。1955 年,县政府抽调农业部门技术人员组成工作队,在碧口镇李子坝茶园、杜家院两社发动群众,采挖野生茶苗,进行人工繁育取得成功,为当地茶叶发展找到了新的途径。1956 年,甘肃省农牧厅经济作物处派员对陇南茶树适生区进行调查,指出碧口茶叶具有生产潜力,同时在碧口镇李子坝海拔 1200 m 的林缘溪边,发现生长有大约百年左右的老茶树,当地群众称其为“老鹰茶”。按其树姿、叶形应属四川西南部引进的半乔木型中叶种,老茶树高 3.42 m,主干直径 11 cm,树幅 5.75 m。老茶树的存在,也证实碧口局部地区具备茶树生长的条件和悠久的历史。1974 年后,文县碧口地区开始全面试种茶叶。

文县碧口一带不仅种茶的历史悠久,古镇碧口人喝茶的历史更加久远。时至清末,碧口古镇茶馆最为鼎盛，达数十家，为名流雅士、商贾游客、闲人信徒终日清谈胜地，遂成为小镇政治、经济、文化的中心。茶馆多用本地茶叶招待茶客，除了喝茶外，还有艺人表演评书、金钱板、川剧清音、围鼓，为茶客助兴，洋溢着浓厚的茶文化氛围。

文县自古就有敬茶礼俗，以茶待客是人们生活礼仪的重要内容。尤其在碧口一带，以茶待客颇有讲究，所用茶具多为“盖碗”，又称“盖碗茶”“三泡台”，由茶托、茶碗、茶盖组成，形似小宝塔，典雅礼仪。盖碗茶里，还要泡上桂圆、枸杞、冰糖之类，品饮格外爽口。

茶为媒，是文县独特的茶俗风情。碧口李子坝、马家山一带，自古盛行“茶为媒”的习俗。每年采茶季节，外地农村青年男女前来帮工采茶，他们不仅爱上了山清水秀的陇上茶乡，而且在采茶中相中意中人，以茶为媒，喜结百年之好，从此落户茶乡、安居乐业，成为茶乡人。

四、产区环境

文县，是甘肃省唯一的全境属长江流域的地区，毗邻著名旅游胜地九寨沟，素有“陇上江南”“甘肃西双版纳”之美誉。

文县位于甘肃省东南麓，处于秦巴山地与岷山山脉、黄土高原交汇地带，属亚热带向暖温带过渡地区，亚热、暖温、高寒气候相互交错，高山、河谷、丘陵、盆地错落相间，形成了“一山有四季，十里不同天”的立体气候特征。全县属长江流域、嘉陵江、白龙江、白水江水系。

其茶叶产区主要分布在海拔 600 ~ 1560 m 的白水江自然保护区边缘山地中，属西部高海拔优质茶叶栽培区，区内生态环境好，无污染，气候温暖湿润，雨量丰沛，云雾缭绕，年均气温 16 ℃，年平均日照时数 1711 h，无霜期 300 天以上，非常适宜茶树生长。

文县茶区的土壤属于黄棕壤，土地有机质含量丰富，酸性较大；土壤微生物多，富含多种微量元素，具有良好的理化特性。土壤疏松，有效磷、钾含量较高。在这样的土壤条件下，茶树生长育芽能力强、光合作用强、叶绿素含量较高，有机质的合成和积累也较多，与茶叶品质相关的氨基酸、茶多酚、儿茶素等有效成分含量高；氨基酸酶活性增强，促使氨基酸增加，从而提高了茶叶的鲜爽度，提升了文县绿茶的品质。

文县由西北向东南随着地势降低，降雨量明显增加，降雨时段分布明显，年降雨量为 800 ~ 1200 mm；同时，由于茶区地块小而零星，多分布于山谷密林之中，湿度较大，为云雾的形成提供了条件，春夏时节，每当日出，团团薄雾带着雾珠从山顶越过，增加了漫射光，有利于茶树光合作用、物质代谢及茶叶品质的形成。

文县的茶园多分布于深山密林之中，远离工厂，没有工业垃圾和环境污染；而且，当地茶农受传统农业意识的影响，大多没有使用农药和化肥的习惯，茶园处于自然生长状态，保持了纯天然的品质。

五、生产工艺

（一）栽培技术

（1）播种时采用双行种植，每穴 5 ~ 6 粒种，出苗后定 2 ~ 3 株健壮苗。

（2）茶苗栽植的最佳时间为 3 月中旬和 10 月中下旬。

(3)栽植密度:每亩(667 m^2)≤4500 株。

(4)定型修剪:轻修剪整平茶蓬,在每年春茶后或深秋进行。

(5)环境、安全要求:农药、化肥等的使用必须符合国家相关规定,不得污染环境。

(二)采摘分级

1. 扁形绿茶采摘时间和标准

(1)扁形绿茶特级:采摘时期为清明前初生单芽,要求芽头肥壮,长 1.5~2 cm,色绿微黄,整齐均匀、新鲜。

(2)扁形绿茶一级:采摘时期为清明前后采摘的一芽一叶初展或开展,新鲜,长 2~2.5 cm,叶质柔软,色绿微黄。

(3)扁形绿茶二级:采摘时期为谷雨前采摘的一芽一叶和一芽二叶初展,长 2.5~3 cm,色绿微黄。

2. 卷曲形绿茶采摘时间和标准(采摘时间同扁形绿茶)

(1)卷曲形绿茶特级:为一芽一叶或一芽二叶初展,要求一芽一叶占总量 50%~60%。芽长于叶或芽叶等长,大小均匀一致,色泽鲜绿,芽叶完整,不得带蒂。

(2)卷曲形绿茶一级:为一芽二叶或一芽三叶初展,要求一芽二叶占 40%~50%,芽叶等长,大小基本一致,色泽鲜艳,芽叶完整。

(3)卷曲形绿茶二级:为一芽二叶、一芽三叶或对夹二三叶,要求一芽二叶占 30%~35%,色绿匀净。

3. 采摘方法

分批分次,提手采摘,不得捋采、掐采、抓采和带老叶杂物采摘,应保持芽叶完整、新鲜、匀净。

(三)加工工艺

1. 工艺流程

(1)扁形绿茶:鲜叶分级→摊青→杀青→理条→做形(压扁)→烘干→包装→入库。

(2)卷曲绿茶:鲜叶分级→摊青→杀青→揉捻→解块→理条→做形→烘干→提香→包装→入库。

2. 工艺要求

鲜叶摊晾 6~8 h,摊放厚度≤5 cm,鲜叶失水率控制在 15%~20%。杀青投叶要均匀,应遵守"高温杀青,先高后低;抛闷结合,多抛少闷;嫩叶老杀,老叶嫩杀"的原则选择不同的杀青工具、温度和时间。做形时按照先高后低的原则调整温度,进行理条、整形。扁茶炒干锅温度为 70~80 ℃,手法是抖、搭、推、磨相结合。卷曲茶机械揉捻时,投叶量以杀青叶占揉捻筒容积的 85% 为宜,掌握轻—重—轻原则,即嫩叶轻压轻揉,老叶重压长揉,嫩叶冷揉,老叶温揉。

六、产品品质

(一)感官特色

(1)扁形茶:外形扁平挺直,色泽翠绿油润,汤色嫩绿明亮,香气鲜嫩清高,滋味甘醇、鲜爽,叶底细嫩明亮。

(2)卷曲茶:外形条索卷曲、紧细、匀整;不同级别茶叶色泽从绿润到墨绿;汤色从嫩绿明亮到黄绿,滋味醇;叶底从嫩绿明亮到黄绿。

(二)理化指标(表4-1)

表4-1 文县绿茶理化指标

项目	指标
水分	≤7.0%
总灰分	≤6.5%
水浸出物	≥38.0%
茶多酚	≥22.0%
粗纤维	≤16.0%
粉末	≤2.0%

七、营养价值

文县绿茶属于高山茶,生长周期长,氨基酸、咖啡碱含量相比于其他茶较高,长期饮用可清心明目、健脑提神、减肥降压、防暑防癌。研究表明,茶氨酸能够显著提高机体免疫力,抵抗病毒入侵。它还能够起到镇静作用,长时间喝茶的人常会觉得心平气和,其中不免有茶氨酸的功效。茶氨酸还能增强记忆力,对肝脏的排毒也有很好的疗效。茶氨酸在芽类春茶中含量最高,文县绿茶便是货真价实的芽类春茶。

八、品牌荣誉

文县绿茶在历次抽检中,从未检出农药残留。2005年,3.73万亩茶园被国家绿色食品发展中心认证为绿色食品生产基地,310亩茶园被国家茶叶研究所认证为有机茶叶生产基地,紫云春、御泽春等文县绿茶被认证为绿色食品。培育了"碧口御香""御泽春""清崖关""紫云春""李子坝""龙池雀舌""碧峪春"等10余个名优品牌,已有5个品牌10多个系列获得省级大奖,"御泽春""紫云春"获得2003年西交会和兰洽会金奖;"御泽春"获得2005年"上海全国农特产品博览会"金奖;"御泽春""紫云春"获得2007年第十四届中国·杨凌高新科技成果博览会"后稷"奖、2008年第十五届中国·杨凌高新科技成果博览会"后稷特别奖"。

九、授权企业

文县绿茶授权企业见表4-2。

表 4-2　文县绿茶授权企业

地理标志	市场主体	统一社会信用代码
文县绿茶	文县碧口李子坝青岩关茶厂	916212227396445413
文县绿茶	文县碧口陇兴茶叶有限责任公司	9162122256112023XC
文县绿茶	文县古雲春茶厂	91621222L42460542X

第五章 酒品类

◎金徽酒 ◎红川酒 ◎河西走廊葡萄酒

金徽酒

一、基本信息

(一)品种

浓香型白酒。

(二)品质特点

低温酿造,"只有窖香,没有泥味"的独特品质,形成了香气优雅细腻、入口柔和绵甜、入喉圆润顺畅、饮后舒适的独特风格。

金徽酒

(三)地理标志

地理标志保护产品(批准公告 2011 年第 178 号)。

(四)产品生产总规模

占地 2000 余亩,年白酒产能 50000 吨,是西北最大的生态白酒酿造基地(2021 年)。

二、产地范围

甘肃省徽县伏家镇现辖行政区域。

三、历史传承

(一)名称由来

公元 1134 年,金兀术(完颜宗弼)率十万金兵,进犯巴蜀,南宋名将吴玠在仙人关(今徽县东南十里嘉陵江畔)率三万将士,大败十万金兵。仙人关大捷后,民众挑着酒笼,抬着酒坛,犒劳吴家军,众将士以头盔为盏,痛饮美酒,有军士呐喊"金盔酒"。吴玠曰:"名虽响却欠雅,何不称之金徽酒,徽者,美也。"自此徽县美酒以金徽酒冠名,与仙人关大捷一起名扬天下。

（二）地方志记载

据地方志记载，金徽酒源于西汉，盛于唐宋，明清时期徽县成为闻名遐迩的“西部酒乡”。

《徽县志》记载：“城关、伏家镇大量出土的汉代酿酒、饮酒器皿说明，早在汉代，徽县先民就掌握了酿酒技术，酿制出了醇香的美酒。”20 世纪 50 年代，甘肃省文物普查队在伏家镇河湾出土西汉年间的瓦罐蒸酒器，在泥阳镇出土西晋年间的青铜酒壶，鼎形、圆形陶瓷饮酒器。

《徽县志》记载：到明清时，徽州酿酒的老作坊就有 137 家之多，齐聚伏家镇，傍“神泉”争“海眼”，烧坊中以“永盛源”“宽裕成”“全隆聚”“三合公”“恭信福”等酒质最佳，尤其是陇南春酒的前身“永盛源”得其要津，影响最大，徽县生产的白酒经马帮驼队贩运至宁夏、青海、甘肃河西、陕西及四川等地，深得民众赞誉，为徽县赢得了“陇上酒乡”的佳号。乾隆年间，在朝廷任翰林的徽县先农人张绶回乡省亲返朝，将所带徽酒敬献乾隆，乾隆饮后连声赞曰“西北奇品，可备进御”。后来因天灾，朝廷曾下禁酒令，但徽酒却一直没有中断。丰富的粮食资源和甘甜的泉水为酿造美酒提供了物质基础，粮食酿制成美酒又便于长途运输，自然畅销全国各地。

（三）成长经历

1960 年，“金徽酒”成为全国首批获准国家注册的白酒品牌。

1978 年，“陇南春酒”享誉大江南北，成为中国名酒。

2007 年以来，金徽酒通过改革创新进入跨越发展的新时代。

2016 年，进入“十三五”，金徽酒厚积薄发，在上海证券交易所敲钟上市。

2017 年，建成了西北最大的白酒酿造基地。

2018 年，新制曲中心正式建成投产。

2020 年，复星集团控股金徽酒，在疫情的影响下，市值仍突破 200 亿元。

四、产区环境

陇南徽县北靠秦岭、南依嘉陵江，有着得天独厚的酿酒生态环境，自古以来就是传统的酿酒盛地。任何一个产美酒的地方都有佳泉相伴，金徽酒的产地——徽县伏家镇自然也不例外。伏家镇境内有长江支流——天河穿厂而过，水质甘甜，特别适合酿酒微生物的繁衍和生长，地下水资源也非常丰富，且富含硒等微量元素。在酒厂内有眼被称为“海眼神泉”的泉水，旱时不竭，涝时不溢，四季水位不变。当地人早在 1000 年前就已开始用这眼泉水酿酒了。据现代科学考证，“海眼神泉”透明微甜，呈弱酸性，对糖化和发酵十分有利，属于优质的酿酒用水。在大多数酒厂都直接采用自来水作水源的今天，甘肃金徽酒业酒厂仍坚持用“海眼神泉”井水酿酒。

徽县具有典型的盆地地理特征，特殊的地形、地貌以及地理位置构成特有的生态条件，光、热、水、土壤都十分有利于各种农作物的生长。徽县是甘肃小片商品粮基地之一，其中尤其以小麦、玉米、大米质量为最优，特别是当地的游龙川大米在古代时为“皇家贡品”。丰盛的粮食种植，为酿酒奠定了物质基础，金徽酒就是以当地优质的高粱、小麦、玉米、大米、糯米为原料酿造而成。

区域内独一无二的生态环境和地域条件是不可多得的，更是不可复制的，也是生产金徽酒的最佳区域，成熟而又具有特色的生产工艺造就了金徽酒的特性和品质。

五、生产工艺

(一)原料

(1)高粱采用产于徽县当地的糯高粱，支链淀粉占总淀粉含量的90%以上。

(2)小麦全部采用产于徽县行政区域内的优质小麦，粗蛋白含量9.9%～18.5%。

(3)玉米全部采用产于徽县现辖行政区域内符合GB/T 1353规定的优质玉米。

(4)大米全部采用产于保护区范围内符合GB 1354规定的游龙贡大米。

(5)糯米采用符合优质糯米标准的糯米。

(6)酿造用水来自于保护区范围内的井水，井深不低于30 m，pH值6.5～7.0。

(二)大曲

(1)制曲工艺流程：小麦检验→小麦润料→粉碎→拌料→踩曲→送入曲房发酵制曲→成品曲检测入库。

(2)成品大曲的感官指标：表面呈黄褐色，皮薄，断面茬口整齐，有菊花心，菌丝分布均匀，繁殖生长旺盛，曲香味浓。

(三)酿造工艺

(1)窖池用当地的红黏土筑成，窖龄全部在30年以上。

(2)大曲用纯小麦生产的中高温大曲。

(3)发酵期70～140天。

(4)窖泥菌种选用本厂原始老窖泥中筛选出的优质菌种。

(5)生产工艺采用传统的续糟生产工艺，结合创新的“六分法”(即分层发酵、分层起糟、分层拌料、分层蒸馏、分段摘酒和分级储存)工艺进行生产。

(6)分级储存断花摘酒，掐头去尾，分段(头、中、尾)量质摘取，按质并坛。

(7)基础原酒和调味原酒基础原酒在土陶坛中储存不少于两年，调味原酒在60年以上的用当地槐木制成的酒海储存期不少于五年。

(8)严格将“窖香”“醇香”和“醇甜”风味的原酒进行分别储存。

六、特色品质

(一)感官特色

色泽为无色或微黄、清亮透明；香气具有浓郁的以己酸乙酯为主体的复合香气，陈香怡人、自然，且香气优雅；口感绵甜爽净、醇和甘冽、尾净香长。

（二）理化指标（表 5–1）

表 5–1　金徽酒理化指标

项目	要求
酒精度/% vol	42～56
总酸（以乙酸计）/g/L	≥0.5
总酯（以乙酸乙酯计）/g/L	≥2.0
己酸乙酯/g/L	1.2～2.8

注：酒精度实测值与标签示值允许差为±1.0% vol。

七、营养价值

传统认为白酒有活血通脉、助药力、增进食欲、消除疲劳，陶冶情操，使人轻快并有御寒提神的功能。饮用少量低度白酒可以扩张小血管，促进血液循环，延缓胆固醇等脂质在血管壁的沉积，对循环系统及心脑血管有利。

八、品牌荣誉

2010 年，上海世博会上，联合国授予金徽酒“世界特供产品”。

2016 年 1 月，金徽酒被中国食品工业协会授予“1985～2015 中国白酒历史标志性产品”荣誉称号；金徽酒荣获中国酿酒工业协会“最佳西部之星奖”。

2016 年 2 月，质量信用等级评定结果出炉，金徽酒股份有限公司再次荣获“质量信用等级最高等级 AAA 级单位”认证。

2016 年 5 月，在成都召开的全国酒类行业工作交流会议和国家级放心酒示范店授牌大会上，金徽酒专卖店被授予“国家级放心酒示范店”荣誉称号。

2016 年 8 月，金徽酒系列产品荣获“2016 旅游商品创意设计大赛旅游商品开发类一等奖”。

2016 年 10 月，在“健康中国，引领未来——中国大健康食品产业峰会”上，金徽正能量酒荣获“中国健康白酒新锐品牌”。

2016 年 11 月，在“寻找酒业中坚力量——2016 酒业大众消费品牌推选”活动中，“金徽 18 年”荣获“酒业标志性品牌”、“柔和金徽 H6”荣获“酒业新锐品牌”、“金徽红瓷特曲”荣获“市场婚庆酒推荐品牌”、“世纪金徽五星”荣获“大众消费白酒品牌”。

2018 年 10 月，金徽酒股份有限公司生产的 52°“正能量一号”获得“2018 比利时布鲁塞尔国际烈性酒大赛金奖”。

2019 年 1 月，“聚合品牌力量，推动创新发展” 2019 品牌论坛上，由金徽酒股份有限公司出品的金徽十八年荣获“最具影响力产品品牌”称号、“2018 甘肃好品牌——最具影响力产品品牌”。

2019 年 10 月，“2019 中国新消费高峰论坛”上金徽酒荣获“新消费绿色产品奖”。

2019 年 11 月，在第 50 届国际葡萄酒暨烈酒大赛(IWSC)中金徽酒送选的 52°金徽正能量一号酒斩获烈酒金奖。

2020 年 6 月，金徽酒荣膺“第二十届中国绿色食品博览会金奖”，同时金徽酒 12 款产品获绿色食品认证产品。至此，金徽酒已有 16 款产品先后获得绿色食品认证产品。

2020 年 11 月，2020 中国企业竞争力年会上，金徽酒荣获新消费产品创新奖。

2020 年 11 月，第二十一届中国绿色食品博览会暨第十四届中国国际有机食品博览会上，金徽酒股份有限公司生产的“金徽正能量 1 号酒”荣获本届绿博会金奖。

九、授权企业

金徽酒授权企业见表 5-2。

表 5-2　金徽酒授权企业

地理标志	市场主体	统一社会信用代码
金徽酒	徽县金徽酒业有限公司	91621200695632863J

红川酒

一、基本信息

(一)品种

浓香型白酒。

红川酒

(二)品质特点

以绵甜爽净、香醇甘洌、香味协调、余味悠长、酒体丰满的特点而闻名。

(三)地理标志

地理标志保护产品(批准公告 2013 年第 137 号)。

(四)产品生产总规模

占地 19.8 万 m^2，白酒年产量 6000 吨(2019 年)。

二、产区范围

红川酒产地范围为甘肃省成县红川镇所辖 10 个村，即东槐村、西柳村、席郝村、韩庄村、吕坝村、席坪村、杨河村、二条岭村、青山村、墁坪村。

三、历史传承

据文献记载，成县红川镇，古名“横川镇”，因其川横贯东西而得名，已有1000多年的酿酒历史，红川酒兴于元朝，由于红川酒在甘、川、新、陕等地享有盛誉，因而许多酒店为招揽顾客，都要挂上“地道横川烧酒”的招牌。河西走廊、兰州、定西、天水等地很多酒楼、饭馆都以“横川酒家”“横川酒馆”为招牌，“横川烧酒”的幌子随处可见。

红川虽盛产烧酒，但在众多的酒坊中唯“春和涌”烧坊最正宗，并以其品质和知名度为客商所争购。那时，“春和涌”是少数殷实富裕人家和有一定社会地位的人才能享受得起的“奢侈”品。而对于“春和涌”的来历，有这样一个民间流传的故事：元朝中期，山西杏花村有一姓杨的商人做生意路过红川，发现红川一带气候湿润，山清水秀，土地肥沃，林茂粮丰，水质优良，酒的生意比较红火。于是便回故乡带来徒弟和伙计，采用当地珍珠龙泉井水，在原酿酒工艺的基础上，引进汾酒的酿造工艺，一举酿出了香气扑鼻的烧酒，随后创立商号，就是“春和涌”烧坊。这家酒坊不仅酿造技术高超，而且还独占珍珠龙泉的优质水。

民国初年，“春和涌”烧坊由传人容向荣（陕西宝鸡人）继承。以“春和涌”烧坊出产的“横川烧酒”为代表的酿酒业有了更大的发展，方圆五十余里不少村庄办有酿酒烧坊，工艺主要采用清蒸清烧法，产品畅销陕、甘、川等省。容掌柜于1938年去世后，烧坊由陕西宝鸡人何近仁继承，引进了“西凤酒”的酿造工艺，使“横川烧酒”质量更上了一层楼，成为陇上名产，向全国销售，一直延续到建国初期。

新中国成立之后，为纪念红军在成县的革命历史，“横川镇”改名为“红川镇”。当地政府为了保护和发展这一优秀工艺和珍贵遗产，在“春和涌”烧坊的基础上，组织老传人、老师傅、老酒工等成立了国营成县红川酒厂。酒厂继承和发扬了横川烧酒的传统工艺，研制生产了清香型红川大曲，其在国内市场畅销不衰，受到越来越多客户的欢迎。

四、产区环境特点

生产红川酒的红川镇，位于成县以东20 km处的徽成盆地腹部，属于暖温带向北亚热带过渡性气候，四季分明，光照充足，雨量充沛，全境森林覆盖率达46%以上，年平均气温11.9 ℃，无霜期230天。

成县特殊的地形、地貌以及地理位置构成特有的生态条件，光、热、水、土壤对各种农作物的生长都十分有利，农作物品种繁多。成县历来被喻为“陇右粮仓”，尤其以小麦、玉米、大米质量为最优，发达的农业为酿酒业的兴盛提供了必要的先决条件。

白酒酿造过程是酿酒微生物的自然富集过程，要酿造出好酒就必须有一个有利于酿酒微生物自然生长的良好环境。红川镇远离城市无污染，有着得天独厚的天然生态环境，其土层深厚，维持力弱，较疏松，自然肥力高，特别适合酿酒微生物的生长繁殖。目前已孕育出具有本地特色的微生物菌系，其中包括空气及窖泥中经分离出已确认的梭状芽孢杆菌。这种梭状芽孢杆菌在代谢过程中，产生大量的红川酒主体香味成分己酸乙酯，造就了红川酒独特的品质。

俗语道：“名酒必有佳泉”。红川镇独特的地理位置和天然的生态环境，孕育出优质的珍珠龙泉井水，是红川酒高贵品质经久不衰的重要原因之一。此井水夏凉如冰刺入肌肤，冬如温泉热气蒸腾，遇旱不枯，逢涝不溢，清亮如清晨露珠，壶内煮沸无水垢，为红川酒的酿造创造了极其适宜的加工条件。特殊的地理环境和优越的生态条件，丰富的粮食资源，赋予了红川酒优良的品质和绵甜、爽净独特的韵味。

五、生产工艺

（一）原料

（1）高粱：精选的糯红高粱，支链淀粉占总淀粉含量的90%以上。质量符合GB/T 8232中1～3级质量要求的规定

（2）小麦：精选的优质小麦，粗蛋白含量9.9%～18.5%。质量符合GB 1351中1～5级质量要求的规定。

（3）玉米：精选的优质玉米，质量符合GB/T 1353中1～5级质量要求的规定。

（4）大米：精选的优质大米，质量符合GB/T 1354的规定。

（5）糯米：采用符合优质糯米标准的糯米，质量符合GB 1354的规定。

（6）大麦：采用优质大麦，质量符合GB/T 7416的规定。

（7）酿造用水：来自于产地范围内的井水，pH值6.5～7.0。水质符合GB 5749规定。

（二）大曲

（1）制曲工艺流程：小麦、大麦（2∶1）检验→小麦、大麦润料→粉碎→拌料→踩曲→入房发酵30天→成品曲检测入库→存放4～6个月后使用。

（2）成品大曲的感官指标：表面呈灰白色细丝且分布匀称，皮薄，断面茬口齐整，有黄红心，菌丝分布均匀，繁殖生长旺盛，曲香味浓。

（三）酿造工艺

（1）窖池用当地的酸性红黏土筑成，窖龄全部在40年以上。

（2）大曲采用符合本质量技术要求规定的制曲工艺所生产的大曲。

（3）发酵期入池发酵≥75天，双轮底发酵≥150天。

（4）窖泥培养以原始老窖泥为基础，传统窖泥培养。

（5）蒸粮发酵采用续糟发酵，混蒸混烧，老六甑工艺，原料配比为高粱不少于50%，大米不超过20%，糯米、小麦、玉米分别不超过10%。

（6）分级储存：断花摘酒，掐头去尾，分段（头、中、尾）量质摘取，按质并坛。

（7）基础原酒和调味原酒储存：基础原酒在陶坛中储存不少于一年，调味原酒在陶坛、酒海储存期分别不少于三年。

（8）禁止性要求：生产过程中不得添加食用酒精及非白酒发酵产生的呈香呈味物质。

六、特色品质

（一）感官特色

无色或微黄、清亮透明、无悬浮物、无沉淀；窖香浓郁、陈香自然、怡人，其他见表5-3。

表 5-3　感官特色

项目	酒精度 50% ~68%(vol)	酒精度 41% ~49%(vol)
口味	酒体醇香、绵甜爽净、诸味谐调、余味悠长、酒体丰满	酒体醇和、绵顺爽净、香味谐调、余味净长
风格	具有本品独特的风格	具有本品典型的风格

(二)理化指标(表 5-4)

表 5-4　理化指标

项目	酒精度 50% ~68%(vol)	酒精度 41% ~49%(vol)
总酸(以乙酸计)/g/L	≥0.60	≥0.50
总酯(以己酸酯总计)/g/L	≥2.00	≥2.00
己酸乙酯/g/L	1.5~2.8	1.5~2.8
固形物/g/L	≤0.4	≤0.5

七、营养价值

传统认为白酒有活血通脉、助药力、增进食欲、消除疲劳、陶冶情操,使人轻快并有御寒提神的功能。饮用少量低度白酒可以扩张小血管,促进血液循环,延缓胆固醇等脂质在血管壁的沉积,对循环系统及心脑血管有利。

八、品牌荣誉

红川酒在多年的发展历程中,把打造、培育知名品牌作为重要工作来抓,数十年来,红川酒在省内外的质量评比中获得了一系列较高级别的荣誉。

1985 年和 1988 年,“红川特曲”获省优、商业部优质产品称号。

2006 年 11 月,甘肃红川酒有限责任公司被商务部首批认定为“中华老字号”企业。

2007 年、2010 年,红川、成州两大系列酒被评为“甘肃省名牌产品”称号。

2007 年、2008 年,红川牌、成州牌商标被评为“甘肃省著名商标”。

2015 年,在香港举办的“绿色中国”环保奖评选中获得“绿色健康成就奖”。

2017 年 8 月,甘肃红川酒有限责任公司荣获“国家级放心酒工程示范企业”荣誉。

2017 年 10 月中旬,“红川酒酿造技艺”被列为甘肃省非物质文化遗产。

2017 年 10 月,甘肃红川酒有限责任公司荣登甘肃省国税局诚信纳税 22 家企业名单及甘肃省质监局质量诚信 20 家企业名单双“红榜”。

2017 年 12 月,红川酒系列产品经中国绿色食品发展中心审核,被认定为“绿色食品 A 级产品”。

2020 年 12 月 26 日，成州系列和红川系列产品又通过了中国绿色食品发展中心的终审，荣获国家农业部绿色食品认证，并颁发绿色食品证书。

此外，红川酒还荣获过“消费者最喜爱的产品”等众多称号。

九、授权企业

红川酒授权企业见表 5-5。

表 5-5 红川酒授权企业

地理标志	市场主体	统一社会信用代码
红川酒	甘肃红川酒有限责任公司	91621221720273488L

河西走廊葡萄酒

一、基本信息

（一）品种

（1）红色品种：赤霞珠、梅鹿辄、蛇龙珠、品丽珠、黑比诺、佳美、西拉等。

（2）白色品种：霞多丽、贵人香、雷司令、赛美蓉、长相思、白诗南、琼瑶浆、灰比诺、威代尔等。

河西走廊葡萄酒

（二）品质特点

晶莹悦目的颜色，馥郁优雅的香味，醇厚柔谐的滋味。

（三）地理标志

地理标志保护产品（2012 年第 111 号）。

（四）立地条件

产地范围内海拔 1000～1800 m，土壤为石灰性沙砾土至沙壤土，土壤总含盐量≤0.3%，pH 值 7.5～8.5，土层厚度≥0.5 m，土壤有机质含量≥0.3%。

（五）产品生产总规模

种植酿酒葡萄 31.41 万亩，位居全国第三；19 家葡萄酒酿造企业，葡萄酒产能达到14 万吨（2019 年）。

二、产区范围

甘肃省酒泉市肃州区下河清镇、清水镇、金佛寺镇、丰乐镇、总寨镇、上坝镇、铧尖镇、银达镇、东洞镇、果园镇、西洞镇、三墩镇、泉湖镇、西峰镇、科技示范农场、黄粮墩林场、夹边沟林场、长城林场,金塔县羊井子湾乡、鼎新镇、航天镇;玉门市花海镇、柳湖镇、小金湾东乡族乡、六墩镇、玉门镇、下西号镇、黄闸湾镇、柳河镇;瓜州县梁湖乡、南岔镇、广至藏族乡、瓜州镇、西湖镇;敦煌市阳关镇。张掖市甘州区梁家墩镇、新墩镇、党寨镇、长安镇、碱滩镇、上秦镇、明永镇、三闸镇、乌江镇、甘浚镇、沙井镇、靖安乡、大满镇、小满镇、龙渠乡;临泽县沙河镇、新华镇、平川镇、板桥镇、蓼泉镇、鸭暖镇、倪家营镇;高台县南华镇、宣化镇、巷道镇、黑泉镇、罗城镇、合黎镇、骆驼城镇;肃南县明花乡。金昌市金川区双湾镇、宁远堡镇;永昌县水源镇、朱王堡镇、六坝镇、焦家庄镇。武威市民勤县西渠镇、东坝镇、泉山镇、三雷镇、东湖镇、红砂岗镇、蔡旗镇、重兴镇、昌宁镇、薛百镇、大坝镇、苏武镇、夹河镇、大滩镇、收成镇、南湖镇、双茨科镇、红沙梁镇、勤锋农场、苏武山林场、石羊河林业总场、窑街矿务局林场;凉州区黄羊镇、金羊镇、武南镇、清源镇、双城镇、高坝镇、长城镇、下双镇、清水镇、吴家井镇、黄羊河农场、威龙酿造葡萄种植基地、皇台酿造葡萄种植基地;古浪县泗水镇、土门镇、海子滩镇、永丰滩镇、黄花滩镇、直滩镇、马路滩林场。嘉峪关市新城镇、峪泉镇、文殊镇。涉及 5 个市 14 个县市区的 116 个乡镇、农林场现辖行政区域。

三、历史传承

史书关于葡萄种植的记录最早出现在周朝,但有关葡萄酒的文字记载,直到距今 2000 多年的西汉才出现。司马迁在《史记・大宛列传》中首次记载了葡萄酒。公元前 138 年,外交家张骞奉汉武帝之命出使西域,看到“宛左右以葡萄为酒,富人藏酒至万余石,久者数十岁不败。这一史料充分说明,当时的大宛以及左右地区即甘肃地域都已经盛产葡萄和葡萄酒了。魏文帝曹丕也尤爱葡萄酒,曾做《凉州葡萄诏》,盛赞凉州葡萄“他乡之果,宁有匹之者”,凉州葡萄酒“甘于曲米,善醉而易醒”。王翰的《凉州词》“葡萄美酒夜光杯,欲饮琵琶马上催。醉卧沙场君莫笑,古来征战几人回”的优美诗句,更是作为千古绝唱载入中国乃至世界葡萄酒文化史册。

从这些诗句和文献记载中不难得出结论,自汉朝以来的 2000 多年,以凉州为核心的河西走廊葡萄酒,一直都闻名遐迩,尽享赞誉。河西走廊便是中国葡萄酒的发源地。

1981 年,莫高酒业被轻工业部确定为首批中国葡萄酒定点生产企业,1983 年,河西走廊上的第一家葡萄酒企业——黄羊河莫高葡萄酒公司拔地而起。1985 年出产第一瓶莫高葡萄酒。

2008 年以来,甘肃省高度重视葡萄酒产业发展,于 2010 年印发了《甘肃省葡萄酒产业发展规划(2010—2020 年)》。

四、产区环境特点

河西走廊东起乌鞘岭,西至玉门关,南北介于南山(祁连山和阿尔金山)和北山(马鬃山、合黎山和龙首山)间,东西长约 1000 km、南北宽数千米。这一西北至东南走向的狭长平地,形如走廊,因位于黄河以西,故称河西走廊。地域上包括甘肃省的五个地级市:武威(古称凉州)、张掖(古称甘州)、金昌、酒泉(古称肃州)和嘉峪关。

独特的地理位置和土壤特征孕育出优质的酿酒葡萄。葡萄酒品质有"七分原料,三分工艺"的说法,而原料品质决定于光照、温度、降水和土壤等因素。

河西走廊属大陆性干旱气候,地处中纬度地带,海拔高达 1000 ~ 1750 m,夏季高温、秋季凉爽,降水少、日照长、气候干燥。高达 1500 h 以上的有效积温符合葡萄喜温的特点,昼夜温差在 15 ℃以上,较大的日温差和较高的有效积温有利于光合作用,使糖分增高,酸度下降;良好的通风和少量的降水,致使田间湿度较小,有效遏制了真菌性病害发生。河西走廊的日照时数在 3000 h 以上,葡萄穗大粒大,着色非常好,而且具有河西走廊地域特有的香气。另外,河西走廊酿酒葡萄种植区域主要分布在绿洲边缘的戈壁荒漠区,远离工业污染源。葡萄主产区空气质量好,有利于生产高质量的酿酒葡萄。

1999 年 10 月,参加全国第五届葡萄科学讨论大会的 33 名高级专家一致认为:以武威地区为代表的河西走廊,是全国生产葡萄酒的最佳区域之一,是最有希望酿造绿色有机葡萄酒的地方。2010 年 9 月,美国、法国、澳大利亚、西班牙、意大利、智利和新西兰等 7 个国家 11 位从事葡萄酒育种、栽培、酿造加工的专家,在对武威、张掖、嘉峪关、敦煌的酿酒葡萄基地、葡萄酒生产企业进行考察后,也一致认为,甘肃河西走廊是生产葡萄酒的理想产区之一,是生产有机葡萄酒的最佳产区之一。

五、生产工艺

(一)栽培管理

1. 苗木繁殖

采用扦插或嫁接繁殖,嫁接苗采用贝达、SO_4、5BB 等抗逆性强的砧木。

2. 定植

(1)定植方法采用"深沟浅栽法",定植沟深 25 ~ 30 cm。株距 0.5 m ~ 1.0 m,行距 3.0 ~ 3.5 m,每公顷定植 3375 ~ 6375 株。

(2)定植时间春季离地面 10 cm 处土壤温度稳定在 10 ℃以上时栽植(营养袋苗在土壤温度稳定在 20 ℃以上时定植)。

3. 整形修剪

采用篱架架式,双主蔓扇形或倾斜式独龙干树形。主蔓 50 cm 以下不留侧蔓;50 cm 以上每隔 15 ~ 20 cm 留一个侧蔓,培养成结果母蔓和预备蔓。控制叶面积系数在 3 ~ 5。

4. 施肥

以有机肥为主,每公顷每年施入有机肥 30 ~ 45 t。

5. 灌水

采收前 20 天内禁止灌水。

6. 产量

树龄五年以上所产葡萄方可用于酿造,每公顷产量不超过 12000 kg。

7. 环境、安全要求

农药、化肥等的使用必须符合国家的相关规定，不得污染环境。

（二）采收

葡萄应在植株上自然成熟，酿造干型葡萄酒的白色品种果实总糖含量≥190 g/L，红色品种果实总糖含量≥200 g/L，滴定酸含量 6.0～10.0 g/L，并在表现出该品种特有品质、风味特征时即可采收。酿造冰葡萄酒的果实总糖含量≥320 g/L。选晴天早晨露水干后采收，各品种要分采、分运，采收后 24 h 内必须进行加工处理。

（三）工艺流程

（1）干白葡萄酒原料→分选→（除梗破碎）→压榨→澄清→低温酒精发酵→陈酿→调配→稳定→灌装。

（2）干红葡萄酒原料→分选→（除梗破碎）→酒精发酵→皮渣分离→苹果酸、乳酸发酵→澄清→陈酿→调配→稳定→灌装。

（3）冰葡萄酒原料→分选→除梗→压榨→澄清→低温酒精发酵→陈酿→调配→稳定→灌装。

六、特色品质

（一）感官特色

（1）干白葡萄酒香气清新、优雅，口感纯正，酸度适中，清爽协调，品种典型性突出。

（2）干红葡萄酒香气浓郁、雅致，口感醇厚，单宁细腻，酒体和谐，余味悠长。

（3）冰白葡萄酒浓郁而优雅的干果香气，纯正、典型，酒香雅致、馥郁。甜而不腻，酒体协调，余味悠长。

（4）冰红葡萄酒宝石红色，果香浓郁，入口甜润，酒体丰满、细腻、协调，余味悠长。

（二）理化指标（表 5-6）

表 5-6　不同葡萄酒的理化指标

项目	酒种		
	干白葡萄酒	干红葡萄酒	冰葡萄酒
酒精度（20 ℃）/%（体积分数）	≥10.5	≥10.5	10.0～14.0
总糖（以葡萄糖计）/（g/L）	≤4.0	≤4.0	≥125.0
挥发酸（以乙酸计）/（g/L）	≤1.0	≤1.0	≤2.0
干浸出物/（g/L）	≥18.0	≥19.0	≥30.0

注：当总糖和总酸（以酒石酸计）的差值≤2.0 时，糖含量最高为 9.0。

七、营养价值

葡萄酒的成分中除了水和酒精外，还含有丰富的营养成分和生物活性物质，如矿物质、维生素、多酚类化合物、植物雌激素等。葡萄酒的化学成分较齐全，可供给人体一定热量，其中，钾具有防止水肿和利尿的作用，是人体内碳水化合物和蛋白质代谢过程中所必需的；锌作为人体不可或缺的元素之一，对人体生长和发育尤其重要，与其他微量元素在体内有着微妙的平衡作用；葡萄酒中含量较高的肌醇，能促进肝脏和其他组织中脂肪的新陈代谢，有效防止脂肪肝和胆固醇，加强肠的吸收能力，促进食欲；含有的维生素 B_1 辅助体内蛋白质、碳水化合物和脂肪这三大营养素的新陈代谢，促进细胞再生，并有助于形成抗体。

葡萄酒中含有 24 种氨基酸，其中有 8 种是人体必需氨基酸，是人类生命中所必需的营养物质。葡萄酒中的有机酸成分也不少，如葡萄酸、柠檬酸、苹果酸大都来自于葡萄原汁，能够有效地缓解神经中枢、舒筋活血，对脑力和体力劳动者来说，都是不可缺少的营养物质。

除了上述成分外，葡萄酒还富含多酚类化合物，它们是一类含有苯环结构的有机化合物，广泛存在于蔬菜、水果、茶叶、巧克力和葡萄酒等，具有抗氧化、降血脂、抗动脉粥样硬化等功效。近 10 年国内外学者对葡萄酒与机体健康关系的相关研究见表 5-7。

表 5-7　近 10 年国内外学者对葡萄酒与机体健康关系的相关研究

健康功效	葡萄酒成分	研究/实验结果
抗氧化	多种多酚化合物	降低高胆固醇血症小鼠的氧化应激
抗动脉硬化	原花青素	低聚原花青素对血管内皮功能具有保护性改变
抗炎	多种多酚化合物	餐后饮用葡萄酒降低受试者血小板活化因子水平，减弱炎症
抗血小板	多种多酚化合物	降低了健康男性血小板活化因子的敏感性
预防癌症抗肿瘤	葡萄酒提取物	以剂量依赖性方式抑制人前列腺细胞（PC-3）增值
	多种多酚化合物	适度饮用红酒的妇女患乳腺癌风险降低
	白藜芦醇等	即使高脂饮食时，红葡萄酒与定期运动结合也能够促进大鼠骨骼健康
促进骨骼系统健康	多种多酚化合物	葡萄酒摄入量与绝对绝经后妇女的脊柱密度呈正相关
	原花青素	显著抑制大鼠肥胖，促进拟杆菌增殖，抑制柔嫩梭菌增殖
改善神经认知功能	白葡萄酒中儿茶素	调节脑细胞氧化还原状态和神经炎症，有益于阿尔兹海默症患者的治疗
改善其他慢性病	黄烷-3-醇	对 α 葡萄糖苷酶有强烈的抑制活性，适度饮用红酒可以预防糖尿病
	多种多酚化合物	超重女性中，适度饮用葡萄酒与 2 型糖尿病风险呈正相关

八、品牌荣誉

经过多年发展，河西走廊形成了以武威为龙头，张掖、酒泉、嘉峪关、敦煌为链接的产业基地，培育了近20家重点企业和酒庄。

“莫高”“皇台”葡萄酒先后荣获十余次国内大奖，“莫高”品牌和“莫高金爵士”品牌经中国品牌价值评估中心审核，荣膺中国著名品牌。皇台干红、凉州干红已获得巴拿马国际金奖、巴黎金奖、布鲁塞尔金奖等多个国际奖项。

2006年，“紫轩”牌葡萄酒荣获“全国名酒博览会金奖”。

2007年，在北京举办的法国波尔多——中国国际葡萄酒与烈酒评酒会上，“紫轩陈酿赤霞珠干红葡萄酒”夺得了大会唯一特别金奖，“紫轩冰白葡萄酒”“梅尔诺干红葡萄酒”分别获得金奖、银奖。

2008年，“紫轩A级赤霞珠干红葡萄酒”“利口酒”夺得亚洲葡萄酒质量大赛金奖。

2010年，上海世博会期间，紫轩葡萄酒成为联合国馆唯一指定专用葡萄酒。

2011年，第五届烟台国际葡萄酒大赛上，“紫轩典藏赤霞珠葡萄酒”荣获金奖。

2017年9月，“河西走廊杯”国际葡萄酒大赛中莫高金冰葡萄酒、祁连传奇分获金质奖；甘肃三十八度葡萄酒庄、甘肃张掖国风葡萄酒业、甘肃莫高、甘肃威龙、甘肃皇台等葡萄酒企业的系列产品分获优质奖；武威香酩酒庄、甘肃祁连酒业、甘肃紫轩酒业、甘肃天驭酒庄、甘肃红桥庄园、甘肃夏博岚庄园等葡萄酒企业的系列产品分获特别奖。

在2017年法国“吉尔波特·盖拉德”世界葡萄酒大赛中，“2014·月上红崖”橡木桶陈酿赤霞珠干红葡萄酒和“2015·月上红崖”（长河）赤霞珠干红葡萄酒分别获得两项金奖。

2019年，在国际葡萄酒（中国）大奖赛中，“2017·月上红崖”美乐橡木桶陈酿干红葡萄酒和“2017·月上红崖”赤霞珠干红葡萄酒分别获得金奖和银奖；“2016·月上红崖”橡木桶陈酿赤霞珠干红葡萄酒获得了大金奖。

目前，河西走廊葡萄酒产区形成了莫高、紫轩、祁连、国风、甘肃威龙、皇台、敦煌阳关、敦煌阳光等在国内外具有一定影响力的知名品牌和企业，已拥有莫高、皇台2家上市公司；莫高、紫轩、威龙、祁连、国风等5家有机认证企业，莫高、紫轩、威龙等3个“中国驰名商标”；以黑比诺、赤霞珠、品丽珠、美乐、雷司令、贵人香等世界著名品种酿造的干红、干白、冰红、冰白、甜型、半甜型以及蒸馏酒等10多个系列上百个产品。紫轩更是取得IFOAM（国际有机农场运动联盟）有机认证，成为通过有机产品国际认证的葡萄酒品牌。祁连冰酒和国风干红远销日本、马来西亚等海外市场，河西走廊葡萄酒的知名度和影响力在国内外市场与日俱增。

九、授权企业

河西走廊葡萄酒授权企业见表5-8。

表 5-8　河西走廊葡萄酒授权企业

地理标志	市场主体	统一社会信用代码
河西走廊葡萄酒	甘肃祁连葡萄酒业有限责任公司	916207247202507109
河西走廊葡萄酒	甘肃皇台酒业股份有限公司	91620000710265652T
河西走廊葡萄酒	甘肃腾霖紫玉葡萄酒业有限公司	91620105332230881B
河西走廊葡萄酒	甘肃紫轩酒业有限公司	91620200784008130R
河西走廊葡萄酒	甘肃张掖国风葡萄酒业有限责任公司	91620702745868840A

第六章　畜禽品类

◎民勤羊肉　◎甘加藏羊　◎靖远羊羔肉　◎迭部蕨麻猪

民勤羊肉

一、基本信息

(一)品种

地方绵羊品种及其杂种羊。

(二)品质特点

膻腥味轻、蛋白质含量高、肉内脂肪适中、肉质鲜嫩、味道鲜美。

(三)地理标志

地理标志保护产品(批准公告2014年第109号)。

(四)产品生产总规模

建成规模养羊暖棚7.69万亩,肉羊养殖规模达到300万只以上(2020年)。

民勤羊肉

二、产地范围

民勤县行政区域内的蔡旗镇、重兴镇、昌宁镇、薛百镇、三雷镇、大坝镇、苏武镇、夹河镇、东坝镇、双茨科镇、大滩镇、泉山镇、红沙梁镇、收成镇、西渠镇、东湖镇、南湖镇、红砂岗镇18个镇。

三、历史传承

民勤养羊的历史源远流长,据史书记载,早在两千多年前,它就是"水草丰美,可牧可渔"的地方,"天苍苍,野茫茫,风吹草低见牛羊"是民勤养羊业发展的真实写照。据《尚书禹贡》记载,"潴野匈奴驻牧",潴野即今之民勤,足见春秋战国时期,民勤便有人类生存繁衍并从事畜牧业生产。秦汉时匈奴称雄河西,那时的民勤羊就是匈奴人向中原天子进贡的"贡品",也是其食物的主要来源。

苏武牧羊的传说是民勤养羊业发展的历史见证。汉武帝天汉元年(前100年),汉中郎将苏武出使匈奴,被匈奴王单于囚禁放逐北海牧羊。北海是民勤境内当时的白亭海,人迹罕至,牧野千里。单于给了苏武一群羝羊,说要等羝羊生下羊羔才放苏武回去。苏武赶着一群羝羊,晨曦初显,手持汉节登上山顶仰望长安,皓月当空,与羊为伴思念故乡。风沙撕破了他的衣裳,岁月染白了他的鬓发,连白亭海的水也干涸了,在海边留下一条长长的羊肠小道叫作“羊路”,山脚下有一个村叫作“苏山”,民勤县博物馆还收存着一块“汉中郎将苏武牧羝处”的石碑。

在以苏武名字命名的苏武山周围的民勤绿洲,代代传承,形成了独具民勤地方特色的“苏武文化”。每逢重大喜庆和重要祭祀,宰羊煮肉必不可少。据专家考证,民勤县内苏武山是全国唯一一个以苏武命名的地域名称,苏武牧羊的故事在民勤家喻户晓。长期以来,养羊、吃羊肉和用羊肉招待贵客已成为人们的传统,做羊肉系列餐已成为本地饮食文化的重要组成部分。悠久的养羊历史和良好的养羊传统积淀了深厚的肉羊产业文化,也奠定了民勤肉羊产业发展的社会基础。

从20世纪90年代开始,民勤大规模引进小尾寒羊和蒙系土种羊进行杂交,在提高产羔率、改善羊肉品质等方面发挥了重要作用,使民勤肉羊产业进入规模化养殖的萌芽状态。2002年,民勤县提出建设“养羊大县”和“畜牧强县”,肉羊产业被作为富民强县的支柱产业来发展,养殖方式实现由野外放牧向舍饲圈养的转变,并辅之以禁牧政策来保证,民勤肉羊产业发展步伐加快。2007年以来,民勤县推广“设施农牧业+特色林果业”主体生产模式,民勤肉羊饲养数量逐年增加,品种结构进一步优化,羊肉及其产品大量外销。2011年,甘肃省将民勤确定为荒漠类草原落实草原生态保护补助奖励政策试点县,并将牛羊产业项目作为中央财政现代农业生产发展资金重点扶持项目,这些都为民勤县肉羊产业发展带来了难得的历史机遇。

四、产区环境特点

民勤县地理位置为东经101°49′41″~104°12′10″、北纬38°3′45″~39°27′37″,气候属温带大陆性干旱气候区,东西北三面被腾格里和巴丹吉林两大沙漠包围,大陆性沙漠气候特征明显,冬冷夏热、降水稀少、光照充足、昼夜温差大,年均降水量为110 mm,年均蒸发量2623 mm,昼夜温差15.5 ℃,年均气温7.8 ℃,年平均日照时常为3073.5 h,无霜期162天,光热资源丰富、自然隔离条件好、疫病威胁小,为生产无公害及绿色羊肉产品创造了得天独厚的条件。

民勤境内属蒙新温带沙漠干燥气候,冬冷夏热、光照充足、昼夜温差大,年均蒸发量远大于降水量,土壤以灌漠土为主,其中有机质平均含量10.47 g/kg,全氮平均含量0.54 g/kg,全磷平均含量1.01 g/kg,全钾平均含量20.33 g/kg,pH值在7.5~8.5。土壤盐分含量大、浅层地下水矿化度高,农田、牧区生长的偏碱性草本植物种类繁多,由于肉羊以食饮碱草碱水为主,民勤羊肉具有无腥无膻、不肥不腻、软硬适中、鲜美可口的品质,以上条件造就了民勤羊肉独有的特点。

民勤县粮食生产以优质小麦、玉米和啤酒大麦为主,年总产量12.64万吨(粮食总产量),是甘肃省重要的商品粮基地县,为养羊业提供了充足的饲料来源。

五、生产方式

（一）饲养方式

产地范围内采用暖棚舍饲，每只占舍面积不小于1.5 m^2；配套大面积、全敞开、通透式的自由运动场，每只占地面积不小于3 m^2。

（二）饲草要求

饲草主要有当地草场生长的牧草，当地种植的紫花苜蓿等牧草，当地农作物秸秆。精料主要有当地种植的玉米、大麦、豆类及麸皮、油渣、豆粕等加工副产品。

（三）出栏标准

（1）羔羊3月龄以内，体重15 kg以内。

（2）育肥羊6月龄以内，体重30 kg以内。

（四）屠宰

（1）羊源：全生长期在保护范围内的活体羊且经检验检疫合格。

（2）静养待宰：屠宰前空腹静养不低于24 h。

（3）工艺流程：屠宰→排酸→分割。

（4）关键工艺要点：排酸，温度0～4 ℃，时间不低于24 h。

（5）屠宰：屠宰厂符合国家相关标准规定。

（6）环境、安全要求：饲养环境，疫情疫病的防治与控制必须执行国家相关规定，不得污染环境。

六、产品品质

膻腥味轻，蛋白质含量高，肉内脂肪适中，肉质鲜嫩、味道鲜美，其中羔羊肉颜色呈鲜红，脂肪乳白，肉质细嫩。民勤羊肉感官要求见表6-1，营养理化指标见表6-2。

表6-1　民勤羊肉感官要求

项目	鲜羊肉	冻羊肉（解冻后）
色泽	肌肉呈鲜红色，有波纹样光泽，脂肪呈乳白色	肌肉呈鲜红色，有波纹样光泽，脂肪呈乳白色
气味	具有羊肉正常气味，无异味；煮沸后肉汤澄清透明，液面有脂肪滴，具有羊肉汤应有的滋气味，不腥不膻	具有羊肉正常气味，无异味；煮沸后肉汤澄清透明，液面有脂肪滴，具有羊肉汤应有的滋气味
组织状态	肌肉切面纹理清晰，肉质紧密，指压凹立即恢复，无液体渗出	肌肉切面无碎冰晶，纹理清晰，肉质紧密，指压有弹性，或有少量液体渗出
黏性	肌肉表面湿润，或有风干膜，不粘手	肌肉表面湿润，不粘手

表6-2　民勤羊肉理化指标

项目	指标
水分/(g/100 g)	≤76
脂肪/(g/100 g)	≥3
胆固醇/(mg/kg)	≤65
蛋白质/(g/100 g)	≥18

民勤羊肉肉品具有较为适宜的脂肪含量,有较好的大理石纹分布(平均2.52),持水性能良好(平均失水率为6.98%),故具有较为理想的外观和优良的储存稳定性。屠宰后的民勤羊肉色泽红色均匀,有光泽,脂肪呈乳白色,肌纤维纹理清晰,有韧性,肉外表微干或有风干膜,不粘手,指压后的凹陷立即恢复。煮沸后,肉汤透明澄清,脂肪团聚于液面,不用调味品遮盖就鲜香无比。

七、营养价值

由于碱性草养育,民勤羊肉膻味轻、蛋白质含量高、肉质鲜嫩。据测定,民勤羔羊肉含胆固醇远低于其他肉类,所含氨基酸种类和比例符合人体营养的需求,营养价值极高。民勤羊肉中含有丰富的脂肪、维生素、钙、磷、铁等,特别是钙、铁的含量显著地超过了其他地区产羊肉相关元素的含量,是滋补身体的绝好食品。民勤羊肉肉质细嫩,容易被消化,同时多食民勤羊肉还可以增加消化酶,保护胃壁和肠道,从而有助于食物的消化;民勤羊肉历来被当地居民当作冬季进补的重要食品之一。寒冬常吃羊肉可益气补虚,促进血液循环,增强御寒能力。

传统医学认为,羊肉能助元阳、补精血、疗肺虚、益劳损,是一种滋补强壮之药。在《本草纲目》中被称为补元阳、益血气的温热补品。金代名医李杲说:"羊肉有形之物,能补有形肌肉之气。故日补可去弱。人参、羊肉之属。人参补气,羊肉补形。风味同羊肉者,皆补血虚,盖阳生则阴长也。"

八、品牌荣誉

甘肃民勤拥有沙漠气候和天然水草的独特自然环境,这种独特的地理环境条件造就了民勤羊肉特有的优良品质,不仅成为民勤饮食文化中最重要的内容,而且在五湖四海的宾朋中留下"杭州风景美,民勤羊肉香"的美誉。

为进一步做优做强民勤羊产业,全方位多角度展示民勤羊肉的特色品质,民勤县深入挖掘传承"苏武牧羊"文化精神,借助"中国肉羊之乡"金字招牌,全力打响民勤"苏武沙羊"品牌,鼓励畜牧业产业化龙头企业、养殖专业合作社开展羊肉等畜产品商标注册和品牌创建及质量认证,先后申报创建省部级肉羊标准化养殖场10个,完成肉羊商标注册3个,通过"三品一标"认证4个。

民勤羊肉以其深厚的文化沉淀和不腥不膻、香美异常的独特品质赢得了市场的认可,赢得了消费者的青睐,引起了全国各地经销商和餐饮企业的广泛关注,这进一步提升了民勤羊肉的美誉度。

2008 年，国家将民勤列为全国肉羊优势区域县区，省政府将民勤确定为全省肉羊强县。

2013 年，民勤县被中国食品工业协会评为“中国肉羊之乡”。

2020 年，民勤羊肉入选“甘味”区域公用品牌“好中优”类目录。

九、授权企业

民勤羊肉授权企业见表 6-3。

表 6-3　民勤羊肉授权企业

地理标志	市场主体	统一社会信用代码
民勤羊肉	民勤中天羊业有限公司	91620621556282090K
民勤羊肉	民勤县草世木牧业有限公司	91620621MA71U82P3Q

甘加藏羊

一、基本信息

(一) 品种

藏羊(草地型)。

甘加藏羊

(二) 品质特点

肉质鲜嫩、营养丰富、味美无膻味。

(三) 地理标志

地理标志保护产品(批准公告 2015 年第 24 号)。

地理标志商标(甘加羊)(注册7778362/7778363号)。

(四)饲养环境

产地范围内海拔2900~4600 m的草甸草原和典型草原,分布有积雪融水水源。

(五)产品生产总规模

存栏数约有78万头(只),每年出栏接近30万头(只)(2018年)。

二、产地范围

甘肃省夏河县甘加镇、科才镇、桑科镇、达麦乡、麻当镇、曲奥镇、唐尕昂乡、博拉镇、吉仓乡、牙利吉街道办事处、扎油乡共11个乡镇街道办事处现辖行政区域。

三、历史传承

据史书记载,夏河地区商代至汉初为羌戎牧地,有关羌人的最早记载见于殷商甲骨文中。羌,意指牧人。羌人以牧羊为主要生活来源,也以羊为图腾。如今生活在夏河的各族人民,代代传承,甘加藏羊成了不可或缺的生产和生活资料。据文献检索和实地调查表明,甘加藏羊是由分布在青藏高原的野生羱羊的祖先经古羌族驯化培育成的古羌羊流传下来的。

四、产区环境特点

在我国青藏高原东北部边缘有一处神圣空灵的地方,那里草原辽阔,水草丰美,河湖众多,冰川纵横,牛羊成群,是远离城市喧嚣,放空身心的绝佳去处,这就是夏河县美丽的甘加镇牧场。

夏河县甘加镇地处青藏高原东北部边缘,海拔在3000~3800 m,气候终年寒冷湿润,年平均气温2.6 ℃,甘加藏羊就是土生土长在这片雪域高原,这种高寒的环境使得甘加藏羊成为世界上唯一的原羊种,与企鹅、北极熊、藏羚羊一样,属于世界仅存的少数源种高寒动物。常年在雪域高原上肆意奔跑,甘加藏羊对高寒缺氧环境有着极强的适应能力,形成了抗病能力强,体格较小而结构紧密的特征。

夏河县是甘南州主要畜牧县之一,县域内草原面积广阔,溪流纵横,无大型污染工业,人口稀疏,加之藏族长期与自然和谐共处的传统以及藏传佛教的影响,空气污染和水污染较小,生态环境质量极佳。在这种自然生态环境条件下,甘加藏羊肉制品具有纯天然、无污染、绿色、有机的特点,是真正天然原生态野味绿色肉品。

产地高寒和终年放牧的粗放管理,使甘加藏羊形成了体质结实,四肢矫健,禀性机警,能耐严寒、抗病能力强的优良特性。

在甘加藏羊的生长过程中,它们的食物只是草原上的天然牧草,没有任何人工饲料。牧草中还伴生有大量野生药种,像贝母、虫草、藏红花等,牧草中40%以上都是可入药的珍贵中草药。不停地走动觅食再加上当地的气候寒冷,所以藏羊的能量消耗非常大,增重速度自然就比较缓慢,长到3年时,体重只有20 kg左右。所以甘加藏羊骨质结实、肉质紧凑,肉里面不饱和脂肪酸、血红蛋白含量高,所以它的肉质特别香,有野生动物的特点，是一种营养全面、有机绿色的肉类资源。

五、生产方式

（一）饲养方式

（1）饲养：以天然草地放牧为主，夏季牧场和冬季牧场轮换放牧，冬季补饲产自当地的青干草。

（2）疫病防控：适时进行疫苗注射，4～5 月和 7～8 月各驱虫一次。

（3）环境、安全要求：饲养环境、疫情疫病的防治与控制必须执行国家相关规定，不得污染环境。

（二）出栏标准

5～8 月龄羔羊，重量不低于 13 kg；12 月龄以上的羯羊，重量不低于 17 kg。

（三）屠宰加工

（1）羊源来自产地范围内，符合出栏要求，经当地动物防疫监督机构检验合格。

（2）屠宰厂符合国家相关标准规定。

1）屠宰加工流程：宰前检疫与管理→待宰→宰杀放血→系食管→去头、蹄→剥皮→冲洗→开膛→取脏→复检→冲洗→排酸→分割→修整→冷冻（冷却）→包装。

2）屠宰加工要点：①宰前管理停食 24 h，宰前 3 h 停止饮水，减少应激；②排酸胴体在 0～4 ℃环境下排酸 24～48 h；③冷冻分割羊肉冻结间温度不得高于-28 ℃，冻结 48 h 后放入-18～-21 ℃冷库储藏。

六、产品品质

（一）感官特色（表 6-4）

表 6-4 甘加藏羊肉感官要求

项目	要求	
	羔羊肉	羯羊肉
色泽	肌肉色泽浅红色，有光泽，脂肪呈乳白色	肌肉色泽鲜红色或暗红色，有光泽，脂肪呈白色或微黄色
组织形态	肌纤维清晰，有韧性，肌间脂肪明显，富有弹性	肌纤维清晰，有韧性，肌间脂肪明显，指压后凹陷立即恢复
气味	具有新鲜羊肉固有气味，无膻味，无异味	
黏度	外表微干或有风干膜，切面湿润，不粘手	
煮后肉汤和滋味	肉汤透明澄清，脂肪团聚于液面，无膻味，肉质鲜嫩多汁，味道醇厚	
杂质	无正常视力可见外来杂质	

(二)理化指标(表6-5)

表6-5 甘加藏羊肉理化指标

项目	指标
水分/%	66~73
粗蛋白/%	18~22.45

(三)肉质特点

甘加藏羊肉肌纤维细,筋膜薄,肌间脂肪较多且分布均匀,所以肉质细嫩多汁,不柴不腻。经测定,6月龄甘加藏羊肉肌纤维直径为(16.63±1.18)μm。

剪切力的大小反映了肉质的嫩度,其数值与嫩度成反比,检测数值越低,羊肉品质越好。甘加藏羊中剪切力为23.7 N、比小尾寒羊的38.5 N和内蒙古细毛羊的28.76 N都低,这就表明甘加藏羊肉较小尾寒羊和内蒙古细毛羊呈现良好的嫩度口感。

研究表明羊肉膻味主要是酸类物质4-甲基辛酸和4-甲基壬酸所引起的,羰基化合物也被认为会导致羊肉膻味。经检测数据分析,甘加藏羊肉中的4-甲基辛酸和4-甲基壬酸的含量分别比小尾寒羊低31%和42.8%,羰基化合物含量也比小尾寒羊、细毛羊分别低22%和37%,这些指标均表明甘加藏羊肉膻味较轻。

次黄嘌呤的高低决定了羊肉的另一独特风味——烤香味。甘加藏羊肉中含量0.8 mg/100 g,比小尾寒羊和内蒙古细毛羊中0.4 mg/100 g和0.3 mg/100 g都高,这也表明甘加藏羊肉无膻味的特点。

七、营养价值

甘加藏羊肉营养丰富,蛋白质含量高、脂肪含量低,富含多种氨基酸和微量元素。甘加藏羊肉的蛋白质含量高达22.45 g/100 g,必需氨基酸的含量与组成是衡量食物蛋白质优劣的重要指标,相比小尾寒羊的9.04 g/100 g和内蒙古细毛羊的7.47 g/100 g,甘加藏羊肉中8种人体必需的氨基酸含量较高,达9.68 g/100 g。K、Ca、Fe、Zn、Cu分别为:(372.21±4.14)mg/100 g、(102.51±3.19)mg/100 g、(31.8±1.11)mg/100 g、(3.48±0.43)mg/100 g、(0.25±0.17)mg/100 g。与一般羊肉比,甘加藏羊肉有高干物质、高蛋白的特点,脂肪含量稍高,K、Ca、Fe、Zn、Cu等矿物质含量也较高。这与其生活在寒冷、缺氧环境和对饲草的适应性有关,故肌红蛋白和血红蛋白含量较丰富。说明甘加藏羊肉是一种营养含量丰富、品种良好的肉类。

低含量胆固醇能够起到避免血管硬化以及心脏病的作用。经检测分析可知,甘加藏羊肉胆固醇含量为29.2 mg/kg,较小尾寒羊的42.4 mg/kg和内蒙古细毛羊的59.6 mg/kg都低。甘加藏羊肉中硒的含量达到16.14 μg/100 g,比小尾寒羊的12.29 μg/100 g和内蒙古细毛羊的12.24 μg/100 g都高,地区优势形成了甘加藏羊肉富硒这一特色。与小尾寒羊和内蒙古细毛羊相比,甘加藏羊肉中具有降低血液胆固醇、预防动脉粥样硬化功效的亚油酸含量较高,达到1.12 g/kg。这些指标均体现了甘加藏羊肉具有良好的保健功能。

八、品牌荣誉

甘肃安多清真绿色食品公司专门从事甘加藏羊收购、屠宰、肉制品生产及副产品精加工业，是中国青藏高原有机生态清真肉品加工供应基地之一，其向市场推出精深加工甘加藏羊排、精品藏羊肉卷等冷鲜肉产品，年屠宰加工甘加藏羊 30 万只以上，并与中科院、中国农科院、中国农大等科研机构及高校建立了产学研平台，已研发出 160 多种牦牛、藏羊系列产品。公司设立了品牌形象店和冷链物流配送中心，产品主要销往兰州、西安、青海、西藏、银川、北京、上海、天津、青岛、海南、内蒙古、深圳、广州、沈阳等高端市场。

公司先后被认定为“国务院扶贫开发重点龙头企业”“全国少数民族特需品定点生产企业”“甘肃省农业产业化龙头企业”称号，取得了“HACCP 认证”“ISO9001 质量体系认证”“无公害农产品认证”“国际清真食品 Halal 认证”“有机食品认证”，产品荣获 2008 年北京奥运会推荐食品、人民大会堂专供产品、2011 年第十一届中国(北京)、2013 年第十届中国(上海)国际有机食品和绿色食品博览会有机肉类产品金奖等。“安多红”商标获得了《消费者喜爱的甘肃 100 件商标品牌》荣誉称号；2020 年“甘南藏羊”入选“甘味”区域公用品牌“好中优”类目录。

靖远羊羔肉

一、基本信息

(一)品种

滩羊。

(二)品质特点

膻味轻微，香味浓郁，感官品质优异。

(三)地理标志

地理标志保护产品(批准公告 2016 年第 9 号)。

地理标志商标(甘加羊)(注册 2016505 号)。

靖远羊羔肉

(四)饲养环境

海拔 1290 ~ 3017 m 的黄土丘陵沟壑地带，干旱半荒漠草原植被，旱生、耐碱植物丰富，间有森林、清泉流水。

(五)产品生产总规模

年存栏量达 122.41 万只，出栏 64.81 万只，羊肉 8425.3 吨(2021 年)。

二、产地范围

甘肃省靖远县乌兰镇、东湾镇、北湾镇、刘川镇、糜滩镇、平堡镇、若笠乡、三滩镇、大芦镇、高湾镇、北滩镇、东升镇、靖安乡、石门乡、双龙镇、五合镇、兴隆乡、永新乡共 18 个乡镇现辖行政区域。

三、历史传承

靖远盛产羊肉历史悠久,新石器时代吴家川岩画中就有大角羊和无角羊的形象。

靖远地处黄河上游,是游牧文明向农耕文明的过渡地带。古时靖远“山多林木”“地广人稀,水草宜畜牧”“畜牧为天下饶”。当地出土众多文物,驼纽金印“晋归义羌王印”、古罗马“鎏金银盘”“吴家川岩画”“三滩岩画”“石门岩画”,说明靖远曾经水草丰茂,游牧、狩猎文明及畜产贸易发达。遗留至今的地名“乌兰山”“打拉池”“迭烈逊”“哈思吉”“毛卜拉”等为蒙语,说明蒙古人长久居住过此地。

四、产区环境

靖远县位于陇中北部,处于蒙古高原、青藏高原、黄土高原交汇处,为腾格里沙漠向黄土高原的过渡区。靖远属温带大陆性干旱气候,年平均气温 8.9 ℃,年日照 2600 h 以上,≥10 ℃年积温 3300 ℃,降雨量 300 mm,蒸发量 1675.7 mm,土壤 pH 值 8.5(偏碱性),无工业污染无重金属超标。靖远县优良的自然条件孕育出高蛋白牧草、芳香植物和中草药等优良牧草,生长着柴胡、麻黄、益母、蒲公英、黄芩、桔梗、薄荷、干草等数十种草药,而吃这些牧草生长的滩羊成了增强人体免疫功能的首选保健肉品。

靖远县属于陇西黄土高原,境内的地貌类型由黄土梁、峁、丘陵、沟壑、河谷盆地及部分山地构成,气候凉爽,山中水流潺潺,矿物富集,羊羔日食药草,夜饮矿泉。境内屈吴山、哈思山、云台山水草丰茂,旱生、耐碱植物丰富,pH 值较常值相对较高的碱性水、草,使羊肉细胞成分改变,呈弱碱性,造就了肉质细嫩、味道鲜美的羊羔肉。

滩羊属蒙古羊种,但现代研究发现混有藏羊基因,可能由于其产区曾经为西夏统治地区,党项人引入藏羊杂交所致。

五、生产方式

(一)饲养要求

以母羊哺乳为主,补饲当地产青干草和精料。

(二)出栏标准

30 ~ 60 日龄,活体重 13 ~ 25 kg。

(三)屠宰加工

1. 羊源

产自产地范围内的符合前述一至四项要求的健康羊只。

2. 屠宰工艺流程

宰前检疫→待宰→宰杀放血→去蹄→剥皮→开膛取脏→去头→包装→冷却排酸→速冻→冷藏。

3. 关键工艺要求

(1)从活体放血到冷却排酸的时间不得超过 2 h。

(2)排酸:胴体在 0 ~4 ℃环境下排酸 24 h。

(3)速冻:在-20 ℃速冻 12 h。

(4)冷藏:放入-18 ℃冷库储藏。

六、特色品质

感官要求及理化指标分别见表 6-6 和表 6-7。

表 6-6　靖远滩羊肉感官要求

项目	鲜肉	冻肉	熟肉
色泽	肉色鲜红,有光泽,肌间脂肪分布均匀	色泽鲜红至深红,脂肪呈乳白至淡黄色	具有产品应有的色泽
组织形态	肌纤维致密,有韧性,富有弹性	肉质紧密、坚实,肌纤维有韧性	具有产品应有的状态,无正常视力可见外来异物,无焦斑和霉斑
气味	具有新鲜羊羔肉固有气味,无异味	具有羊羔肉正常气味,无异味	具有产品应有的滋味和气味,无异味

表 6-7　靖远滩羊肉理化指标

项目	指标
胴体重/kg	6 ~ 15
水分/%	≤75
挥发性盐基氮/(mg/100 g)	≤15
蛋白质/%	≤14.0
脂肪/%	≤12.0

靖远滩羊肉质纤维柔软,脂肉混生,肌间脂肪分布均匀、适量,柔嫩多汁,无膻无腥,美味可口,易消化。影响膻味的 4-甲基辛酸、4-甲基壬酸和硬脂酸远低于其他产区滩羊羔肉。

七、营养价值

“靖远羊羔肉”经甘肃省草原生态研究所、兰州大学测试中心、甘肃农业大学食品工程系、甘肃省绿色食品办公室等单位检测分析和相关研究证明,其营养丰富,具有保健功能:蛋白质含量丰富,氨基酸生物学效价高,符合 FAO/WHO 提出的人体氨基酸需要量的平衡模式;富含钙、磷、铁等矿物质以及维生素 A、维生素 B、维生素 B_1、维生素 PP、维生素 C、维生素 D、叶酸等多种营养性元素;脂肪含量 11.52%,低于其他滩羊产区羔羊肉,蛋白质含量占 15.64%,人体必需氨基酸含量 7.74%,组氨酸含量 0.47%,天门冬氨酸含量 1.67%,谷氨酸含量 2.99%,灰分含量4.13%,均高于其他产区滩羊羔羊肉。属低脂型肉品,且大理石纹良好,胆固醇含量低;营养素配比合理,是集营养、滋补、保健于一体的优质肉食品。

中国自古以来就尊崇羊肉,《本草纲目》把各类羊肉均列入药用保健范畴,"羔羊肉补元气,健脾胃,益肝肾",李时珍对羊肉的总体评价是"羊肉,苦、甘、大热、无毒",主治"虚劳寒冷、补中益气、安心止惊"。除此之外,羊肉对产后气血两亏及其他虚寒病症也有补益和治疗作用。

八、品牌荣誉

2002 年 12 月 28 日,通过中国绿色食品发展中心 A 级绿色食品认证。

2005 年 10 月 15 日至 16 日,第七届二十国集团财长和央行行长会议在北京召开期间,靖远羊羔肉作为一道特别的主菜摆上国宴餐桌,受到"全球财金首脑"的交口称赞。

2012 年 8 月 22 日,CCTV-7"每日农经"专题报道《飘香的靖远羊羔肉》已将靖远羊肉推介到全国。

2020 年 6 月,"靖远羊羔肉"入选"甘味"区域公用品牌"好中优"类目录。

迭部蕨麻猪

一、基本信息

(一)品种

迭部蕨麻猪。又称迭部藏猪、迭部藏香猪,因采食一种名为蕨麻(人参果)的植物而得名,它是小型原始地方猪种,由野猪驯化而来。

迭部蕨麻猪

(二)品质特点

皮薄、肉嫩、味美、品种纯正。

(三)地理标志

地理标志保护产品(批准公告 2017 年第 98 号)。

(四)饲养环境

海拔 1600 ~4900 m 高山峡谷地带,含天然草场、森林植被、泉水或溪流。

(五)产品生产总规模

存栏6.3万头,年出栏3.1万头(2020年)。

二、产区范围

甘肃省甘南藏族自治州迭部县现辖行政区域。

三、历史传承

在一些古藏文中有记载,蕨麻猪在吐蕃王朝时是藩王及土司等王室贵族享用的贡品。吐蕃王松赞干布向唐朝请婚时的贡品中就有蕨麻猪,唐太宗许嫁文成公主,文成公主进藏后对高原上粗糙的食物很是不惯,唯独对"火烧蕨麻猪"大为青睐,好食此肉,并美誉其为"人参肉",这也就是后来藏民一直叫它"人参肉"的原因。

迭部蕨麻猪是藏族人民以放牧方式培育出来的小型、独特的原始藏系猪种,是迭部藏族先民由野猪驯化而来,其具体来源和驯化时间无确据可考。

迭部蕨麻猪一般白天活动,黑夜休息,性情相对于野猪而言颇为温顺。蕨麻猪主要放养在海拔略低的草原和河谷地带的农区或半农半牧区。中国西北甘南和岷县东山区海拔高,气候寒冷,农作物生长期短,饲料缺乏,猪只能终年靠放牧采食为主,经漫长的繁育发展,逐步形成了这种特殊猪种。近年来,由于引入了国内良种猪,主要在电尕镇沿公路的村庄和城郊附近进行经济杂交,杂种猪的性能有了较大提高。

四、自然环境特点

迭部县位于青藏高原东部边缘甘川交界处,白龙江上游的高山峡谷地带。气候温和、雨量充沛,冬无严寒、夏无酷暑。特殊的地理位置和环境条件造就了迭部县全域范围内的纯天然、无污染的原生态资源环境,迭部地区山大沟深,群山环绕,地理环境较为封闭,蕨麻猪种群受外界干扰较少,品种原始。迭部大部分区域为山地,交通相对滞后,自然资源保存较为完好,区域内大气、水、土壤等均未受到工业污染。根据兰州市农产品质量检测中心抽样迭部县电尕、卡坝、尼傲、旺藏、花园、洛大等乡镇土壤和水源环境检测,土壤环境单项污染指数(Pi)依次为:汞0.036、砷0.323、铅0.080、镉0.560、六价铬0.195,各项指标均小于1。水环境单项污染指数依次为:总汞0.058、总砷0.030、总铅0.001、总镉0.001、六价铬0.550、氰化物0.004,各项指标均小于1,故迭部县为天然绿色食品的最佳生产区。

迭部蕨麻猪生活在海拔2000~4000 m的西秦岭、岷山、迭山山区。年均降水量625.5 mm,地表水资源十分丰富,白龙江自西向东经高山峡谷流过达拉、多儿、阿夏、腊子河等20余条支流,从南北两侧汇入白龙江。动植物资源丰富,森林覆盖率达60%,植被覆盖率达88%,是迄今为止甘川地区保存最好的原始森林区,也是长江上游的重点水源涵养林区和青藏高原东部重要的绿色生态屏障。乔、灌木达140多种,浩瀚的森林中,繁衍生息着大熊猫、雪豹、羚羊、梅花鹿等27种国家珍稀保护动物,有127种野生药材植物。蕨麻猪适应高原气候环境,反应灵敏,行动快,奔走迅速,耐强烈日光照射,觅食能力强,一般猪在几乎无补饲的放牧条件下,也能维持全日放牧10 h以上,采食车前子、野苜蓿、青杠子、羊肚菌、冬虫夏草、贝母、野山参等优质牧草和珍贵藏中药材,及一些嫩而多汁的野生植物的茎叶和籽实、某些植物的根茎块,尤喜蕨麻。蕨麻又名"延寿果""人参果",有收敛止血、止咳利痰和滋补的作用。正是因为蕨麻猪常年生长在洁净的山中,以清泉、甘露为饮,以珍贵中草药为食,这才造就了它鲜美无比的肉味,所以迭部的蕨麻猪肉特别好吃,有一种特别的香味,故称"藏香猪"。

五、生产工艺

(1)饲养方式:圈养与放牧相结合,3~11 月放牧、12 月至次年 2 月舍饲。

(2)饲料条件:放牧以蕨麻、苜蓿、野胡萝卜、蒲公英、青杠籽、山桃、沙棘、芫根为主,舍饲以青稞、燕麦、豆类、土豆为主。

(3)饲养期:10~12 月龄。

(4)出栏标准:30~35 kg。

(5)环境、安全要求:饲料、饲养环境、饲养管理、疫情疫病的防治与控制必须符合国家相关规定,不得污染环境。

(6)屠宰加工:宰前检疫→候宰→淋浴→吊挂→屠宰放血→烫毛→脱毛→清洗→燎毛→清洗→宰后胴体检疫→分级→胴体二段冷却排酸→速冻→分割→真空包装→装箱→冷藏。

六、特色品质

迭部蕨麻猪肉感官要求和理化指标分别见表 6-8 和表 6-9。

表 6-8 迭部蕨麻猪肉感官要求

项目	要求
色泽	具有产品应有的色泽,肌肉有光泽
气味	具有产品应有的气味,肉质鲜美,无异常
状态	具有产品应有的状态,切面纹理清晰、光滑,无正常视力可见外来物
皮厚/mm	≤2.0
脂肪厚度/cm	≤4.0

表 6-9 迭部蕨麻猪肉理化指标

项目	指标
水分/%	≤77
肌间脂肪/%	≤14
蛋白质/%	≥13
氨基酸含量/%	≥14
钙/(mg/kg)	≥960.0
铁/(mg/kg)	≥27.0
磷/(mg/kg)	≥140

迭部蕨麻猪肉肉质紧密，脂肪少，瘦肉多，皮薄肉鲜不油腻，肌膜和结缔组织少，口感细嫩。失水率为16.84%，系水力为77.89%，熟肉率为68.85%，肌纤维直径为15.40 μm，剪切力值为5.46 kg/cm^2。

七、营养价值

相关专家对甘南州迭部蕨麻猪的猪肉样品与甘肃白猪进行营养成分比较，见表6-10和表6-11。

表6-10　常规营养成分比较(单位：g/100 g)

样品	水分	脂肪	蛋白质	灰分	干物质
蕨麻猪猪肉($\bar{x}$±s)	74.18**±2.47	3.65*±1.23	20.66±1.09	1.14±0.08	25.81**±3.20
甘肃白猪猪肉($\bar{x}$±s)	64.86±2.97	7.22±1.12	19.21±0.07	1.25±0.02	35.14±1.90

注：*代表差异显著(p<0.05)，**代表差异极显著(p<0.01)，下同。

表6-11　矿物质含量比较(单位：mg/100 g)

样品	Fe	Zn	Cu	K
蕨麻猪猪肉($\bar{x}$±s)	1.06**±0.26	10.40*±1.27	0.27**±0.18	385.50*±34.65
甘肃白猪猪肉($\bar{x}$±s)	0.41±1.20	7.12±0.21	0.12± 0.02	417.00±1.20

结果表明：与甘肃白猪猪肉相比，甘南蕨麻猪猪肉水分含量高12.32%(p<0.01)；干物质含量低26.55%(p<0.01)，脂肪含量低49.45%(p<0.05)，灰分含量低，蛋白质含量高，但两者差异不显著。蕨麻猪猪肉中Fe、Cu、Zn三种元素含量均高于甘肃白猪，K含量显著低于甘肃白猪猪肉。甘南蕨麻猪猪肉的亮氨酸、异亮氨酸、赖氨酸、苯丙氨酸+酪氨酸含量，均高于FAO提出的理想蛋白质中相应氨基酸含量，缬氨酸、苏氨酸含量达到FAO提出的理想蛋白质的90%以上。蕨麻猪猪肉各种氨基酸评分均高于甘肃白猪猪肉。

经过甘肃农业大学和畜牧工程研究院的权威检测，蕨麻猪是唯一具有碳酸酐酶的猪，它具有惊人的抗病力和生命力，肉质中所含淀粉酶是其他肉质的2~30倍，蕨麻猪肌肉单不饱和脂肪酸高达46.58%，是多不饱和脂肪酸的良好来源。氨基酸含量丰富、种类齐全，氨基酸总量为90.51 g/100 g，必需氨基酸总量为32.62 g/100 g；从氨基酸组成总体来看，迭部蕨麻猪肉蛋白质组成尤其是鲜味氨基酸(天门冬氨酸、谷氨酸等)为其肉味的香郁提供了一定的物质基础。对甘南蕨麻猪肉风味起主要作用的挥发性风味物质有35种，其中影响甘南蕨麻猪肉风味的主要挥发性物质为：十四醛(12.25%)(脂肪香)；十六醛(9.57%)(脂香)；3-辛基-5,8二甲基萘(6.99%)(清香、肉香)；甲基硫醇(5.27%)(似熟的土豆香)；十六烷(5.24%)、十八烷(4.38%)、十一醇(4.20%)(肉香)、反式2-烯基十一醛(4.17%)(似油香)、葵醛(3.85%)(脂肪香)、庚醛(3.85%)(脂肪香)和丙氨酸乙酯(2.84%)(刺鼻清香)等。

由上可见，迭部蕨麻猪不仅食用价值高，还具有强心、改善血液循环、调整血压、抑制癌细胞生长、抗衰老、抗疲劳等药理活性，是既绿色又保健的药膳食材。

八、品牌荣誉

迭部蕨麻为猪是世界众多猪种中唯一含有碳酸酐酶的猪，被誉为“高原山珍”“森林与草原间飘动的黑色珍珠”。

2006 年，迭部蕨麻猪成为“国家级畜禽遗传保护品种”。

2013 年 4 月 22 日，国家体育总局训练局、中国生产力促进会甘肃分会、甘肃原野农庄农牧科技开发有限公司联合在北京举办新闻发布会，隆重宣布甘肃省高原游牧品“山野蕨麻猪”成为国家体育总局训练局运动员备战保障产品。

2017 年，迭部蕨麻猪被认定为国家地理标志产品，并获“甘肃省著名商标”和“甘南州名牌产品”等称号。

第七章　食品类

◎两当狼牙蜜　◎秦安花椒　◎武都花椒　◎玉门酒花　◎成县核桃
◎大河家鸡蛋皮核桃　◎靖远黑瓜子　◎甘南牦牛奶粉

两当狼牙蜜

一、基本信息

狼牙蜜是蜜蜂采集狼牙花或花外蜜腺分泌的花蜜,掺入自身上腭腺分泌物,经充分酿造而成的具有黏性的物质。

(一)蜜源植物

白刺花,又名狼牙刺。

两当狼牙蜜

(二)蜂种

意大利蜜蜂。

(三)品质特点

味甘甜芳香、品质细腻、具有很好的药用价值。

(四)地理标志

地理标志保护产品(批准公告 2008 年第 140 号)。

地理标志商标(注册 23185514 号)。

(五)蜜源植物分布条件

保护区范围内海拔 800 ~ 1600 m,年降雨量 633.3 mm,年平均气温 11.4 ℃,年平均日照时间为 1969.2 h;保护区范围内土壤 pH 为 6.5 ~ 8.3,有机质≥1.44 g/kg,与狼牙刺同花期的其他蜜源植物不超过 15%。

(六)产品生产总规模

蜂养殖 56000 箱,年产量达 75 吨(2020 年)。

二、产地范围

甘肃省两当县城关镇、金洞乡、鱼池乡、显龙镇、杨店乡、左家乡、西坡镇、兴化乡、站儿巷镇、泰山乡、云屏镇、张家乡等12个乡镇所辖行政区域。

三、历史传承

据传明朝末年，两当连遭三年大旱，狼虫虎豹吃人无数，老百姓十分恐慌。由于两当地处林区，不论白天黑夜，狼群暗藏在村庄附近的稻田堰渠和灌木林内，每到黄昏时分狼群四处搜寻食物充饥。一日，一老翁在山崖下砍柴，突然从杂灌中冲出三只饿狼，老翁手持山刀正准备和狼厮杀时，不料三只狼从他眼前直奔山崖下的蜂巢，饿狼掀翻蜂巢，用尖利的牙齿扯断两端的山竹绳，摇头摆尾驱赶蜂群并将蜂巢撕碎，蜂蜜洒满岩石，饿狼扑食。不到一刻钟，满巢蜂蜜被饿狼一餐而尽，就连残留在岩石上的蜂蜜都被它们一舔而光。此时，砍柴老翁才从这一幕场面中惊醒过来，扯开嗓门用两当山里人的“号子”一吆喝，三只狼一溜烟地朝密林深处跑去。后来，砍柴老翁把“饿狼食蜜”的故事说给后人，经一传十、十传百，这一民间历史传说故事被传成了今天的“两当狼牙蜜”。

明代李时珍《本草纲目》中部第三十九卷就有“蜜出氐、羌(今甘肃陇南两当，两当县乃春秋战国羌戎所居，秦为陇西郡地，汉置故道县，晋改为两当)中最胜。今关中白蜜，甘美耐久，全胜江南者”的记载。清乾隆元年(1736年)出版的《甘肃通志》记载“两当出产蜜蜡”，由此可知两当狼牙蜜的历史已相当久远。

四、产区环境特点

两当县位于甘肃省东南部，地处陕甘川交界的秦岭山区，属长江上游嘉陵江水系。北靠天水，西邻徽县，东南二面与陕西宝鸡、汉中相连。年平均气温11.6 ℃，极端气温最高36.8 ℃，最低-15 ℃。无霜期193天，年平均日照时数为1969.2 h，生态良好，植被覆盖率达73.3%，森林覆盖率达49.3%。有蜜源植物144种，野生蜜源植物资源中分布面积最广、经济价值最高者乃属狼牙刺。两当县素有“狼牙蜜之乡”之美誉，特殊的地形、地貌以及地理位置构成特有的生态条件，十分有利于“两当狼牙蜜”蜜源植物狼牙刺的自然生长和繁衍生息。适于狼牙蜜蜜源植物生长面积达50万亩，在两当境内海拔低于800 m和高于1600 m的区域基本没有狼牙刺，大面积集中生长在两当县浅山丘陵地带海拔800～1200 m的地方，且在沙壤土中分布广。

两当狼牙蜜产区属甘肃省东南部典型的农牧业生产区，工业基础薄弱，工矿化工企业少，车流量小，三废排放量低，加之产区绿色植被覆盖率高，空气中二氧化硫含量小于0.05 mg/L，可吸入颗粒物小于0.3 mg/L，大气污染指数控制在国家优质标准之内，且狼牙刺大都生长在山野、林边、树丛、河滩、峡谷，远离城市，空气清新，自然生长，无任何污染，是狼牙刺及其产品狼牙蜜加工生产的理想地区。

两当县狼牙蜜产区年降雨量633.3 mm，属长江流域嘉陵江一级支流水系和汉水水系。两大水系流域植被覆盖率高，水土流失度轻，河流平均含砂、土量为2.29 kg/m^3，地下水、地表水矿化度低，化学需氧量为15 mg/L，非离子氨为0.02 mg/L，铅0.05 mg/L，达到国家标准(GB 3838—2002),完全适合人畜饮用和狼牙蜜加工生产用水的标准。

五、生产工艺

(一)原蜜生产

(1)生产时间:四月下旬至五月中旬。

(2)生产要求:狼牙刺进入盛花期前,先取出蜂群内其他花种蜜,使蜂群内无其他蜜的残留。原蜜为蜜蜂盛花期生产的蜂蜜。

(3)原料蜜要求:原料蜜呈琥珀色,有狼牙刺花的特有香气,口感甜润,水分含量≤22%,蜜种、淀粉酶值、农药残留等指标符合国标要求。

(二)加工

原蜜经过预热、粗滤、细滤、精滤后,经巴氏灭菌,低温真空浓缩,检验包装,最终成品入库。

六、特色品质

两当狼牙蜜感官和理化指标分别见表 7-1 和表 7-2。

表 7-1　两当狼牙蜜感官指标

项目	指标
色泽	呈浅琥珀色,迎光观看稍带绿色
气味、滋味	有狼牙刺花特有的香气,口感甜润,无其他异味
状态	在常态下呈透明、半透明的黏稠液体;14 ℃以下开始结晶,结晶细腻,悬雪白色,状态滑如脂膏。无发酵征兆
杂质	不含蜜蜂肢体、幼虫、蜡屑及其他肉眼可见杂质

表 7-2　两当狼牙蜜理化指标

项目	指标
水分/%	≤18
果糖和葡萄糖/%	≥60
蔗糖/%	≤5
酸度(1 mol/L 氢氧化钠)/(mL/kg)	≤20
淀粉酶活性(1% 淀粉溶液)/[mL/(g·h)]	≥11
羟甲基糠醛/(mg/kg)	≤15
灰分/%	≤0.4

七、营养价值

“两当狼牙蜜”为蜂蜜中的上品。狼牙蜜是蜜蜂采集狼牙花或花外蜜腺分泌的花蜜，掺入自身上腭腺分泌物，经充分酿造而成的具有黏性的物质。

两当狼牙蜜中果糖和还原糖含量远高于普通蜂蜜。经测定，两当狼牙蜜中还原糖（以转化糖计）占69%，而还原糖中果糖占52.66%（果糖可被人体直接吸收），营养价值极高，另外，两当狼牙蜜中蔗糖含量低、酸度低，因而具有独特的甜润口感；含有亮氨酸、苏氨酸、丝氨酸、丙氨酸、谷氨酸、精氨酸、β-氨基丁酸、γ-氨基丁酸等各种氨基酸，甚至包括人体不能合成的8种必需氨基酸和蛋白质，约占0.3%；还含有与人体血清所含比例几乎相等的铁、铜、钠、钾等20余种矿物质，约占0.06%；20余种促进人体生长和代谢的B族维生素、无机盐、有机酸和多种活性酶。除具有一般蜂蜜醒脑、保护肠胃、润肺止咳、宁神安眠、解酒保肝、愈合伤口、润泽肌肤等功效外，两当狼牙蜜还含有一种独特的营养素——狼牙碱，有消炎、清热、解毒的食效。另外，还有狼牙王浆蜜、狼牙花粉等蜂蜜产品。狼牙王浆蜜有延缓衰老、预防癌症、保护肝脏、健脑益智、美容润肤、调节血压、防止动脉硬化等七大功效，狼牙花粉则有美容美颜、调节免疫力、促进少儿发育、防治脂肪肝、防治前列腺炎等功效，均为保健佳品。

八、品牌荣誉

两当素有“狼牙蜜之乡”的美誉。两当狼牙蜜在20世纪70年代通过天津口岸批量出口海外。

1995年，两当土产公司（即两当蜂产品协会）是两当县专营两当狼牙蜜的骨干企业，被贸易部认证为中华老字号企业，从此两当狼牙蜜蜚声海内外，并作为知名商品名称正式冠名。

1996年，“两当狼牙蜜”系列产品荣获甘肃省第二届优特林果产品鉴评会银奖。

1999年，荣获甘肃省首届林果产品交易会铜奖。

2007年11月，荣获第十三届中国杨凌农业高新技术成果博览会“后稷奖”，同月又荣获甘肃省第二届林果花卉展览交易会银奖。

2008年，荣获第十四届中国杨凌农业高新技术成果博览会“后稷特别奖”。

2011年，荣获“甘肃省著名商标”称号，同年12月被省工业合作协会评为质量服务信誉保障AAAAA级单位。

2013年12月，通过了国家绿色食品发展中心“绿色食品A”级认证。

2017年，获甘肃省绿博会金奖。

两当狼牙蜜作为甘肃著名特产，而且是国内唯一产量集中、质量优良的狼牙刺蜂蜜，其市场价值逐年上升。

九、授权企业

两当狼牙蜜授权企业见表 7-4。

表 7-4　两当狼牙蜜授权企业

地理标志	市场主体	统一社会信用代码
两当狼牙蜜	左家林场陇林山野菜加工厂	916212287623632704
两当狼牙蜜	两当县土产公司	91621228225830400R

秦安花椒

一、基本信息

秦安花椒

(一)品种

大红袍。

(二)品质特点

颗粒大、色泽艳、麻味醇、绿色营养。

(三)地理标志

地理标志保护产品(批准公告 2009 年第 41 号)。

地理标志商标(注册 7661669 号)。

(四)立地条件

海拔 1200 ~ 1800 m,土壤类型为黄绵土、沙壤土,土壤 pH 值 7.5 ~ 8.1,有机质含量≥1% 的浅山川台地、坡地或地边地埂等适宜区域。

(五)产品生产总规模

花椒挂果面积约 18 万亩,年产量 1.1 万吨(2020 年)。

二、产地范围

甘肃省秦安县兴国镇、西川镇、莲花镇、陇城镇、郭嘉镇、云山镇、刘坪镇、叶堡镇、安伏镇、魏店镇、王铺镇、王窑镇、千户镇、王尹镇、兴丰镇、中山镇、五营镇 17 个镇现辖行政区域。

三、历史传承

秦安是中国花椒的原产地和主产区之一。其栽培历史可以追溯到北魏(386—534年)时期,中国最早的医学典籍《神农本草经》中就有“秦椒”“蜀椒”的记载,据《旧唐书地理志》记载:“成纪,汉县,属天水郡”。

民国时期,秦安花椒就由本地商人带到毗邻地方换回生活用品。二十世纪六七十年代,秦安“货郎担”把秦安花椒挑到四川、青海、宁夏、西藏等与甘肃省邻近的地方销售。二十世纪八十年代,秦安花椒得到了快速发展,生产规模越来越大,品质越来越好,知名度越来越高。秦安花椒以独特的品质风味在市场上享有较高的声誉,特别在四川、重庆等地,因秦安花椒麻味浓烈、香味醇厚而在火锅佐料中广泛使用,受到经营者和消费者的青睐。选育的短枝型新品种秦安一号花椒在甘肃省内和陕西、宁夏、山西、贵州、河南等省区推广。

四、产区环境

秦安花椒产区属陇中南部温和半湿润季风气候区,气候温和,光照充足,夏无酷暑,冬无严寒。产区年平均气温 10.4 ℃,夏季(6~9 月)平均气温 20.7~21.5 ℃,为花椒果实生长的最适温度。平均最高气温27.7~28.8 ℃,极端最高气温37.8 ℃,影响花椒光合作用的高温日数明显少于其他地区。冬季1 月最冷,月平均气温-5.6~3.3 ℃,极端最低气温-18.9 ℃,≥10 ℃的年积温为 3382.8 ℃;无霜期为 141~230 天。

秦安花椒开花和幼果期(4 月下旬至6 月中旬)平均气温6.1~12.1 ℃,较适宜授粉和坐果。花椒果实成熟期昼夜温差大,有利于着色和营养成分积累。

五、生产工艺

(一)栽培技术

(1)苗木培育:选择结实均匀的 7~14 年生大红袍为母株,充分成熟后采摘,将种子脱脂处理后储藏。播种以秋播为宜,在土壤封冻前进行。播种量 225~300 千克/亩,产苗量22.5 万~30 万株/亩。

(2)苗木出圃:秋季栽植苗出圃时间一般在落叶前或落叶后起苗。

(3)苗木选择:选择 1~2 年生一、二级苗。一级苗地径≥0.8 cm,苗高≥70 cm;二级苗地径≥0.5 cm,苗高≥50 cm。

(4)栽植时间:秋季栽植为 10 月下旬,春季栽植为 3 月中下旬。

(5)栽植密度:≤840 株/亩。

(6)栽后管理:秋季栽植后土冻前在苗木根部培 20 cm 左右的土堆,预防冻害。翌年春季萌发前分三次剖开。

(7)施肥管理:基肥在采收后至翌年春季萌芽前结合深翻进行,以有机肥为主。施肥量盛果期椒园≥45000 千克/亩。追肥在萌芽前、萌芽后、花芽分化期和果实膨大期进行,氮、磷、钾配合,施肥量≥1500 千克/亩。

(8)整形修剪:采用自然开心形和疏层小冠分层形。

(9)环境、安全要求:农药、化肥等的使用必须符合国家的相关规定,不得污染环境。

(二)采收

(1)采收:当果皮油腺突起,光泽明显,果实呈艳红色时,及时人工采收,一般从8月上旬开始。采摘时从果穗总梢处整穗摘下,轻放在竹篮或竹筐中。

(2)制干:将采收的花椒当天摊放于铺垫物上,在阳光下自然晾晒或烘干。水分含量≤9%。

六、特色品质

秦安花椒感官指标和理化指标分别见表7-5和表7-6。

表7-5　秦安花椒感官指标

项目	要求
色泽	鲜红
气味	麻香味浓烈、悠长、无异味
果形特征	颗粒大,果肉厚,大小均匀,睁眼,表面油腺突起明显,手握硬脆,无过油椒
外加物	不得检出
杂质/%	≤5.0
霉粒/%	≤2

表7-6　秦安花椒理化指标

项目	指标
闭眼椒、椒籽含量/%	≤8
果梗/%	≤2
水分/%	≤9
总灰分/%	≤5.5
酸不溶性灰分/%	≤3
挥发油含量/(mL/100 g)	≥7.9
不挥发性乙醚抽提物/%	≥8.9

七、营养价值

花椒中含有多种对人体有益的活性成分,具有抗菌、抗肿瘤、抗氧化等保健作用。花椒的果实、根、茎、叶均可作为药用,具有抗癌、麻醉、镇痛、抑菌、杀虫等功效,是传统的调味料和中药,食用和药用均历史悠久。

花椒是主要的调味品,有特殊的香气,味麻辣而持久,具涩喉感,是“八大调味品”之一。作为烹调佳肴的必备调料，花椒除了提供食品的麻味和花椒风味之外还具有除腥去膻的作用。

花椒也是木本油料作物。花椒籽（椒目）种子含橘红色油为31.43%，属于干性油，提取的毛油可食用，经精炼制成高级保健食用油（含90%不饱和脂肪酸，α-亚麻酸占30%）。

花椒在药用上，最早的药学著作《神农本草经》记载，花椒"味平，温，主治风邪气，温中，除寒痹，坚齿明目，逐下气。"《本草纲目》里写道："椒，纯阳之物，其味辛而麻，其气温以热。入肺散寒，治咳嗽；入脾除湿，治风寒湿痹，水肿泻痢；入肾补火，治阳衰溲，足弱久痢诸症。"《中国药典》（2005年版）收载花椒为法定中药植物之一。近年来的研究表明，花椒中的其他有效成分也具有多种生理活性，花椒果皮水提取物具有降血压作用；花椒果皮水提物对痢疾杆菌等革兰氏阴性肠道致病菌和金黄色葡萄球菌等革兰氏阳性嗜氧菌有明显抑制作用；花椒油素能显著抑制血小板黏附和丙三醇（MDA）的产生；花椒果皮的醇提物具有抗癌活性；花椒果皮挥发油具有麻醉止痛作用，对白喉杆菌、炭疽杆菌、肺炎双球菌、金黄色葡萄球菌、伤寒杆菌、绿脓杆菌和某些皮肤真菌具有抑制作用；还具有杀灭猪蛔虫的作用。花椒中特有的呈香物质能刺激大脑神经产生兴奋作用。

八、品牌荣誉

秦安花椒因色度、颗粒饱满度、味道等优良品质远近闻名，秦安已成为甘肃乃至西北地区优质花椒生产第一县。秦安县因林果产业多次获得国家、省、市的表彰奖励，先后被评为中国名特优经济林花椒之乡、全国经济林建设先进县、全省林果支柱产业建设十强县。秦安果椒产品也多次获国家、省、市名特优农产品称号。

1997年，秦安1号花椒被列为全国林木良种。

2003年，获第十五届中国西部技术交易会新技术、新产品金奖。

2006年，秦安花椒获国家A级绿色食品认证。

2007年，在甘肃省第二届林果产品交易会上，秦安一号花椒、大红袍花椒分别获铜奖。

2008年，秦安被中国果品流通协会授予"中国花椒之乡"称号。

2009年3月，秦安通过了国家A级绿色食品级认证。

2010年第八届中国国际农产品交易会上，秦安县选送的"兴馨"牌花椒喜获农交会金奖。

2011年，秦安花椒荣获2011年最具影响力中国农产品区域公用品牌百名县。

2016年，品牌价值评价结果榜单中，"秦安花椒"上，区域品牌价值达75.91亿元，位居初级农产品类地理标志产品前列。

九、授权企业

秦安花椒授权企业见表7-7。

表 7-7　秦安花椒授权企业

地理标志	市场主体	统一社会信用代码
秦安花椒	天水盛源商贸有限公司	91620522794899889H

武都花椒

一、基本信息

(一)品种

大红袍。

(二)品质特点

色泽丹红,粒大油重,芳香浓郁、醇麻爽口。

(三)地理标志

地理标志保护产品(批准公告 2012 年第 51 号)。

地理标志商标(注册 8966481 号)。

武都花椒

农产品地理标志(登记证书编号 AGI01726)。

(四)立地条件

产地范围内海拔 900 ~ 1900 m。土壤类型为棕壤土、黄潮土、山地褐土、红黏土。土壤质地为沙壤土,土壤 pH 值 6.5 ~ 7.5,有机质含量≥1.5%,地下水位≤1.5 m。

(五)产品生产总规模

种植面积 100 万亩,年产量 3 万吨(2020 年)。

二、产地范围

武都花椒产地范围为甘肃省陇南市武都区马街镇、汉林镇、柏林镇、安化镇、隆兴镇、龙坝乡、鱼龙镇、甘泉镇、佛崖镇、黄坪镇、马营镇、蒲池乡、两水镇、石门镇、角弓镇、坪垭藏族乡、城关镇、东江镇、汉王镇、龙凤乡、桔柑镇、外纳镇、磨坝藏族乡、三河镇、玉皇乡、郭河乡、五库镇、月照乡、三仓镇、琵琶镇、洛塘镇、五马镇、枫相乡 34 个乡镇现辖行政区域。

三、历史传承

武都花椒栽植历史十分悠久。古书中详细记述了当时的武都人民如何栽植、采收、储藏花椒的过程。北魏贾思勰《齐民要术》中记载:"《范子计然》曰:蜀椒出武都,秦椒出天水,熟时取黑子,四月初,畦种,方三寸一子,筛土覆之,令厚寸许,复筛熟粪以盖土上,早辄浇之,常令润泽,生高数寸,夏连雨时可移之,若移大栽者,二月三月中移之,此物性不耐寒,阳中之树,冬须草裹,不裹即死。”说明武都从汉朝时不仅已经栽植花椒,而且掌握了栽培花椒的经验和技术。自唐宋以来,武都花椒就是椒中上品,在我国花椒贸易史上始终占据着重要位置,扮演着重要角色。《明会典》记载:“明初,土贡渐合于正赋;阶州常额征解椒 100 斤,桑娟 49 匹”。明时,花椒已进入纳税税目中。明代李时珍《本草纲目》果部第 32 卷中记载:“蜀椒,生武都山谷及巴郡”。

“武都花椒”流传于民间的传说则更为美丽与神奇:在很久很久以前的远古时代,王母娘娘有一个如花似玉的小女儿,因喜穿一身红色的衣袍,被称为红女。红女被美丽的人间风光所迷恋,私自下凡,化身一个漂亮的乡村姑娘,来到古武都国所在的真武山下,嫁给了一个忠厚老实的年轻小伙子,生活十分清苦。红女的姐妹五凤,决心帮助红女过上幸福的生活,便从天庭带来一粒红色的小仙果。其花非常美丽,果实粗大肉厚,香味浓郁独特,人们称其为花椒。

四、产区环境

花椒是喜欢温热、光照、耐受干旱的适应性较强的树种,但其不耐严寒,也不耐水湿。花椒树在年平均气温达到 10 ~ 14 ℃时较适宜生长,春季展叶期温度降至-2 ~ -4 ℃时,花器和幼果均受冻害,花椒树生长区所需的年平均降水量为 450 ~ 550 mm。

武都光热水资源丰富,自古就是优质“大红袍”花椒的故乡。武都位于甘肃省的东南部,地处青藏高原的东侧地带,境内以山区地形为主,辖区内沟壑纵横,高山河谷交错分布“山大沟深”,古有“秦陇锁钥,巴蜀咽喉”之称。受山地地形等因素的影响,气候差异悬殊,垂直差异明显,加之山体的屏障作用,河谷盆地效应明显,年平均气温 14.6 ℃,最冷月 2.9 ℃,最热月 24.8 ℃,极端最低温 -8.1 ℃,极端最高温 40 ℃,占应照时数 4429.7 h的 43%。热量资源丰富,光能的利用潜力大,造成了这里长年光照充足、热量充足、风小雨少、气候干燥、物候期短的独特气候因素。而武都海拔 1200 m 以下白龙江流域的地区年平均气温为 13 ~ 15 ℃,平均月最低气温≥2.5 ℃,年降水量 440.4 ~ 500 mm,年日照时数 1800 ~ 2000 h,而正是这些因素使武都花椒树体旺盛生长,使果实化学成分含量高,使花芽分化-现蕾-果实成熟的物候期缩短,武都 3 ~ 7 月平均相对湿度 58% ~ 65%,花椒喜干燥气候,这使花椒着色质量更高。

武都花椒根据种植海拔高度不同而采摘期不同,采摘时间为 6 月下旬至 8 月底。武都 3 ~ 5 月适宜的光照、温度为武都花椒的花期生长提供了优势条件;6 ~ 9 月充足的光照、干燥、少雨、高热量的河谷盆地效应气候环境,提高了武都花椒果实膨大期的坐果率、疣状凸起油腺点数量和果皮着色品质,造就了其色红皮厚、麻味醇正、香气浓郁的独特品质。

五、生产工艺

(一)栽培管理

(1)育苗:采用实生育苗或以当地花椒实生苗为砧木嫁接育苗。

(2)定植:定植时间为3月上旬至11月下旬,定植密度为每公顷定植株数≤1050株。

(3)施肥:以有机肥为主,成龄树每年每公顷施用腐熟有机肥8~12 t。

(4)环境、安全要求:农药、化肥等的使用必须符合国家的相关规定,不得污染环境。

(二)采收

因种植树海拔不同高度而采摘期不同,一般为6月下旬至9月上旬,当花椒果皮全部变红,油腺凸起,呈半透明状,种子完全变黑时采收。

(三)干制

采用自然晾晒或机器烘干,烘干温度≤55 ℃,干燥至含水量5%~10%。

(四)加工工艺

加工工艺:晾晒→风选→筛选→去石→磁选→脱壳→筛选→包装入库。

(五)储藏

库房干燥通风,库内相对湿度≤75%,温度≤25 ℃。

六、特色品质

武都花椒均要求无霉粒、过油粒、染色椒及其他外来杂质,其他感官要求和理化指标见表7-8和表7-9。

表7-8　武都花椒感官要求

项目	指标	
	特级	一般
色泽	大红,色泽均匀,有光泽	大红为主,伴有少量玫红、黑红,有光泽
滋味	麻味醇正、持续时间长	麻味醇正、持续时间较长
气味	香气浓郁、纯正	香气浓郁、纯正
果形	睁眼,颗粒5~6 mm,饱满,均匀一致,油腺密而突出	睁眼,颗粒4~5 mm,饱满,均匀一致,油腺突出

表7-9　武都花椒理化指标

项目	指标	
	特级	一般
固有杂质/%	≤4.5	≤6.0
水分/%	≤10	≤10
挥发油含量/%	3~8	3~8
不饱和脂肪酸/%	59~64	59~64
醇溶抽提物/%	17~22	17~22

七、营养价值

武都花椒挥发油得率和山椒素含量最高，其抑菌、抗氧化、调节血糖、降脂能力出色。《神农本草经》中最早就记载了花椒具有“坚齿发、耐老、增年”的作用。现代医学和生物学研究发现，武都花椒中的挥发油可抑菌杀菌，花椒麻味素可以抗氧化，山椒素在调节血糖的同时，还可以作为溃疡性结肠炎的新型治疗剂。

椒麻鲜香主要是来自挥发油类和麻味素类的物质，武都花椒的挥发油含量高达6.09 mL/100 g，其中芳樟醇、柠檬烯、月桂烯、罗勒烯等含量较其他地区高，武都花椒中羟基-α-山椒素的含量高达130 mg/g，较其他地区高出37 ~ 110 mg/g。

八、品牌荣誉

武都花椒产业在创造良好生态效益、转移农村富余劳动力、成为农民增收致富“摇钱树”的同时，也创造了武都农业的“四个第一”（在全国花椒主产县中面积第一、产量第一、品质第一、农民收入占比第一），在继“武都大红袍林木良种认定”“武都八月椒林木良种认定”“武都花椒无公害产地认证”“武都花椒绿色食品认证”后，“武都花椒”又获得了甘肃省著名商标。

1994 年，荣获全国林业名特优新产品博览会金奖。

1997 年，荣获首届甘肃土特产展示会金奖。

2000 年，武都区被国家命名为“中国名特优经济林花椒之乡”。

2007 年，荣获中国杨陵农高会“后稷奖”。

2020 年，获得名特优新品产品和甘肃特产金奖，“武都花椒”品牌价值 50.16 亿元。

2020 年，武都花椒入选《“甘味”知名农产品目录》“特别特”系列。

九、授权企业

武都花椒授权企业见表 7-10。

表 7-10　武都花椒授权企业

地理标志	市场主体	统一社会信用代码
武都花椒	陇南市武都区福源花椒农民专业合作社	936212025955027893
武都花椒	陇南裕丰农产品开发经销有限公司	91621202091189055N
武都花椒	陇南天泽农林产品研发有限公司	91621202091193361Q
武都花椒	陇南康野土特产开发有限公司	91621202L42485328P
武都花椒	陇南市武都区开源花椒农民专业合作社	93621202585941200J

玉门酒花

一、基本信息

（一）品种

苦香兼型品种青岛大花、高甲酸酒花、香花型酒花。

玉门酒花

（二）品质特点

色泽黄绿新鲜，花香浓郁，口感新鲜，苦感愉快，香气突出。

（三）地理标志

地理标志保护产品（批准公告 2010 年第 14 号）。

（四）立地条件

保护区范围内海拔 1100 ~ 1900 m，土壤质地为沙壤土和壤质土，pH 值 7.5 ~ 8.5。土壤有机质含量≥0.9%，土层厚度≥0.5 m。

（五）产品生产总规模

种植面积 4.05 万亩，12 万吨鲜花加工能力，其中精深加工能力达到 400 吨（2009 年）。

二、产地范围

玉门酒花地理标志产品保护范围为甘肃省玉门市玉门镇、下西号镇、黄闸湾镇、柳河镇、赤金镇、花海镇、清泉镇、小金湾东乡族乡、柳湖镇等 9 个乡镇和饮马实业公司、黄花农场、裕盛实业公司、农垦建筑公司等 4 个农垦团场现辖行政区域。

三、历史传承

啤酒花原产欧洲、美洲和亚洲。1079 年，德国人首先在酿制啤酒时添加了酒花，从而使啤酒具有了清爽的苦味和芬芳的香味。从此，酒花被誉为“啤酒的灵魂”，成为啤酒酿造不可缺少的原料之一。

中国是野生酒花的原产地之一，野生酒花集中分布于陕、甘、宁、新、滇四省区，玉门位列其中。中国酒花人工栽培最早开始于 1921 年，栽植于黑龙江一面坡酒花场。1921—1949 年，中国种植酒花仅属于试验性质。1949 年，随着新中国的崛起，啤酒工业也迎来了发展的春天，作为啤酒灵魂的啤酒花也开始了大面积的种植。1981—1990 年，原轻工部把西北作为酒花的重点发展区域，新疆、甘肃、宁夏、内蒙古种植面积迅速增长，东北、山东、安徽等省区种植面积逐步萎缩。起初甘肃玉门地区只是零星种植,以供绿化观赏用。从1981年开始,啤酒花率先在酒泉市农垦系统规模种植,随后在全市重点区域推广,多年的生产实践中,逐步总结出一套具有酒泉地域特色的啤酒花种植管理模式,随着市场经济的逐步深入,国内酒花发展根据市场需求变化,种植面积逐步调整。宁夏、内蒙古酒花退出比赛,国内酒花新疆、甘肃两强相争。2005年,甘肃酒花面积超过新疆,位居全中国第一。在这15年间,国内酒花的加工方式,完成了由压缩酒花到颗粒酒花再到酒花浸膏及深加工制品的历程。

四、产地环境特点

酒泉市地处北纬39°~41°,玉门属大陆性中温带干旱气候,降水少、蒸发大、日照长,年平均气温6.9 ℃。1月最冷,极端最低可达零下28.7 ℃;7月份最热,极端最高达36.7 ℃。年日照时数3166.3 h,平均无霜期为135天。年平均降水量为63.3 mm,蒸发量达2952 mm。年平均风速为4.2 m/s,是国际上公认的啤酒花理想的生产基地。世界上多数酒花主体品种均适合在这一地区种植。

啤酒花,为大麻科葎草属,原产欧洲、美洲和亚洲。我国新疆北部、东北、华北及山东、甘肃、陕西均有栽培。啤酒花喜冷凉,耐寒畏热,生长适温14~25 ℃,要求无霜期120天左右;作为长日照植物,喜光,全年日照时数需1700~2600 h;不择土壤,但以土层深厚、疏松、肥沃、通气性良好的壤土为宜,中性或微碱性土壤均可。

玉门镇啤酒花从4月下旬至9月下旬,出苗到收获时旬可照时数都在119.60 h以上。6月、7月、8月三个月玉门镇月可照时数为448.70 h、455 h、424.50 h,这三个月是啤酒花生产发育的主要时期,玉门气候干燥、降水量少,实际日照时数比全国34个主要城市的实际日照时数都多,玉门的光照条件对啤酒花生产质量十分有利,使得霜霉病这一世界性的酒花病害难以滋生。虽然玉门降水量少,但祁连山充沛的无污染的积雪融水灌溉利于啤酒花生产质量和产量的提高。玉门镇在啤酒花冬季休眠期和苗期平均气温相对偏低,这对啤酒花休眠有利。9月份平均气温较高,在啤酒花成熟采摘和晾晒期,高温避免了酒花因潮湿而发热变质,也有利于杜绝高温烘烤,使花体保持完整。

五、生产工艺

(一)栽培管理

1.育苗

采用无性繁殖方法进行繁殖。

2.栽植

(1)栽植时间:春季3月25日至4月10日,秋季10月15日至10月30日。

(2)栽植密度:每公顷栽植株数≤3000株。

3.栽培技术

(1)开穴、剔土:春季土壤解冻后,以苗为中心,环形挖土开穴,穴径为50~80 cm,穴深25~35 cm,使多年生根茎充分暴露。

(2)割芽、修根:割芽时上午挖穴,下午割芽。割芽过程中,若发现根茎过高,要及时降低节位;若原有根茎老化,要选留健壮跑条代替。

(3)整芽、定苗:整芽在割芽后15天左右时进行,对留下来的芽进一步去弱扶强。当苗高50~80 cm时定苗,主茎(蔓)密度:青岛大花为180~260蔓/亩,哥伦布为1900~2200蔓/亩,卡斯卡特为280~420蔓/亩。

(4)挂蔓:苗高50 cm时,及时引蔓上架。

(5)布网:采用立体布网技术,网下枝蔓分布量约占总枝蔓数的三分之二,网架上侧枝花枝疏密均匀,透光性好。侧枝下垂长度80~100 cm。

(6)施肥:以有机肥为主,每年每公顷施用腐熟有机肥≥30 t,啤酒花全生育期每公顷使用速效性化肥:纯氮含量276 kg,五氧化二磷含量172 kg,氧化钾含量81 kg,可适当增加铁、锌、硼、钼等微量元素肥料,忌用氯化钾,以免影响酒花的品质及风味。

(7)浇水:苗期要控制水分,上架到采摘时期,每隔10~15天浇水一次,保持田间湿润。采摘前20天不允许浇水。

4. 环境、安全要求

农药、化肥等的使用必须符合国家的相关规定,不得污染环境。

(二)采收

当花体黄绿,花粉丰富,闻之清香,捻之粘手,握之有声,田间检测甲酸含量>7%,即可采收。

(三)加工

1. 压缩酒花

(1)工艺流程:新鲜酒花→晾花→干燥→回潮→压榨→包装。

(2)主要工艺环节:

1)晾花:新鲜酒花收获后,6 h内送至烤房晾花棚集中。晾花棚堆花厚度50~60 cm,每小时翻花一次,确保酒花不发热变质。晾花棚内的鲜花在6 h内送上烤炉进行烘烤。

2)烘烤:摊花厚度45~50 cm,以温度45~65 ℃,烘烤至花体含水量为3%~4%,花体干燥均匀时下花。总烘烤时间为4.5~5 h。

3)回潮:采用机械自动回潮或人工弥雾回潮,回水量掌握在6%~9%,回水要均匀。

2. 颗粒酒花

(1)工艺流程:压缩酒花→粉碎→(筛分)→混合→压粒→抽真空充氮→包装→检验→入库。

(2)主要工艺环节:

1)粉碎:按生产工艺要求,将各批次压缩酒花拆包,进行破碎。

2)筛分:去除酒花中的异杂物,筛孔直径2~6 mm。

3)混合:在混合仓内,将不同含量的酒花粉末混合均匀,回潮至含水分7%~8%。

4)压粒:在≤54 ℃的条件下,挤压成粒。加工出的酒花颗粒温度在50~52 ℃。

5)冷却:在带有旋风器的带式冷却器中,以300 kg/cm^{2}压力压成颗粒,颗粒直径约为6 mm。45 min内将酒花颗粒冷却至20 ℃以内,筛去酒花粉末。

六、特色品质

玉门酒花感官要求和理化指标分别见表7-11、表7-12、表7-13。

表7-11 玉门酒花感官要求

项目	指标	
分类	压缩酒花	颗粒酒花(45型、90型)
形状	呈片状较完整的酒花	长6~8 mm,直径6 mm左右的圆柱状
色泽	浅黄绿色	黄绿色或绿色
气味	具有明显的新鲜酒花香气,无异常气味	
滋味	口感新鲜,苦感愉快	

表7-12 压缩酒花理化指标

项目	指标		
	青岛大花	高甲酸酒花	香花型酒花
夹杂物/%	≤1.5	≤1.5	≤1.5
褐色花片/%	≤8.0	≤8.0	≤8.0
水分/%	7.0~9.0	7.0~9.0	7.0~9.0
α-酸(以干态计)/%	≥6.0	≥14	≥4.5
β-酸(以干态计)/%	≥4.5	≥4.5	≥4.5
α/β	1.00~1.50	—	—
储藏指数H.S.I	≤0.45	0.40~0.50	0.35~0.45
合葎草酮/%	—	30~35	10~16
酒花油/(mL/kg)	—	1.5~2.5	0.8~1.5

表7-13 颗粒酒花理化指标(90型)

项目	指标		
	青岛大花	高甲酸酒花	香花型酒花
散碎颗粒匀整度/%	≤4.0	≤4.0	≤4.0
崩解时间/s	≤15	≤15	≤15
水分/%	6.5~8.5	6.5~8.5	6.5~8.5
α-酸(以干态计)/%	≥6.0	≥14	≥4.5
β-酸(以干态计)/%	≥4.5	≥4.5	≥4.5

续表 7-13

项目	指标		
	青岛大花	高甲酸酒花	香花型酒花
α/β	1.00～1.50	—	—
储藏指数 H.S.I	≤0.45	0.40～0.50	0.35～0.45
合葎草酮/%	—	30～35	10～16
酒花油/(mL/kg)	—	1.5～2.5	0.8～1.5

不允许有植株以外的任何金属、沙石、泥土等有害物质。

玉门酒花中的青岛大花品种，α-酸含量 5.0%～7.5%、β-酸 4.5%～6.0%，含量均衡，α/β 值在 1.0～1.5，是明显区别于新疆酒花 α/β 值 1.6～2.0 的显著特征。

七、应用价值

药用价值：《本草纲目》中酒花被称为蛇麻花，是一种多年生草本蔓性植物，古人取之为药材。未成熟的绿色果穗入药，8～9 月间，果穗呈绿色而略带黄色时摘下，晒干或烘干，水煎服，或水煎当茶饮，性平、味苦。功能主治健胃消食，化痰止咳，抗痨，安神利尿。用于治疗食欲不振、腹胀、肺结核、胸膜炎、失眠、癔症、浮肿、膀胱炎。

加工价值：在啤酒酿造中，酒花具有不可替代的作用，使啤酒具有清爽的芳香气、苦味。啤酒花中的树脂，可以提供啤酒以苦味和防腐能力，还可提高泡沫持久性。啤酒花腺体中含有的芳香油，可使啤酒具有一种特殊的啤酒花香味。啤酒花已知的化学成分有 200 多种。玉门生产的啤酒花花体完整紧实，色香味浓，2009 年，种植青岛大花品种，有效成分 α-酸田间检验可以达到 9%～10%，这在世界各酒花种植基地是绝无仅有的。

八、品牌荣誉

玉门酒花主要面对国内青啤、燕京、华润等大型啤酒集团和中、小型啤酒厂销售，销售范围遍及中国各地。同时，面对东南亚、东欧市场。

2012 年甘肃省玉门市啤酒花种植标准化示范区被国家标准委评选为全国农业标准化优秀示范区。在示范区的建设中，注册了“拓璞”和“绿峰春柳”牌商标，发布了四项涉及酒花种植、加工的甘肃省地方标准，形成了科学的酒花产品标准体系。目前，“绿峰春柳”牌啤酒原料在国内市场认知率越来越高，已成为众多啤酒生产厂家的首选原料，生产的啤酒花产品远销北京、青岛、哈尔滨、广东等地的国内大型啤酒生产厂家，深受啤酒企业的好评和青睐。

九、授权企业

玉门酒花授权企业见表 7-14。

表 7-14　玉门酒花授权企业

地理标志	市场主体	统一社会信用代码
玉门酒花	玉门拓璞科技开发有限责任公司	91620981750938591P

成县核桃

一、基本信息

成县核桃

(一)品种

薄壳类品种。

(二)品质特点

坚果椭圆形、圆形。核仁饱满,壳薄易取仁,含油率高。

(三)地理标志

地理标志保护产品(批准公告 2014 年第 109 号);

地理标志商标(注册 27400831 号)。

(四)立地条件

产地范围内海拔≤2000 m,土壤类型为褐土、谷地潮土和山地棕壤土,土壤有机质含量≥1%,pH 值 7.0~7.5。

(五)产品生产总规模

种植面积 51 万亩、1100 万株,年产核桃 2.5 万吨(2019 年)。

二、产地范围

成县核桃产地范围为甘肃省成县城关镇、店村镇、红川镇、抛沙镇、陈院镇、沙坝镇、纸坊镇、黄陈镇、小川镇、鸡峰镇、黄渚镇、王磨镇、苏元镇、索池镇、镡河乡、宋坪乡、二郎乡共 17 个乡镇现辖行政区域。

三、历史传承

成县,曾称下辩、同谷、成州,明代降州为县改称成县至今,被联合国地名专家组授予“千年古县”称号。成县核桃栽培历史悠久,2000 多年前,晋代郭仪恭在《广志》中已对成县及周边的核桃做出了这样的评价:“陈仓胡桃,薄皮多肌。阴平胡桃,大而皮脆,急捉则碎”。

20 世纪 90 年代中后期,成县根据《陇南地区建设 200 万亩经济林发展规划》,提出了大力发展核桃产业的构想,制定了《成县核桃产业发展规划》并组织实施。先后引进良种 63 个,建立核桃丰产示范园、采穗圃、育苗圃进行良种繁育推广工作,全县核桃种植规模不断扩大，效益不断提高。

四、产区环境特点

成县地处甘肃陇南徽成盆地西部，海拔750～2377 m，属长江流域北暖温带半湿润大陆性季风气候区。中部地区以浅山丘陵为主，盆地气候明显，南北为山区，植被良好，是重要的水源涵养地，山地气候显著，垂直气候差异大。中部地区年平均气温11.7 ℃，≥0 ℃活动积温4379.2 ℃，≥10 ℃活动积温3675.4 ℃，≥10 ℃活动积温主要分布在4～10月。年平均降水量621.4 mm，降水主要集中在6～9月，约占年降水量的66.2%，降水的年际、月际及日际差异均比较大，雨热同季，四季分明。年日照时数1562.8 h，年日照百分率37%，属寡日照低辐射地区，无霜期205天。春季易出现春旱和晚霜危害，夏季易出现局地暴雨和冰雹大风及伏旱等气象灾害，秋季易出现阴雨天气。冬春较为干燥，春季气候差异大。

核桃又名胡桃，为胡桃科胡桃属植物，落叶乔木花期4～5月，果期9～10月。胡桃喜光，耐-25 ℃的低温，耐旱，不耐湿热，深根性，不耐涝，对土壤要求严格，在黏土、过湿土、地下水位高、强酸性或盐碱土上均生长不良或发生根腐和枯梢现象。

成县在核桃展叶期平均气温为9.4～11.7 ℃，日平均降水量为1.2 mm，日均光照时数为4.3 h。光、热、水条件有利核桃展叶。虽然春季3～5月易出现春旱少雨现象，但因夏秋雨水较多，深层土壤水分储存良好，冬季水分损失少，又兼核桃树根系发达对土壤水分的涵养性好，所以春季水分供应正常，4～5月日照也较丰富。4～5月≥0 ℃积温为970.8 ℃，≥10 ℃积温为921.9 ℃，热量条件适宜，光热水条件有利核桃春季生长发育。6月份是核桃硬核和果仁充实的关键期，对光和水的要求较高，此间的光热水条件能够满足核桃硬核至成熟前期生长发育的需求。7～8月正值成县光、热、水匹配最为有利的时节，除少部分年份伏旱较为严重外，大部分年份此间气候条件有利核桃蛋白质、脂肪和其他有机物及矿物质的积累。

五、生产方式

（一）栽培技术

1. 育苗

嫁接育苗。

2. 栽植

（1）栽植时间为春栽（3月中下旬）或秋栽（10月下旬至11月上旬）。

（2）栽植密度≤330株/公顷。

3. 施肥

以腐熟有机肥为主，施肥量为盛果期每株施有机肥≥50 kg。

4. 环境、安全要求

农药、化肥等的使用必须符合国家相关规定，不得污染环境。

（二）采收

每年9月上、中旬青果皮颜色由绿变黄，全株青果皮有10%～30%出现开裂时采收。

六、特色品质

(一)感官特色

坚果椭圆形、圆形。核仁饱满,壳薄易取仁。

(二)理化指标

单果重量≥12 g,出仁率≥50%,粗脂肪含量≥63.5 g/100 g。

由于成县特殊的地理条件,适宜于核桃生长,所以和其他地方相比,成县核桃树势强壮,果大形圆,皮薄仁饱,肉香色纯、出油率高。

七、营养价值

核桃营养丰富,是集蛋白质、脂肪、维生素等人体所需营养于一身的干果,富含大量人体必需的脂肪酸且不含胆固醇,被誉为优质的"天然脑黄金",主要营养保健价值如下:减少肠道对胆固醇的吸收,适合高血脂、高血压、冠心病病人食用,核桃含有大量的脂肪,能润肠,治疗大便秘结,可使消瘦的人增重。核桃中的脂肪酸主要是亚油酸,它是人体的必需脂肪酸。核桃含有丰富的维生素 B 和维生素 E,可以减缓细胞老化,有健脑,增强记忆力和延缓衰老的作用。核桃仁含有亚麻油酸及钙、磷、铁,是人体理想的肌肤美容剂,经常食用有润肌肤、乌须发以及防治头发过早变白和脱落的功能。核桃仁还含有多种人体需要的微量元素,是中成药的重要辅料,有顺气补血、止咳化痰、润肺补肾等功能。

2009 年,成县林业局委托北京市营养源研究所分析室对成县核桃的 18 种营养成分和微量元素进行了检测,根据出具的成县核桃检测报告,成县核桃富含氨基酸,均比国家标准高出 10% ~20% 。

八、品牌荣誉

成县核桃从 20 世纪 70 年代生产的"山峦牌"琥珀核桃仁曾直接打入国际市场,80 年代成县核桃仁获商业部优质银奖。

2002 年,成县被国家林业局命名为"中国核桃之乡"。

2005 年,成县核桃被评为"甘肃十大名果",并入选中国国际博览会金奖。

2007 年,成县被国家公布为"核桃标准化示范县";成县核桃仁产品荣获"甘肃省第二届林果花卉交易会铜奖",白米籽核桃仁产品荣获"2007 年中国国际林产品博览会银奖"。

2008 年中国第十五届杨凌高新科技成果展览会上,"华陇亨业"牌核桃油被评为后稷特别奖。

2009 年,成县核桃油荣获十三届杨凌农高会"后稷奖"。

2010 年,成县选育的"陇南 15 号"核桃品系被评为全国优良品种。

2012 年,成县核桃在第十九届杨凌农高会上获"后稷奖"。

大河家鸡蛋皮核桃

一、基本信息

（一）品种

临夏回族自治州的积石山县原生核桃品种。

大河家鸡蛋皮核桃

（二）品质特点

核桃壳光滑而薄，似“鸡蛋皮”，用手轻轻一捏即可破壳，脱仁容易，仁醇肥香甜，品质优良且出仁率高。

（三）地理标志

地理标志保护产品（批准公告 2012 年第 222 号）。

（四）立地条件

产地范围内海拔 1700 ~ 1950 m，土壤为黑垆土、红土，土壤 pH 值 6.3 ~ 8.2，有机质含量≥1%，土壤厚度≥1 m。

（五）产品生产总规模

种植面积 13.7 万亩，年产核桃 75 万斤（2015 年）。

二、产地范围

甘肃省积石山县大河家镇、刘集乡、石塬镇、柳沟乡、关家川乡、胡林家乡、安集镇、银川镇、铺川乡 9 个乡镇现辖行政区域。

三、历史传承

积石山县核桃栽植历史悠久，距今有 2000 余年历史。据明代《河州志》记载，当时境内就有核桃。清乾隆年间积石山县的大河家、银川一带广栽核桃。长期栽培和选育，形成了历史上久负盛名的积石山鸡蛋皮核桃。

大河家镇当地居民自古就有吃核桃的习惯，尤其对鸡蛋皮核桃钟爱有加，视其为进贡馈赠之佳品，招客待友之必需品。特别是少数民族群众婚嫁时把核桃作为吉庆之物，不仅将其摆放于宴席，还专供新人食用，民间戏唱“双双核桃双双枣，养下的尕娃满炕跳”，象征婚姻美满、早生贵子、健康长寿、吉祥如意。民间还有吃核桃等“八样干果”、喝“五香茶”（杏干、核桃仁、枣、桂圆、冰糖）、泡“麦茶”（熟小麦、核桃仁、枣等）的风俗。

“鸡蛋皮核桃”多次被写进歌曲广为传唱。《咱们的积石山》第三段里这样唱道：“油菜花黄来蛋皮核桃香，唐蕃古道有一个美丽的地方，花椒林，采摘忙，和谐气象……”《高高的积石山》第二段里这样唱道：“滔滔的黄河水，浪尖上飞皮筏，鸡蛋皮的核桃喀啦啦地滚，保安腰刀闯天下，我们可爱的家乡，富饶的积石山。”

四、产区环境特点

甘肃省积石山县是蛋皮核桃的原产地，地处黄河中上游青藏高原和黄土高原的过渡地带，位于东经 102°43′～103°05′、北纬 35°35′～35°52′。全县总面积 9.06 万亩，海拔 1800～4218 m。平均气温 4.4～8.1 ℃，无霜期、降水分别 150 天、467.6 mm 左右，主要以大白土、黑麻土、大黑土为主，pH 值 7～8，种植核桃有得天独厚的条件，是发展核桃产业的理想区域。

大河家鸡蛋皮核桃树势强壮、树姿开张，40 年生树高可达 13 m，直径 10 m 以上。产量较高，单株产量可达 90～120 kg，呈现出适应性强、耐寒耐旱、树势强壮、核仁饱满、取仁极易、丰产质优等特点。

五、生产工艺

（一）栽培管理

（1）苗木以普通实生苗为砧木的嫁接苗。

（2）定植时间是 4 月中下旬，定植株行距果粮间作采用 6 m×8 m 或 8 m×9 m，每公顷≤139 株；纯园栽培采用 3 m×5 m 或 4 m×6 m，每公顷≤417 株。

（3）施肥以有机肥为主，幼树每年每株施用腐熟有机肥 15 kg；初果期树每年每株施用腐熟有机肥 25 kg；盛果期树每年每株施用腐熟有机肥 35 kg。

（4）整形修剪：树冠内枝条分布均匀，保证通风透光。

（5）鲜果采收：当全株 1/3 以上青果自然开裂时即可采收。

（6）环境、安全要求：农药、化肥等使用必须符合国家相关规定，不得污染环境。

（二）加工

（1）脱青皮：在采收当天不能脱皮的，堆沤后及时脱皮。

（2）干燥：晒干或烘干至坚果含水率≤8%。

六、产品品质

大河家鸡蛋皮核桃感官特色及理化指标见表 7-15 和表 7-16。

表 7-15　大河家鸡蛋皮核桃感官特色

果形	壳面特征	外壳颜色	种仁色泽	口感
卵圆形	缝合线紧密，果面光滑	浅黄色	黄白色	香甜

表 7-16　大河家鸡蛋皮核桃理化指标

单果重/g	壳厚度/mm	出仁率/%	脂肪含量/%	蛋白质含量/%
>8.0	1.0～1.6	50～60	>52	>16

七、营养价值

核桃富含不饱和脂肪酸、蛋白质、微量元素等成分，被誉为“21 世纪超级食品”。研究结果表明，核桃坚果具有健脑、保护脑神经、延缓衰老、改善机体代谢、保护心脑血管等功效。

八、品牌荣誉

积石山县是蛋皮核桃的原产地，所产大河家鸡蛋皮核桃以皮薄味甜被誉为“陇上名品”。

20 世纪 90 年代，大河家鸡蛋皮核桃荣获甘肃省优质产品奖。

2007 年，大河家鸡蛋皮核桃荣获甘肃省第二届林果花卉展交会铜奖。

2007—2010 年，被列入国家级农业标准化示范区项目。

2011 年，积石山县被国家农业产业化管理委员会评审为蛋皮核桃产业化、标准化示范区。

九、授权企业

大河家鸡蛋皮核桃授权企业见表 7-17。

表 7-17　大河家鸡蛋皮核桃授权企业

地理标志	市场主体	统一社会信用代码
大河家鸡蛋皮核桃	积石山县大河家蛋皮核桃种植农民专业合作社	936229270575658890

靖远黑瓜子

一、基本信息

(一)品种

籽瓜类型品种。

(二)品质特点

片大、皮薄、板平、肉厚、饱满、均匀、整齐、口松、色彩黑白分明、外形美观、易剥离。

(三)地理标志

地理标志保护产品(批准公告 2015 年第 96 号)。

靖远黑瓜子

(四)立地条件

海拔 1700～1750 m,土壤类型黄绵土,质地沙壤土,有机质含量≥1%。自铺沙后头 15～20 年的旱沙田。pH 值 7～8。

(五)产品生产总规模

种植面积 16 万亩,年产籽瓜 240 吨,黑瓜子产量约 1.7 万吨(2016 年)。

二、地域范围

靖远黑瓜子产地范围为甘肃省靖远县高湾镇、大芦镇、若笠乡共 3 个乡镇现辖行政区域。

三、历史传承

甘肃省白银市是世界籽用西瓜第二起源中心之一,是我国传统的籽用西瓜主产区和主要良种供应地。靖远县高湾镇大面积种植旱沙田覆膜籽用西瓜。这些地区种植籽瓜源于何时虽无确切答案,但临近的皋兰县,光绪十八年(1892 年)编纂的《重修皋兰县志》中就有"籽瓜子黑而大且多,瓤瓜不堪食,专取其子收之"的记载,而皋兰县是邻近的县,可见上述地区种植籽瓜的历史在一百年以上。当地农民都有种植籽瓜的习惯,过去主要在旱沙田种植,近年来随着地膜覆盖技术的推广,开始采用水地地膜种植。仅高湾镇种植面积就在万亩左右,总产黑瓜子 300～500 吨,产量最好的一年产黑瓜子达 662 吨。

至今当地仍保留着这样的乡俗,每逢喜事宴请亲朋,必有一盘以黑瓜子为主、糖果点缀其间的干鲜果盘,先菜而上,招待来宾。逢年过节,黑瓜子更是家家户户款待客人的必备之物。

自 20 世纪初期,甘肃省靖远县开始种植籽瓜,靖远县人在种植过程中逐步改进种植技术,改良品种,在新中国成立后大面积种植。

1986 年,靖远县开始培育靖远大板一号、大板二号两项优质高产品种。

1988 年,靖远黑瓜子通过省、市、县鉴定验收成功。

1998 年,高湾黑瓜子被县科技局命名为靖远县十大优质高产品种。

2005 年,靖远优质瓜产业开发农业科技示范园区建成。

四、产区环境特点

甘肃省白银市靖远县高湾镇距县城约 50 km,属川塬干旱坪地,地势东高西低,避风向阳;土壤类型为灰钙土,土层深厚,富含硅、铝、钠、钾、钙等 19 种元素;平均海拔 1800 m,年均降雨量 180 mm,年均气温 7 ℃,昼夜温差大;日照充足,年日照时数 2700 h 左右,全年无霜期 160 天。该地域具有空气清新、田间病虫害少的优势。种植地属雨养农业,无灌溉条件,为应对当地干旱少雨的自然条件,当地采用“旱砂地种植”这一保护性耕作措施。即先铺压由不同粒径的石砾、粗沙和细沙组成的混合体(厚度达 15 cm 左右),再进行地膜覆盖栽培瓜类。这样在农田上覆盖一层厚达半尺的砂砾,具有明显的抗旱作用,有助于农作物的生长。

籽瓜是喜温、耐热作物,高湾镇有其得天独厚的自然生长条件。其一,高湾地处内陆,年降水量少,空气干燥,属典型的温带半干旱大陆季风气候,非常适宜籽瓜的生长。日照时间长,昼夜温差大,有利于糖分、种子油脂等养料的积累。其二,高湾有劳动人民创造的独特旱沙田。旱沙田与旱土地相比具有明显的增湿、保墒、压碱作用,旱沙田种植的籽瓜,瓜子、瓜瓤的品质都优于土地籽瓜。

五、生产工艺

(一)栽培管理

(1)播种:4 月下旬至 5 月上旬,当表土壤温度≥15 ℃时播种。播种密度为每亩≤1500 穴。

(2)定苗:当瓜苗出现真叶时定苗,每穴只留 1 株。

(3)施肥:以有机肥为主,每亩施优质有机肥≥2500 kg。

(二)采摘

9 月上旬至下旬采摘籽瓜,采瓜后淘出瓜子并干燥到含水量≤10%。

六、品质特色

(一)感官特征

瓜子片大、皮薄、板平、肉厚、饱满、口松、黑白分明。

(二)理化指标

百粒重≥30.0 g,蛋白质含量≥30.0%,淀粉含量≥6.3%,粗脂肪含量≥46.0%。

七、营养价值

黑瓜子具有较高的营养价值,富含蛋白质、脂肪,经甘肃省农业科学院测定,靖远黑瓜子含水分 6.36%、粗蛋白 34.30%、淀粉 5.62%、粗脂肪 45.94%、灰分 4.33%、维生素 C 2.65 mg/100 g、维生素 B 20.158 mg/100 g 及多种微量元素。

黑瓜子可加工成五香、奶油、咸淡、甜味、多味等各种口味的瓜子，又是制作糕点的理想辅料，兼备补脑提神作用，亦可炸油食用。黑瓜子含有丰富的蛋白质、脂肪、维生素 B、维生素 D 等营养物质，常吃能延年益寿，令人久食不厌。

八、品牌荣誉

靖远具有“籽瓜之乡”的美誉。靖远县籽瓜栽培历史悠久，驰名中外，是著名的籽瓜良种繁育、研究推广、商品生产和外贸出口基地，是甘肃省籽瓜两大生态区之一。“靖远黑瓜子”先后荣获“甘肃省优质农产品”“国家 A 级绿色食品认证产品”；不仅供应国内市场，还远销新加坡、马来西亚、菲律宾、印度尼西亚、泰国、日本等国家；饮誉海内外，被誉为“兰州大板”“瓜子之王”，是兰州市传统的出口商品之一。

甘南牦牛奶粉

一、基本信息

（一）奶源牛要求

甘南牦牛（地方类群），放牧饲养。

（二）品质特点

易被人体消化吸收，营养丰富，无污染、纯天然。

（三）地理标志

地理标志保护产品（批准公告 2017 年第 98 号）。

甘南牦牛奶粉

（四）奶源产地条件

海拔 3000 m 以上，以黄河、长江上游水系的“三河一江”（黄河、洮河、大夏河、白龙江）为主要水源，以含有冬虫夏草、雪莲、红景天、野党参、岷贝、半夏、羌活、大黄、丹参、赤芍、秦艽、红芪、当归等植物的天然草场为放牧地。

（五）产品生产总规模

2016 年牦牛存栏 91.12 万头（占甘肃省牦牛总数的 63%），其中能繁殖的母牦牛 60 万头，牦牛乳产量 8.8 万吨。2017 年牦牛乳年加工能力达到 50 万吨。

二、地域范围

甘南牦牛奶粉产地范围为甘肃省甘南藏族自治州现辖行政区域。

三、历史传承

我国北方和南方地区少数民族利用黄牛、牦牛挤奶食用已有5000多年的历史。自有文字以来，古籍中屡有关于乳的记载。秦代关于牛乳的记述是比较早的。西汉文帝时已有关于加工奶酒的记录。距今2100年前，西汉司马迁在《史记·匈奴列传》中记载，古代匈奴族“人食其肉，饮其汁”，这个汁就是牛、马的奶汁。李时珍所著的《本草纲目》对各种乳的特性与医药效果有详细的阐述。可见在长期的历史发展中，乳和乳制品不仅是食品，还作为军需物资和药品被广泛应用。

元朝大将慧元巧妙地把牛奶制成粉末状当作军粮，便于长途行军时携带。食用时取适量牛奶粉末放入随身携带的皮囊中，加入水并挂在马背上，马奔跑时产生的震动使其溶解成粥状从而食用。作战时即使在马背上也能迅速补充体力，所以蒙古骑兵才那样强悍，使敌人闻风丧胆。在长途行军和沙漠作战缺少粮草时，依靠这种方法能生存达几个月之久。这也是目前世界上公认的人类最早使用奶粉的文字记录。

虽然我国饲养奶畜、食用乳和乳制品的历史很悠久，但作为商品的奶业也不过一百多年的历史。甘肃燎原乳业集团（原甘肃甘南乳品厂）始建于1953年，是“一五”期间国家轻工业部定点的全国八大乳品企业之一，是首个把藏区牦牛乳经过现代先进的技术研制生产为牦牛乳粉的企业，是中国牦牛乳制品的发起人和先行者。“十二五”期间，已经培育了以燎原、华羚、雪顿等为龙头，有着鲜明地方特色的牦牛乳产业集群。

四、产区环境

牦牛是大自然赐给西藏人民的一件礼物，是世界现存三种源种动物之一，是唯一的源种牛，它被称为“高原之宝”。它生活在海拔3000～5000 m的高寒地带，是生长地海拔最高的哺乳动物。牦牛是中国特有的牛种，牦牛奶是中国人的民族特色奶，世界上其他地方不可能批量生产、加工牦牛奶。

甘南藏族自治州位于甘肃省西南部，地处青藏高原、黄土高原和陇南山地的过渡地带，地理位置在东经100°45′～104°45′，北纬33°06′～35°34′，海拔1172～4920 m，平均海拔3000 m，具有典型的大陆性气候特点，高寒阴湿，四季不分明。由于海拔高、湿度大、地形复杂，所以降雪期长达8～10个月。甘南州草场面积272.33万公顷，占土地总面积的70.28%。其中天然草场272.08万公顷，占草地面积的99.91%，主要分布于玛曲、碌曲、夏河三县和合作市及卓尼县的部分地区，80%以上的草场集中连片。牧草一般从4月下旬开始萌发，9月中旬开始枯黄，枯草期长达7个月。独特的气候条件和优良的天然牧场为牦牛的正常繁衍提供了很好的生长环境。

这里的草原自然风景优美，天然牧场广袤无垠、水草丰茂，是亚洲最好的天然牧场之一，也是我国牦牛的主要产地之一。牦牛具有极强的耐受性和适应性，能适应高寒、缺氧等严酷恶劣的生态环境；常年以饮天然无污染、无公害的山泉水，食优质牧草为生，得天独厚的地理优势造就了牦牛乳的高蛋白、高脂肪和高能量，极其丰富的矿物质、维生素含量，种类齐全的氨基酸。

五、生产工艺

（一）生产工艺流程

鲜奶验收→计量→过滤→降温储存→预热→净乳→巴氏杀菌→熟奶降温储存→蒸发器预热→高温杀菌→蒸发浓缩→浓奶储存→浓奶过滤→喷雾干燥→流化床二次干燥→振动筛筛粉→粉仓储存→包装→待检库储存→成品检验→入库。

（二）关键工艺要求

1. 原奶采集

（1）人工挤奶早上 6 点至 8 点进行人工挤奶。

（2）检验抗生素、碱、新鲜度检验。抗生素：应符合 GB 31650 的规定；碱：不得检出；新鲜度：应新鲜。

（3）过滤将生牦牛奶倒入过滤筒进行双层过滤处理，滤除杂质。

（4）储运通过冷却罐降温至 2～4 ℃并密封装车运至加工场地。

2. 原奶接收

生牦牛乳应符合 RHB 801 的规定，储存温度为 4～8 ℃，储存时间≤12 h。

3. 原奶巴氏杀菌

杀菌温度为（85±1）℃，时间为 15 s。冷却至 0～4 ℃，储存温度 0～4 ℃，储存时间≤8 h。

4. 真空浓缩

（1）预杀菌：选用高温短时间杀菌，89～92 ℃，时间为 36 s。

（2）三效降膜蒸发和高压喷雾浓缩：浓缩乳质量分数为 42%～50%。

5. 喷雾干燥

采用高温喷雾干燥，入口温度 140～160 ℃，出口温度 60～65 ℃。

六、特色品质

甘南牦牛奶粉感官指标和理化指标见表 7-18 和表 7-19。

表 7-18　甘南牦牛奶粉感官指标

项目	指标
色泽	呈均匀一致的乳黄色
滋味、气味	具有牦牛奶粉特有的醇香味，无异味。
组织状态	干燥均匀的粉末，无结块

表 7-19　甘南牦牛奶粉理化指标

项目	指标
蛋白质/(g/100 g)	≥24.0
脂肪/(g/100 g)	≥30.0
钙/(mg/100 g)	>800
磷/(mg/100 g)	>500
锌/(mg/100 g)	>3.0
复原乳酸度/°T	13 ~ 18
不溶度指数/mL	≤1.0
杂质度/(mg/kg)	≤16

七、营养价值

牦牛与白极熊、企鹅并称为“世界三大源种动物”(源种动物是没有经过基因改良，也不能被改良，至今还以最原始的生理状态生存在这个世界上的动物)。它们处于一种绝对自然的生存状态，不摄入任何药品和人工饲草，依旧遵循着“物竞天择”的进化原则。千百年的优胜劣汰使牦牛具有很强的免疫性和抗寒性，这保证了它的奶质安全、自然、高营养。牦牛奶同冬虫夏草、雪莲等名贵中草药一同被记载于藏药名著《晶珠本草》。

牦牛乳是一种天然的“浓缩乳”。从常规营养成分来看，牦牛乳干物质、乳脂肪、乳蛋白含量、维生素、矿物质的种类和含量均高于普通牛乳。牦牛奶的氨基酸、钙、维生素 A 含量分别比普通牛奶高 15%、15% 和 6%。

脂肪含量高是牦牛乳区别于普通牛乳最明显的特点之一(表 7-20)。牦牛乳中脂肪酸在种类上存在优势，含有普通牛乳中未检测到或含量极低的一些功能性脂肪酸。其中不饱和脂肪酸含量明显高于普通牛乳，包括 ω-3 系和 ω-6 系多不饱和脂肪酸。

表 7-20 牦牛乳与普通牛乳部分营养物质对比表

营养成分比	牦牛乳	普通牛乳
钙/(mg/100 g)	130	104
磷/(mg/100 g)	96	73
铁/(mg/100 g)	0.45	0.3
锌/(mg/100 g)	2~3	0.42
蛋白质/(g/100 g)	3.8~4.0	3.0
脂肪/(g/100 g)	5.5~6.0	3.20
乳糖/(g/100 g)	5.0~5.5	4.7
乳铁蛋白/(g/100 g)	5.0~5.5	几乎不含
免疫球蛋白/(g/100 g)	1.22	含少量
共轭亚油酸/(mg/100 g)	4	极少

在哺乳动物的乳中,牦牛乳中酪蛋白含量最高,人乳含量最低。在牦牛乳和普通牛乳中均检测到17种氨基酸,牦牛乳中氨基酸总量和必需氨基酸总量均比普通牛乳高,其中人体所需的半必需氨基酸(精氨酸、酪氨酸)的含量也高于普通牛乳,且牦牛乳中组氨酸含量高,更适合制作婴幼儿奶粉。不同品种牦牛及其他哺乳动物乳中乳蛋白及乳脂肪含量见表7-21。

比较牦牛乳营养成分发现,随着海拔的增高,天祝、玛曲及天峻牦牛乳脂肪含量明显增加,蛋白含量也有所增加。目前研究表明,牦牛乳中的成分具有抗氧化、抗炎、提高加免疫力、改善肠道微生物、抑制癌细胞等作用。牦牛乳可提高耐力、减轻疲劳。当地居民对高海拔和缺氧环境的适应可能与长期食用牦牛奶有关。

表 7-21 不同品种牦牛及其他哺乳动物乳中乳蛋白及乳脂肪含量

品种	乳蛋白含量/%	乳脂肪含量/%
甘肃天祝	5.32	5.27
甘肃玛曲	5.67	6.73
青海天骏	5.82	7.04
白牦牛	6.83	5.64
黑牦牛	4.95	6.67
九龙牦牛	4.90	6.91
西藏牦牛	5.06	7.14
红原牦牛	4.96	4.80

续表 7-21

品种	乳蛋白含量/%	乳脂肪含量/%
水牛	4.46	7.01
山羊	4.38	6.22
骆驼	3.33	4.56
奶牛	3.09	3.91
马	2.07	2.15
驴	1.84	1.47
人	1.21	1.08

八、品牌荣誉

甘肃燎原乳业集团先后荣获“中华老字号”“甘肃名牌产品”“甘肃著名商标”“全省质量工作先进单位”等称号，燎原产品荣获“陇货精品”“全国婴幼儿产品创新奖”“中国乳制品工业协会质量优秀奖”“燎原品牌婴幼儿配方乳粉2017年度质量金奖”“技术进步奖”“优秀新产品奖”等殊荣。2017年中国牦牛乳产业发展论坛在甘肃甘南藏族自治州合作市举办。论坛上，甘南被授予“中国牦牛乳都”“中国农业大学教授工作站”“甘肃牦牛畜牧兽药实验基地”称号，中华老字号企业——燎原集团公司被授予“中国牦牛乳品的开拓者”称号。2020年，甘南通过复评再次蝉联“中国牦牛乳都”称号。

2019年11月，第二届金芒果地理标志产品国际博览会上，“甘南牦牛奶粉”荣登“2019金芒果好地标TOP榜”，被评为“2019年度金芒果十大推荐品牌”之一。此项荣誉将甘南牦牛奶粉品牌进一步推向全国乃至世界，实现甘南品牌的做大做强。

2020年3月，甘肃雪顿牦牛乳业股份有限公司向湖北黄冈捐赠了800箱雪顿全脂牦牛奶粉，为打赢疫情防控阻击战做出了积极贡献。

第八章　中药材类

◎西和半夏　◎礼县大黄　◎民勤甘草　◎文县纹党
◎民勤枸杞　◎靖远枸杞　◎徽县银杏

西和半夏

一、基本信息

(一)品种

半夏、水半夏和旱半夏在西和都能生长,野生品种以旱半夏居多,生产上人工种植的是旱半夏。

西和半夏

(二)品质特点

颗粒大、形状好、颜色白、无污染、药用价值高。

(三)地理标志

地理标志保护产品(批准公告2007年第221号)。

(四)立地条件

保护范围内海拔1650～1850 m,土壤类型为山地褐色土、山地棕壤。pH值在6.8～7.0,有机质含量≥1.0%。

(五)产品生产总规模

种植面积2.8万亩左右,年产量6000多吨(2019年)。

二、产区范围

甘肃省西和县长道镇、石堡镇、稍峪乡、苏合镇、西峪镇、汉源镇、兴隆镇、卢河镇、十里镇、何坝镇、洛峪镇、姜席镇、马元镇、晒经乡、六巷乡、石峡镇、西高山镇、大桥镇、蒿林乡、太石河乡等20个乡镇现辖行政区域。

三、历史传承

虽然半夏历史悠久,但人工栽培技术直到20世纪70年代才开始出现。西和县半夏的生产从1983年开始,大体经历了野生种驯化试种、人工栽培及大面积推广普及、面积再度下降3个阶段。

（一）野生种驯化和小区域试种阶段（1983—1985年）

此间主要是个别农户由采挖野生半夏到试验性地少量人工栽植，同时有关技术人员也开始调查搜集有关半夏的技术资料，进行宣传指导，种植面积由1983年十里乡马台村的0.037公顷，开始向周围乡村辐射，逐年扩大。

1985年，西和县半夏野生家种试验获得成功。其后，由甘肃省农科院经济作物研究所与西和县农牧局、科委等联合进行开发性试验取得成功，全县家种半夏面积获得突破性扩张。

（二）人工栽培技术示范和大面积推广普及阶段（1986—1991年）

西和县科委组织技术人员编写了半夏栽培技术资料，于1987年向陇南地区科技处申请列项示范推广，1989年甘肃省科委也正式列项推广，此项目的实施曾先后获省、地科技星火项目奖。与此同时，西和县扶贫办也将半夏人工栽培作为扶贫项目之一，1986年、1988年先后拨出专款40多万元支持半夏生产，并委托县农业中学、县委党校培训半夏种植技术人员4500多人次；西和县供销联社把半夏生产列为三农服务的具体项目之一，在全县确定112个贫困户种植半夏，先后累计投入扶持资金37万多元，在产前、产中、产后向种植户提供了系列化全程服务。建起了以半夏为主的中药材加工厂1座、加工组4个。加工的商品半夏销往日本、韩国和东南亚地区，使西和县初步成为半夏生产和销售集散地。

由于受价格上涨的牵动及其比种粮效益高的影响，农民种植半夏的积极性较高，全县半夏种植面积在短短几年内发展到365.6公顷，遍及24个乡镇。据统计，县供销联社药材加工厂1991—1994年累计加工出口半夏1268吨。由于人工种植半夏及其产品的加工开发，使全县供销系统经营利润的80%来自半夏购销，全县农民收入增加了15%，很多农民靠种植半夏脱贫。

（三）面积再度下降阶段（1992—1995年）

由于种茎退化和短缺，半夏价格逐年上涨，种植半夏投入较大，西和半夏种植面积逐渐下滑，加之半夏病害发生日趋加重、种植技术落后等因素的制约，种植半夏的经济效益下降，1995年，西和半夏种植面积下滑至133公顷左右。

1995年，西和县将发展半夏产业列入了《西和支柱产业“九五”发展规划》，县供销联社向甘肃省供销联社申请的667公顷半夏生产基地建设项目立项，投入扶持资金1000万元；同时，甘肃省农科院经作所也向甘肃省扶贫开发办申请了《半夏人工繁殖及栽培技术试验示范》项目，与西和县供销联社共同协作，联合攻关。

经过近年来政府不断推广和加大扶持力度，西和半夏种植面积持续增长，据统计，2019年西和半夏种植面积已达2万余亩，半夏产量占全国产量的70%。

四、产地环境

西和县地处西秦岭南侧，长江流域嘉陵江水系西汉水上游，地势由西北向东南倾斜，西北属梁峁沟壑区，地表起伏平缓，土质肥沃，东南属岭南山林区，峰峦叠嶂，山岭陡峻。

境内平均海拔 1692 m。气候湿润,四季分明,属暖温带半湿润性气候。年平均气温 8.4 ℃,无霜期 149 ~ 214 天,日照时数 1500 ~ 1800 h,年降水量 451 ~ 734.7 mm,有大小河流 8 条,年径流量 12 亿 m^3,地下水资源约 1 亿 m^3。西和县境内有亚热带、温带、寒带树木 1000 多种,森林覆盖率 41%,面积为 1100 万亩。

半夏为天南星科多年生草本植物,株高 15 ~ 40 cm;地下块茎呈球形或扁球形;芽的基部着生多数须根,叶基生,具长柄。2 年生以上为小复叶,小叶片椭圆至披针形;叶柄下部内侧着生一卵形珠芽;花雌雄同株,肉穗花序顶生,佛焰苞绿色或绿紫色,花期 4 ~ 7 月,果期 8 ~ 9 月。半夏为浅根性植物,喜肥,多野生于潮湿而疏松肥沃的沙壤上或腐殖土上,喜温和、湿润气候和荫蔽环境,怕干旱,忌高温。夏季宜在半阴半阳环境中生长;土壤含水量在 20% ~ 40% 时生长较为适宜。

西和气候温和湿润、多光照,独特的地理气候孕育了丰富的自然资源,"一日有四季,十里不同天""仇池无闲草,处处皆灵药",西和有药材天堂之称。甘肃西和属于丘陵或山林地带,地势相对较陡峭,利于疏水,土壤类型以壤土为主,气候较温暖,年均气温相对较低,符合半夏喜阴的习性。西和土壤湿润、肥沃、深厚,富含钾元素,这为喜钾作物半夏的生长提供了有利的营养条件,各种环境作用下充分促进了半夏的生长。

野生半夏各药效成分含量高于栽培品。这可能是因为野生半夏在自然环境下生长时间长而缓慢,次生代谢产物积累丰富,而栽培品半夏水肥条件优越,土壤营养充足,在整个生长过程中,生物量增加较快,块茎体积较大,次生代谢产物累积却相对较少。同时,观察野生与栽培半夏性状特征,发现野生半夏块茎较小,多数呈规则的类圆形,而栽培半夏块茎较大,且多侧生小块茎。因此,营养因素是造成栽培半夏品质低于野生半夏的主要原因之一。

五、生产方式

(一)选地

选择地势平缓,土层深厚,排灌方便,无污染的地块。

(二)施肥

以底肥为主,在播前结合整地一次深施、足施;采用叶面喷施。以腐熟的农家肥为主,亩施农家厩肥 5000 kg 以上,氮磷化肥以磷酸二铵为主,亩施 20 kg,叶面追肥以磷酸二氢钾与尿素为主。

(三)播种

秋播在处暑至寒露期间,春播在惊蛰时期顶凌播种。条播,株部距离 2 ~ 2.2 cm,沟间距一般为 15 cm。田间有效密度保苗在 18 万 ~ 22 万株/亩,每亩用种量 400 ~ 500 kg。

(四)苗床管理

幼苗出土后,要及时拔草,视其植株生长发育情况进行 1 ~ 3 次根外追肥,每亩施用磷酸二氢钾 0.1 kg 或尿素 0.5 kg,加水 60 kg 喷雾,同时做好灌溉排水。

(五)采收加工

在小暑至大暑期间采挖,经浸泡、剥皮、漂洗、干燥等加工过程,分级包装。

(六)环境、安全要求

农药、化肥等的使用必须符合国家的相关规定,不得污染环境。

六、特色品质

(一)感官特性

块茎呈类球形,表面白色或浅黄色,质坚实,断面洁白,富粉性。气味,味辛辣,麻舌而刺喉。

(二)理化指标

总生物碱≥0.17%,β-谷甾醇≥0.022%,淀粉≥40.00%。

(三)等级规格(表 8-1)

表 8-1　西和半夏等级规格

级别	粒度直径/mm
甲级	≥12
乙级	10～12
丙级	8～10
珍珠级	6～8

七、药用价值

半夏作为我国最常用的中药之一,已有 2000 多年的药用历史,为天南星科半夏属植物,其块茎入药。其性温、味辛,有小毒,归脾、胃、肺经,具有降逆止呕、燥湿化痰、和胃安神、宽中消痞、排脓消痈作用。《礼记·月定》中有云:"五月中有半夏,夏中有半夏"。服药则首见于《五十二病方》,处方名"治半夏",加半夏粉,与脂、醋同煎。《内经》中所列"夏秫米汤"至今仍被广泛应用于治疗胃有痰、烦躁失眠等症。《金匮要略》中记载的半夏汤、小半夏汤、半夏泻心汤、半夏厚心汤、小青龙汤等方剂,目前在中医临床和日本汉方临床上仍然广泛使用。根据 558 份处方统计分析,在日本 210 份中成药中有 46 份(占 22%)存在半夏,可见半夏在国内外中医临床研究中占有重要地位。

现代中药药理研究表明,半夏具有镇咳、镇吐、抗癌、调节胃肠功能及利胆等作用。半夏块茎含 75%左右的淀粉,还含有 β-谷甾醇及其葡萄糖苷、β-氨基丁酸、L-麻黄碱(0.002%)、胆碱(0.015%)、葫芦巴碱。

八、品牌荣誉

西和是全省重要的中药材种植基地和集散地之一,素有"千年药乡"的美誉。"天下半夏在中国,中国半夏在西和",西和县是中国半夏药材的主产区,素有"西和半夏,七分天下"之说。西和半夏供不应求,并长期出口日本、韩国及东南亚国家,半夏产业现已成为西和县的特色优势产业。

2004年，中国农业部"中国特产之乡宣传暨推介活动组委会"颁发证书和匾牌，正式命名西和县为"中国半夏之乡"。

2008年，西和半夏荣获第十五届中国杨凌农高会"后稷奖"。

礼县大黄

一、基本信息

礼县大黄

(一)品种

掌叶大黄。

(二)品质特点

块大，饱满，朱砂点、槟榔茬明显，网状锦纹分布清晰，药用成分含量高。

(三)地理标志

地理标志保护产品(批准公告2004年第192号)。

地理标志商标(注册42070174号)。

(四)立地条件

在海拔1800～2500 m，土层深厚、富含有机质的疏松坡地。

(五)产品生产总规模

大黄种植60000多亩，年采挖9000多吨(2019年)，产量占全省85%，占全国75%。

二、产区范围

礼县的上坪、洮坪、沙金、白关、白河、铨水、桥头、草坪、滩坪、雷坝、王坝、肖良、三峪、中坝、固城、崖城、湫山、罗坝、永坪、马河、红河、盐官、祁山、永兴、宽川、民族、乔川、草坝、燕河、城关、石桥、阳坡、江口、龙林、太塘、雷王等36个乡镇；宕昌县的兴化、好梯、南阳、竹院、韩院、化马、官亭、秦峪、狮子、新寨、甘江头、临江、车拉等13个乡镇；武都县的马营、池坝、金厂等3个乡镇，共计52个乡镇现辖行政区域。

铨水一带出产的大黄名最盛，通称"铨水大黄"，简称"铨黄"，在国际上称"中国铨黄"。"铨黄"一词早已录入国家《中药词典》，公认其为中国大黄的地道产品，铨水一带已约定俗成为中国大黄的"原产地"。

三、历史传承

礼县大黄种植历史悠久，最早的历史记载见于汉代《本草经》，当时礼县大黄已盛名。

中药文献诸如《中药材品种论述》（中册）中写道："铨水大黄产于礼县铨水一带，产量最多，品质最好。"据考证，大黄在礼县铨水乡一带的栽植史已逾千年，《礼县乾隆县志》记载："在252年前铨水与宕昌良恭（南阳旧称）接壤地带盛产大黄。"《本草纲目》记载大黄原产地为礼县铨水乡一带。在中世纪，欧洲人视大黄为包治百病的灵丹妙药。当时的铨水大黄通过岷县、宕昌、哈达铺运往邻近各省乃至天津口岸，还沟通了中亚商贸，仅1403年6月就有100～300峰骆驼驮运大黄抵中亚撒马尔罕。随着18世纪茶叶、大黄贸易的兴起，甘肃、青海山地的大黄被运往西亚和欧洲。在20世纪20年代，陕西、四川、河南、河北、江苏、江西、湖北、浙江、山西等十几个省的药商在铨水乡设有几十家栈房，专门从事大黄经营并向外贩运，形成以铨水为中心的大黄集市。悠久的大黄生产史，不仅为礼县大黄产业的发展扎下了深根，而且创造出了"铨水大黄"这个驰名中外的品牌。

据史料记载，在礼县境内，大面积栽培大黄始于民国三年（1914年），主要在铨水境内。1952年，礼县大黄扩种到上坪乡等地。

四、产地环境

掌叶大黄喜阳耐旱，喜欢冷凉的气候条件，生长在海拔1800～3700 m气候冷凉的高寒山区、山地，利于排水，质地疏松。

礼县地处甘肃省东南部，属嘉陵江一级支流西汉水流域，县西部有岷山山脉，山大沟深，森林茂密，药用植物资源丰富；东北为秦岭黄土梁峁沟壑区，肥力较高，适宜多种农作物种植。西北部和西南部为秦岭石质山地，南部为土石山区，海拔高、气候阴湿。礼县大黄产区海拔1800～2600 m，土壤属山地褐色土和山地棕壤，质地疏松、通气性好，适宜于中药材种植，且区内年均气温9.9 ℃，年降雨量适中，气候相对寒冷阴湿，无霜期短，昼夜温差大，光、热资源符合大黄生长的需要。

五、生产方式

（一）栽培技术

（1）育苗移栽。必须在三年生大黄植株上采集粒子饱满、无病虫害的种子，3月下旬至4月上旬播种育苗，次年3月下旬至4月上旬移栽，密度为1400～1500株/亩。

（2）田间管理。移栽当年6～9月间中耕除草2～3次，次年春、秋中耕培土各一次。施肥以腐熟有机肥为主，禁止使用硝酸盐类无机肥料；病虫害以生物防治为主，禁止使用剧毒、高毒、高残留农药。

（3）采挖。秋末或初春采挖，育苗至采挖需生长3年。

（二）加工工艺

采挖→整形→干燥→干品→去皮→筛选→分级→装箱→入库。

六、特色品质

（一）感官特征

块根呈圆锥状，干燥后表面黄褐色，去粗皮后为鲜黄色或红棕色；槟榔茬、朱砂点明显，锦纹清晰；质地为粉质，嚼之粘牙，无纤维，味微涩。

（二）主要成分含量

干燥品含大黄素（$C_{15}H_{10}O_5$）和大黄酚（$C_{15}H_{10}O_4$）的总量不少于0.50%。

七、药用价值

大黄属中药泻下药，始载于《神农本草经》，历代本草均有收载。根据传统中医理论，大黄性苦寒，主要功能是泻热毒、破淤血、荡积滞、利胆退黄，对火眼赤痛、湿热黄疸、食积、泻痢、实热便秘、吐血、衄血、血淤闭经等多种病症有较好疗效。

我国大黄有45个品种和2个亚种，但2015年版《中国药典》（一部）只收录3种大黄，即大黄、唐古特大黄和药用大黄的干燥根及根茎，主要有效成分有芦荟大黄素、大黄素、大黄酸、大黄酚、大黄素甲醚、没食子酸、番泻苷类、鞣质、大黄多糖和微量元素等成分。现代药理学研究表明，其具有导泻、利胆、保肝、抗菌、抗病毒、抗炎、止血、降脂、抗肿瘤等多种生理活性。

根据历代本草关于大黄产地的记载，大黄有8个道地产品，分别为甘肃地区的“凉州大黄”“铨水大黄”“清水大黄”“庄浪大黄”“岷县大黄”“河州大黄”，青海地区的“西宁大黄”和四川地区的“雅黄”。

与功效相关的成分为结合蒽醌类、二蒽醌类、游离蒽醌类和酚酸类物质。游离蒽醌类成分与其“清热解毒”功效相关，结合蒽醌类成分和二蒽醌类成分与其“泻下攻积”功效相关，而酚酸类成分则与其“逐瘀通经”功效相关。甘肃不同产区药材中蒽醌类化合物含量见表8-2。

表8-2　甘肃不同产区药材中蒽醌类化合物含量测定结果（%，n=3）

来源地	芦荟大黄素	大黄酸	大黄素	大黄酚	大黄素甲醚	总量
华亭	0.32	0.51	0.68	0.64	0.31	2.46
礼县	0.45	0.48	0.72	0.80	0.35	2.80
陇西	0.20	0.57	0.47	0.29	0.24	1.77
宕昌	0.28	0.52	0.61	0.72	0.21	2.34
渭源	0.22	0.53	0.46	0.57	0.22	2.00
庄浪	0.18	0.39	0.51	0.82	0.15	2.05
庆阳	0.15	0.08	0.2	0.76	0.45	1.64
榆中	0.26	0.07	0.30	0.95	0.45	2.03

八、品牌荣誉

早在1971年，铨水大黄成功注册为“双鹿”牌商标，1998年礼县鑫发农工贸公司注册了“铨水”牌大黄商标，礼县春天药业公司注册了“祁山”牌大黄商标，如今已成为我国多个区域大量种植的大品种，创造了礼县“铨水大黄”品牌效应。礼县大黄曾出口意大利、荷兰、加拿大、日本和东南亚等国家和地区。国内主要销往北京、河北、天津、陕西、湖北、安徽、上海、广州等省市的多家制药厂。

1983 年，礼县“双鹿牌”大黄荣获国家经贸部颁发优质产品荣誉证书。

2000 年，礼县大黄获陇南地区“名牌产品”奖杯。

2005 年，完成礼县大黄无公害产地认定。

2006 年，完成礼县大黄无公害产品认定。

2011 年，经中国农产品区域评估中心评估，“礼县大黄”品牌价值为 2.3 亿元。

2016 年，成功申报了礼县原生态大黄保护示范区。

2017 年，完成了礼县出口大黄质量安全示范区建设。

民勤甘草

一、基本信息

（一）品种

乌拉尔红皮甘草。

（二）品质特点

皮红质紧、骨沉粉足、纤维少、口感好、有效成分含量丰富。

民勤甘草

（三）地理标志

地理标志产品保护产品（批准公告 2010 年第 110 号）。

地理标志证明商标（注册号 6036349）。

（四）立地条件

保护区范围内海拔 1298 ~ 1936 m，沙质壤土，土壤 pH 值为 7.5 ~ 8.5，土壤有机质含量≥0.8%。

（五）产品生产总规模

种植面积 8 万多亩，年加工甘草 3000 多吨（2019 年）。

二、产区范围

甘肃省民勤县现辖行政区域。

三、历史传承

甘草始载于《神农本草经》，列为上品。历代本草皆有收载。早在南朝陶弘景《名医别录》称甘草为“国老”并描述了甘草的产区，甘草“生河西川谷积沙山及上郡”，即现在的甘肃和陕西北部及鄂尔多斯高原地区。《本草经集注》云：“河西、上郡不复通市，今出蜀汉中，悉从汶山诸夷中来。赤皮断理，看之结实者，是抱罕草，最佳。”抱罕，羌地名，即现在甘肃临夏市积石山一带。根据古代本草文献的记载，甘草原产河西（甘肃）、羌地一带，即甘肃河西自古为甘草道地产区之一。

20 世纪 70 年代以前，野生甘草遍布民勤县，面积达到 60 万亩，全县甘草贸易兴旺，供货较多。民勤甘草一度驰名全国，各地药商纷至沓来，抢购风潮连年不断，这也导致了野生甘草资源受到空前破坏，原有的 60 余万亩野生甘草所剩不足一半。

1960 年，兰州大学著名教授、植物分类学权威专家张鹏云在对甘草的品种分类、分布地区、生态特性、气温日照、土壤条件、水资源、降水等进行大量的实地调查和分析研究后，发表了《西北的甘草》一文。他在文中指出：“民勤县在沙壤质冲积草甸土上，生长的甘草群落全是甜甘草，这是罕见的，而在西北其他地区则是黄甘草、胀果甘草、甜甘草群落的混杂分布。”

2007 年，由科技部国家农业科技成果转化项目建成了 200 亩生态修复型人工甘草栽培技术试验示范基地和 2000 亩育苗基地。

四、产地环境

民勤甘草产区主要集中在甘肃省河西走廊东北部，位于东经 101°49′41″～104°12′10″、北纬 38°3′45″～39°27′37″，是石羊河下游之冲积盆地，地势由西南向东北倾斜，海拔 1298～1936 m。西、北、东三面环沙，西临巴丹吉林沙漠东缘，东、北被腾格里沙漠包围，是沙漠腹地的一片绿洲。民勤县属蒙新温带沙漠干旱气候区，光照充足，温差大，风大沙多，气候干燥，降雨稀少。年平均气温 7.8 ℃，最高月（7 月份）平均气温 23.2 ℃，最低月（1 月份）为-9.6 ℃。年平均日照时数为 3073.5 h，无霜期限 162 天。

民勤甘草产地土壤以灌漠土和灰灌漠土为主，耕作深度 30～40 cm，有机质含量 0.78%，含氮 0.6%～1.0%，含磷 0.04%～0.06%，含钾 0.05%～0.75%，速效氮 31 mg/kg，速效磷 5 mg/kg，速效钾 100～150 mg/kg，pH 值 7.5～8.0，呈碱性。灌溉主要以地上水和地下水为主，降水很少，年均降雨量 110 mm，年均蒸发量 2644 mm，地下水矿化度 0.02～0.35 g/L。

甘草具有喜光、耐旱、耐热、耐盐碱和耐寒，多生长在干旱、半干旱的荒漠草原、沙漠边缘和黄土丘陵地带。甘草有防风固沙、遏止荒漠化的作用，且种植经济效益良好。同时民勤甘草受特定的地理环境和空气、光、热、水、土资源条件的影响，内在品质和理化质量具有明显的地域性，植物学特征、特性、药用部位的感官具有十分明显的民勤地理特征。民勤甘草品质概括起来是“皮红质紧、骨沉粉足、纤维少、口感好、有效成分含量丰富”，这与其产区所处的自然环境密不可分。

民勤甘草产区土壤以灌漠土和灰灌漠土为主，土壤无污染，土层深厚、疏松、孔隙度大、通气性好。民勤甘草产区属蒙新温带沙漠干旱气候区，光照充足、温差大、气候干燥、降雨稀少、蒸发量大，干燥的空气有效地抑制病虫害的发生，使甘草表面无病虫斑。因此造就了民勤甘草根条粗大、骨沉粉足、纤维少、毛须稀少、根茎端正、外形美观的特点。

五、生产方式

(一)栽培管理

1. 种子要求

必须是采自民勤甘草地理标志产品保护区内的种子。

2. 播种

(1)播种时间:4 月中旬至 5 月下旬。

(2)播种密度:直播甘草 37.5 kg/公顷,栽甘草 37.5 万 ~52.5 万株/公顷。

3. 肥水管理

(1)基肥:种植前每公顷施腐熟的有机肥≥60000 kg。

(2)灌水:生长第三年灌水≤4 次,采收前 80 天禁止灌水。

4. 环境、安全要求

农药、化肥等的使用必须符合国家的相关规定,不得污染环境。

(二)采收

甘草生长≥3 年采收,采收时间 3 月中旬至 4 月中旬和 10 月下旬至 11 月下旬。

六、特色品质

(一)感官特色

根长≥20 cm,根直径≥1 cm。根条粗大,根条均匀,外表平坦,表面红褐色,有明显纵皱纹和横皱纹,横断面呈淡黄色,甘草质硬粉足、纤维细长,韧皮部与木质部结合处无裂隙,气清香、味浓甜。

(二)理化指标(表 8-3)

表 8-3　民勤甘草理化指标

项目	要求
甘草酸含量/%	≥2.5
甘草苷含量/%	≥1.2
含水率/%	≤10

七、药用价值

甘草,豆科植物甘草、胀果甘草或光果甘草的干燥根及根茎,是一种补益中草药,甘草因味甘甜而得名,含甘草酸 10% 左右,甘草以根及根状茎入药,有“十方九草”之美誉。

甘草是临床最常应用的药品之一。在中医上,甘草性平,味甘,归十二经。甘草补脾益气,滋咳润肺,缓急解毒,调和百药。临床应用分“生用”与“蜜炙”之别。生甘草能清热解毒,润肺止咳,调和诸药性。生用,主治咽喉肿痛,痛疽疮疡,胃肠道溃疡以及解药毒、食物中毒等;炙甘草能补脾益气,蜜炙主治脾胃功能减退、大便溏薄、乏力发热、咳嗽、心悸等。现代药理学研究表明其具有抗炎、抗病毒和保肝解毒及增强免疫功能等作用。由于甘草酸有糖皮质激素样药理作用而无严重不良反应,临床被广泛用于治疗各种急慢性肝炎、支气管炎和艾滋病,还具有抗癌防癌、干扰素诱生剂及细胞免疫调节剂等功能。甘草酸具有降血脂与抗动脉粥样硬化作用,阻止动脉粥样硬化的形成。西方国家大量进口甘草,从中提取甘草次酸,治疗艾滋病。现已证实甘草还有类肾上腺皮质激素作用、解痉、抑制胃酸分泌等作用。

甘草主要药用成分有甘草甜素(甜味成分),为甘草酸的钙、钾盐。甘草酸水解后产生葡萄糖醛酸和甘草次酸。另含甘草黄素、葡萄糖、甘露醇、苹果酸、天门冬酰胺等。民勤栽培的甘草产量大,甘草酸含量高,可作为选育高产、高甘草酸含量甘草品种的育种材料。

八、品牌荣誉

民勤县出产的甘草,以质量优异而闻名全国,素有“众药王”之称,在民间和医药行业界一直有“民勤甘草”和“民甘岷归”之说。

2009 年,民勤县甘草协会向国家工商总局商标局申请商标,通过考察审定并注册成功。

九、授权企业

民勤甘草授权企业见表 8-4。

表 8-4 民勤甘草授权企业

地理标志	市场主体	统一社会信用代码
民勤甘草	甘肃省天盛生物科技有限公司	916206216654O988XT
民勤甘草	民勤县成功农业开发有限责任公司	9162062178402259XN

文县纹党

一、基本信息

(一)品种

素花党参来源于党参的变种,因其根头部下根体过半外皮生致密的环状横纹而得名。

文县纹党

(二)品质特点

狮子盘头菊花心,外松内紧体柔韧,身长粗壮肉质厚,味清甜润嚼无渣。

(三)地理标志

地理标志保护产品(批准公告 2008 年第 80 号)。

(四)立地条件

参根系入土深,定植地选黑土、黑沙土,土层深厚、肥沃疏松、有机质含量≥3%、pH 值 6.0~7.5、排水良好,海拔在 1700~2700 m。前茬最好是小麦,也可选豌豆、油菜等作物茬口。

(五)产品生产总规模

种植面积 10.9 万亩,产量近 6552 吨(2019 年)。

二、产区范围

甘肃省文县中寨镇、石鸡坝镇、铁楼乡、堡子坝镇、桥头镇、梨坪镇、石坊镇、城关镇、口头坝乡、尖山乡、临江镇、舍书乡、尚德镇、丹堡乡、玉垒乡、刘家坪乡等 20 个乡镇现辖行政区域。

三、历史传承

《辞海·文县条》记载“文县盛产党参,号称文党。”

纹党系西党主体种群,纹党野生家种始于 1860 年清同治年间,进入人工种植和精加工也有 300 多年历史。《文县志》中记载“文处万山药材够上品有党参”,一直是当地官员进贡皇宫的“御用药材”,清末纹党经碧口大商户精加工后运往重庆、上海出口,故碧口专设海关署。《文县科技志》中描述“纹党”名始于 1960 年后。

四、产地环境

文县是纹党的原产地,产量稀少,药效比普通党参药效好很多,因其种子、种苗异地引种后发生变异,不能保持内在品质和优良特性,故文县是中国纹党的唯一产地。

文县地处甘肃省南部山区，地处西秦岭山脉，南秦岭山带，素有陇上江南之称，地理位置介于北纬位于北纬32°～33°，东经104°～105°，属亚热带湿润气候和暖温带湿润气候过渡地带，与四川、陕西接壤。地势东南低、西北高，最低海拔550 m，最高海拔4187 m，年均气温15.2 ℃，年极端最高气温37.1 ℃，年极端最低气温-2.5 ℃，年有效积温4670 ℃，年总蒸发量2040 mm，全年日照时数1714.3 h，平均无霜期278天。区内地形地貌非常复杂，山川交错，山体高而陡峭，沟壑大而幽深，气候垂直变化明显，植物随气候变化呈立体带状分布。

纹党性喜温和凉爽的气候，最适宜生长在海拔1800～2200 m，冬无严寒、夏无酷暑、气候温凉的山地。纹党适生于雨热同期的湿润、半湿润地区，干燥度多在0.6～0.9。这样的干湿程度，特别有利于纹党生长过程中根部的营养物质积累，可以产出高品质的纹党。纹党属于长日照植物，幼苗期需荫蔽，成株期则喜光照。适生区处在全国日照总时数最低中心的边缘，年日照时数在1391.3～1874.6 h，年际变化大。纹党种植区域多在西北部海拔1600～2500 m的高山林缘地带，地理位置及气候条件，较好符合纹党生长条件，研究显示纹党富有油脂，是由于纹党栽培海拔高度较高，生长气温较低，植物适应生长环境的表现。中寨等地选择土层深厚、土质疏松、腐殖质含量高、透水透气性能好的砂质黑土地种植纹党。这样的地方种植的纹党环纹细密、肉质饱满。

五、生产方式

（一）育苗

（1）育苗地选择：轮作期大于3年，育苗地选在平整湿润的阴凉地，有机质含量≥4%。

（2）大田移栽：生长期2年进行移栽，春季或秋季进行。

（二）栽培技术

按行距30 cm横向开沟，按株距13 cm摆苗，密度为每公顷少于26万株。

（三）采挖

定植3年以上进行采挖，采挖时间是9月下旬至10月上旬。禁止人畜践踏，采挖防止党参头受损。

六、特色品质

（一）感官特色

狮子盘头菊花心，外松内紧体柔韧，身长粗壮肉质厚，味清甜润嚼无渣。以身干、枝大、身长腿少、质坚、断面黄白色、气香浓郁、味甘者为佳。

（二）理化指标

热浸法醇溶性浸出物不少于55%，杂质不得超过1%，安全水分9%至12%，总灰分不得超过12%。

七、药用价值

文县纹党在我国发展为药用已有一千多年的历史，是一种名贵的滋补药材。纹党以根入药，其性能与人参相去不远，有效药用成分含量居各类党参之首，是党参中的上品。

据中国药典《本草正义》记载，"健脾运而不燥，滋胃阴而不湿，润肺而不犯寒凉，养血而滋腻，鼓舞清阳振动中气而无燥之弊"。因此，纹党除有补中益气、健脾强身作用外，还对脾胃虚弱、血气亏损、体倦无力、贫血、白血病，妇女血崩、产后诸病有显著的疗效。文县纹党性平、味甘，归脾、肺经，主要用于治疗脾肺气虚，食少倦怠，咳嗽虚喘，气血不足，面色萎黄，心悸气短，津伤口渴、内热消渴等症。

纹党含有生物碱、蔗糖、菊糖、葡萄糖、淀粉、黏液质及多种微量元素、维生素 B_1、维生素 B_2等。经兰州大学医学院中草药化学教研室化验纹党含有 21 种微量元素，其中 12 种为人体必需的营养元素，特别是硒的含量较高，目前认为硒能抑制癌发病率关系。事实证明，纹党产区的癌症病人极少。另据分析，纹党中含有很多糖，经药理证实，其具有重要的生理功能，是低毒免疫促进剂，对肿瘤、心血管疾病及放射病等均有一定的防治效果。

党参提取物中党参炔苷为 2015 年版《中国药典》规定党参 TLC 鉴别用对照品，具有抗癌、抗菌、抗炎、镇静、降压、保护胃黏膜等作用，广泛存在于党参中，可作为党参研究的指标性成分，应用于党参评价。由表 8-5 和表 8-6 看出文县产纹党党参炔苷远高于武都产纹党，也高出白条党参许多，环境因素对党参品质影响显著，即使同地区不同乡镇、同基源不同地区的党参炔苷含量也会有明显差异。

表 8-5　不同产地纹党党参炔苷含量的比较

样品名称	样品数/份	党参炔苷含量($\bar{x}\pm s$,%)
武都纹党	7	0.097±0.023
文县纹党	8	0.256±0.043

表 8-6　白条党和纹党党参炔苷含量的比较

样品名称	样品数/份	党参炔苷含量($\bar{x}\pm s$,%)
白条党	23	0.080±0.028
纹党	15	0.182±0.089

八、品牌荣誉

1960 年，在文县召开的全国党参现场会上，纹党质量被评为全国第一。

1984 年，"文县纹党"荣获外经贸部"出口商品荣誉证书"。

2019 年 11 月，"文县纹党"入选中国农业品牌目录 2019 农产品区域公用品牌。

2020 年,“文县纹党”入选“甘味”区域公用品牌特别系列。

纹党为甘肃省四大名药之一,先后取得了“绿色纹党”认证、注册了中寨牌、陈兴隆牌、陇源唐牌、巧诚牌纹党商标 4 个。文县中寨纹党产区代元有限公司的主导产品“中寨”牌文县纹党于 2007 年荣获“第十四届中国杨凌农业高新科技成果博览会”后稷奖;2009 年,被评为“甘肃省著名商标”、陇南市名牌产品;2010 年,被评为甘肃省名牌产品。

完成了文县纹党国家标准化示范区基地建设,纹党 GMP 标准化加工车间项目已竣工验收并全面投产,完成了 GMP 认证。远销“丝绸之路”沿线 130 多个国家和地区,为甘肃大宗出口中药材。

九、授权企业

文县纹党授权企业见表 8-7。

表 8-7 文县纹党授权企业

地理标志	市场主体	统一社会信用代码
文县纹党	文县中寨纹党产区代元有限公司	91621222710286306A

民勤枸杞

一、基本信息

(一)品种

传统本地枸杞。

民勤枸杞

(二)品质特点

色泽红润、颗粒饱满、甘甜味美、含糖量丰富。

(三)地理标志

地理标志产品(批准公告 2016 年第 112 号)。

(四)立地条件

海拔 1298 ~ 1936 m,土壤为灌漠土和灰灌漠土,质地为沙壤土或中壤土,有机质含量 ≥10.47 g/kg,pH 值为 7.5 ~ 8.5。

(五)产品生产总规模

挂果面积达到 2.84 万亩,干果总产量达 1564 吨(2018 年)。

二、产区范围

民勤枸杞产地范围为甘肃省河西走廊民勤县昌宁镇、蔡旗镇、重兴镇、薛百镇、大坝镇、三雷镇、苏武镇、东坝镇、夹河镇、双茨科镇、大滩镇、泉山镇、红沙梁镇、西渠镇、东湖镇、收成镇、南湖镇、红砂岗镇现辖行政区域。

三、历史传承

民勤枸杞历史悠久，据《本草纲目》记载，“古者枸杞，河西及甘州者，其子圆如樱桃，暴乾紧小少核，乾亦红润甘美，味如葡萄，可作果食，异于他处者，大抵以河西者为上也”，印证了民勤枸杞的优良品质。

民勤是有名的“沙井文化”发祥地，古为“丝绸之路”的北路驿站，明代至民国时期，以县城为中心，西通新疆，北达包头，东抵兰州、汉中，民勤一代代骆驼客商们走南闯北，从民勤运出枸杞等土特产。

建国初期，民勤栽植的多为乡土枸杞，主要分布于农户房前屋后，为群众夏季副业生产门路之一，采摘的果实多做药用。后逐步开展枸杞新品种选育和配套栽培技术研究、示范推广，在栽培中不断积累了丰富的实践经验和扎实的理论基础，在枸杞优质、丰产栽培技术研究，新产品研制和深加工工艺研究，育种和引种试验研究等多个领域开展了大量技术研究与示范推广。

四、产地环境

民勤县隶属甘肃省武威市，地处河西走廊东北部，石羊河流域下游，海拔 1298 ~ 1936 m，东、西、北三面被腾格里和巴丹吉林两大沙漠包围，形成天然的隔离屏障，可有效减少病虫害的发生，还有利于制干及储存。大陆性沙漠气候特征十分明显，降水稀少、气候干燥、日照时数长、昼夜温差大，有利于枸杞果实糖分和药用成分的积累。

民勤土壤富含利于枸杞生长发育的特殊营养物质。民勤县域内土壤以灌漠土和灰灌漠土为主，富含盐、碱、磷、铁、铜、钾等矿物质成分，其中有机质平均含量 10.47 g/kg，全氮平均含量 0.54 g/kg，全磷平均含量 1.01 g/kg，全钾平均含量 20.33 g/kg，pH 值 7.5 ~ 8.5，是枸杞生长最为有利的地区，其土质条件非常适合枸杞的生长，且能形成品质优良的果实，也能体现出民勤枸杞的地道性。

民勤枸杞灌溉用水来自祁连山雪水和地下井水，雪水是枸杞的天然营养，保证了枸杞的品质。

五、生产方式

（一）栽培管理

（1）育苗：采用硬枝或嫩枝扦插育苗。

（2）栽植时间：3 月下旬至 4 月中旬。

（3）栽植：密度 栽植密度为≤3330 株/公顷。

（4）施肥：以有机肥为主，每年施腐熟有机肥≥75 吨/公顷。

(5)环境、安全要求:农药、化肥等使用必须符合国家相关规定,不得对果品、环境造成污染。

(二)采摘与制干

(1)采摘时间:6 月中旬至 10 月中旬分批采收。

(2)制干:将采摘的鲜果用食用碱及时脱蜡,自然晾晒或热风烘干,烘干温度控制在 45 ~60 ℃,含水量控制在 13% 以下。

六、特色品质

(一)感官特色

果形类纺锤形,果皮呈红色,皮薄肉厚,味甘甜。

(二)理化指标

粒度为 250 ~500 粒/50 g,多糖含量≥4.0% ,总糖含量≥46.0% 。

七、药用价值

民勤枸杞中的总糖和蛋白质含量较高,脂肪含量较低,能提供更多的氨基酸,也能提供更多的能量,营养价值较高,据甘肃省农科院质量检测中心测定,民勤枸杞含有丰富的枸杞多糖、粗脂肪、蛋白质、游离氨基酸、粗纤维、有机酸、维生素 B_1、维生素 B_2、维生素 C,特别是类胡萝卜素含量很高。此外,还含有大量的矿物元素,如钾、钠、钙、镁、铁、铜、锰、锌和硒等,与其他产区产品比较,民勤县枸杞有效内含物含量和营养价值普遍高于国内其他地区,是高蛋白低脂肪的药食同源植物。

《本草纲目》《千金翼方》《本草汇言》等很多古代医学名著都有关于枸杞药用的记载。枸杞性味甘平,中医认为,枸杞子具有滋补肝肾、益精明目的功效,可用于虚劳精亏、腰膝酸痛、眩晕耳鸣、血虚萎黄等。

枸杞口感微甜,籽小而少,含有丰富的营养成分,总糖含量≥58.48 g/100 g;枸杞多糖≥4.6 g/100 g;总黄酮含量≥63.10 mg/100 g;可食率 100% ,出干率≥25% 。胡萝卜素含量 0.73 g/100 g,抗坏血酸含量 48.11 mg/100 g,民勤枸杞均高于西北部其他产区枸杞。枸杞多糖是一种水溶性多糖,是枸杞中最主要的活性成分,现已有很多研究表明,枸杞多糖具有促进免疫、抗衰老、抗肿瘤、清除自由基、抗疲劳、抗辐射、保肝、生殖功能保护和改善等作用。据临床医学验证,枸杞还能治疗慢性肾衰竭、降血糖、软化血管,降低血液中的胆固醇、甘油三酯水平,对脂肪肝和糖尿病患者具有一定的疗效。

八、品牌荣誉

明显的地域特色和品质优势,令民勤县成为西北地区生产条件最好、果品品质最佳、质量最安全的枸杞产区之一,生产的枸杞素有“红玛瑙”之称,果实鲜红、粒大饱满、皮薄肉厚、含糖丰富、药用价值高,颇受市场青睐。

靖远枸杞

一、基本信息

（一）品种

本地传统枸杞。

（二）品质特点

鲜果玲珑、干果深红、粒大色鲜、皮薄肉厚、味道甘甜、品质纯正、绿色安全。

（三）地理标志

地理标志产品保护产品（批准公告 2012 年第 222 号）。

地理标志证明商标（注册号 21806791 号）。

靖远枸杞

（四）立地条件

产地范围内海拔 1300 ~ 2300 m，土壤为灌淤土或灰钙土，质地为沙壤土或中壤土，pH 值 7.5 ~ 8.5，有机质含量>1%，全盐含量<1%。

（五）产品生产总规模

种植面积已达 27.2 万亩，年产干果 5.7 万吨（2020 年）。

二、产区范围

甘肃省靖远县靖安乡、五合镇、东升镇等乡镇现辖行政区域。

三、历史传承

靖远枸杞是靖远名优果类产品之一，栽培历史悠久，据清代康熙四十八年《靖远卫志》记载：“枸杞拱把成树，五月结实，红干可食”。自古就有“一亩园十亩田”之说，靖远县靖安、东升等一些乡村田间地头和山坡上现在还生长着大量野生枸杞。

1999 年，靖远县枸杞栽培技术在北部乡村开始试种推广，由于经济效益明显，枸杞种植很快在北部的几个乡大面积推广。

2013 年 7 月，《地理标志产品靖远枸杞》标准通过相关部门审定，为“靖远枸杞”地理标志产品标准化生产提供了技术规范，对规范靖远枸杞生产、提高枸杞产品质量、扩大品牌效益起到了推动作用。

四、产地环境

甘肃省靖远县位于黄河上游，地处甘肃省中东部，与宁夏中卫市沙坡头区接壤，属陇西黄土高原与腾格里沙漠过渡地带，温带大陆性干旱半干旱气候，年均气温 8.9 ℃左右，年极端最高气温 35.1 ℃，全年平均日照时数 2676.1 h，年平均降水量为 235.5 mm，每年蒸发量 1634 mm，无霜期 165 天。土层深厚，土壤肥沃，光照充足，昼夜温差大。黄河流经县境 10 个乡镇，共 154 km，是黄河在甘肃过境最长的县份，流域面积达 100 km^2。引灌含丰富腐殖质的天然黄河水，土壤含丰富矿物质和洪积造就了靖远品质优等的红枸杞。

宁夏中宁县素以“枸杞之乡”蜚声海内外，靖远地理位置与宁夏中宁县相似，且接壤，两大产区连接在一起，纬度接近，同属中国红枸杞的黄金产区，靖远枸杞同属于宁夏品种，但由于靖远海拔比中宁的海拔稍高，因此比起中宁枸杞果实颗粒大稍微甜一点。另外靖远土壤腐殖质多，土层深厚肥沃，熟化度高，温寒兼容，排灌适时，光照充沛，这种得天独厚的自然地理条件极宜枸杞的生长。

靖远县干旱少雨，风沙肆虐，不适宜种粮食。靖远县利用山川结合、因地制宜的方法，加大农作物结构调整，根据气候干燥、山地多、自然环境恶劣这一地域特点，大面积引进种植抗旱性强、经济效益高、成活率高的枸杞幼苗。枸杞喜盐碱，甘肃靖远黄土高原酸碱度适宜枸杞的生长。在当地，枸杞的种植不仅成为生物治碱的有效措施，枸杞种植基地也构筑了当地和兰州北部的生态屏障。

五、生产方式

（一）栽培管理

（1）育苗：采用枸杞硬枝扦插和嫩枝扦插育苗。硬枝扦插育苗于 3 月中旬至 4 月上旬，树液开始流动，芽体未萌动，土壤解冻 20 cm 以上进行；嫩枝扦插育苗以 6 月下旬至 8 月下旬为宜。

（2）栽植时间：分为春植和秋植两个时间。春栽在 3 月下旬到 4 月上旬；秋栽在 10 月下旬至 11 月上旬（冬灌前）。

（3）栽植密度：2668 ~ 3330 株/公顷。

（4）肥水管理：以有机肥为主≥55 吨/公顷，适量追施氮肥≤1.5 吨/公顷，干旱时及时进行灌水。

（5）整形修剪：通过定干和短截修剪，以自然半圆形为主，确保树冠通风透光。

（6）环境、安全要求：农药、化肥等使用必须符合国家相关规定，不得污染环境。

（二）采摘与制干

（1）采摘时间：采摘时间 6 月中旬至 10 月中旬。

（2）制干：将采集的鲜果清选后，及时进行脱蜡处理，然后自然晾晒，晾晒至果皮皱缩后脱水，再进行热风烘干，去果梗，至干果。热风烘干温度控制在 45 ~ 60 ℃，干果含水量控制在 13.0% 以下。

（3）工艺流程：鲜果→清选→脱蜡→晾晒→水洗→热风烘干→去果梗→干果。

六、特色品质

（一）感官特色

果形扁纺锤形或长扁卵形，果皮呈橘红色或红色，基部具有明显的白色果梗痕，果皮薄而皱缩，籽小而少，味甘甜。

（二）理化指标

干果果重范围：250～600 粒/50 g。多糖含量≥3.1%，总糖含量≥39.8%。可食率100%，出干率≥20%。

七、药用价值

中国早期的药用枸杞就是西北地区采集野生枸杞的产品，在秦汉时期的医药书籍中已经有药用枸杞的记载，《本草纲目》中记载："枸杞补肾养精，养肝明目，坚筋骨，去疲劳，明目安神，令人长寿"。《神农本草经》记载："枸杞久服能坚筋骨、耐寒暑，轻身不老，乃中药中之上品。"可以看出，枸杞是我国传统的名贵中药材，具有补肾养肝、润肺明目等功效，受到中外医学家与食疗养生专家的高度重视。

枸杞中的营养物质主要为枸杞多糖（LBP）、甜菜碱、类胡萝卜素、类胡萝卜素酯、维生素 C、多种氨基酸及矿物质（如钾、钠、钙、镁、铜、铁、锰、锌、磷）等。此外，还从枸杞中分离得到了玉蜀黍黄素及玉蜀黍黄素二棕榈酸，环肽及枸杞素 A-D、脑苷脂类等。枸杞是被国际上公认为"富集锂"的植物，而且还含有大量糖、蛋白质以及氨基酸、多糖色素、维生素、甾醇、甙类等。据大量测试数据证明，靖远枸杞的营养成分和药理活性成分颇为丰富。有研究比较分析了宁夏、甘肃、青海、内蒙古、新疆五省（区）的典型枸杞产地土壤和枸杞果实中铁、锰、锌、硒 4 种微量元素的含量，结果表明：产地土壤中铁、锰、锌、硒 4 种微量元素含量差异不明显，但所产的枸杞果实中 4 种微量元素含量差异较大，甘肃靖远县仅次于宁夏银川市、宁夏中宁县。

枸杞被卫生部列为"药食两用"品种，枸杞子可以加工成各种食品、饮料、保健酒、保健品等。在煲汤或煮粥时可经常加入枸杞。

八、品牌荣誉

靖远枸杞已先后获得国家绿色食品、有机食品，被誉为"枸杞佳品"和"陇上名品"。

2007 年，靖远枸杞在甘肃省第二届林果花卉展览交易会上，被评为"甘肃省十大名果"。

2008 年，靖远枸杞栽培示范区获得"甘肃省无公害枸杞产地"认证。

2010 年，靖远枸杞通过了"食品安全管理体系"认证，获得中华人民共和国"海关证"，取得出口权。

2012 年，靖远枸杞荣获第十届中国国际农产品交易会金奖。

2014 年，靖远枸杞通过"全国绿色食品基地原料（枸杞）标准化生产基地"认证。

2015 年，入选 2015 中国品牌价值榜，被列入中药材类地理标志产品第 8 位，区域品牌价值为 13.8 亿元。

2017 年，靖远枸杞列入全国名特优新农产品目录。

2018 年，在上海举行的"中国品牌价值评价信息发布暨第二届中国品牌发展论坛"上，"靖远枸杞"跻身区域品牌（地理标志产品）前 100 名，是唯一入围百强榜的枸杞品牌。

2020 年，靖远枸杞入选《"甘味"知名农产品目录》好中优系列。

靖远县按照“建基地、强标准、打品牌”的发展思路，培育打造出了“高原宏”“川情浓”等枸杞知名品牌，注册各类枸杞商标30多个，靖远枸杞畅销全国20多个省，远销德国、法国、波兰以及东南亚等国家和地区。

九、授权企业

靖远枸杞授权企业见表8-8。

表8-8　靖远枸杞授权企业

地理标志	市场主体	统一社会信用代码
靖远枸杞	甘肃金杞福源生物制品开发有限公司	91620400670819533H
靖远枸杞	靖远金田野枸杞种植专业合作社	93620421585948939A

徽县银杏

一、基本信息

（一）品种

马铃类、圆子类和梅核类等银杏品种。

徽县银杏

（二）品质特点

种壳呈汉白玉或鱼肚白色，具光泽。果仁熟后质地细腻，具韧性和糯性，口感香、甜，略有苦感。

（三）地理标志

地理标志产品（批准公告2013年第184号）。

（四）立地条件

产地范围内海拔800～1200 m，土壤类型为褐色土或棕壤，土壤有机质含量≥1.0%，pH值6.2～7.8。

（五）产品生产总规模

全县古树为229棵，平均生长年限达800年。种植面积19.5万亩，年产银杏果168吨（2015年）。

二、产区范围

徽县银杏产地范围为甘肃省徽县柳林镇、城关镇、嘉陵镇、伏家镇、江洛镇、泥阳镇、永宁镇、水阳镇、虞关乡、银杏镇、栗川镇 11 个乡镇现辖行政区域。

三、历史传承

银杏为银杏科银杏属落叶乔木，是我国特有珍贵孑遗树种。徽县银杏种植历史悠久，在中三叠纪植物群中，甘肃就有银杏类化石发现，晚侏罗纪至早白垩纪的陇南徽成盆地东河群，亦出现似银杏属和准银杏属等银杏纲植物化石。徽县全县古树为 229 棵，平均生长年限达 800，嘉陵镇至今生长着 153 棵千年以上的银杏古树，形成了罕见的野生、半野生状态的银杏群落。

由于交通不便、信息闭塞，位于川陕交界的徽县一直不知道银杏树开发的巨大商业价值，直到 1994 年，外地商贩来徽县以高达 120 元/千克的价格收购银杏果，使得徽县政府和人民意识到银杏产业发展的巨大潜力，开始大面积种植。20 世纪 90 年代，徽县开始建设银杏基地，推行银杏密度育苗、林粮间作、地埂栽植、早果早丰产密植园、荒山造林等多种复合种植模式。

2006 年，徽县将每年的行道树栽植树种全部确定为银杏，并将柳林、嘉陵、银杏、水阳等中部适宜乡镇确定为银杏发展的重点乡镇，建成千亩银杏示范带 4 处。

2007 年，徽县确定了“银杏适宜区全覆盖”的政策方向。

四、产地环境

徽县的水土、气候、温度等皆适宜银杏生长，为银杏适生区。

徽县位于川陕甘交界，甘肃省东南部，地处西秦岭南麓的徽成盆地，属北亚热带边缘温润气候区向暖温带过渡带，气候温暖，雨量充足，为典型的大陆性季风气候，海拔在 700 ~ 2300 m，平均气温 12.5 ℃，年均日照时数 1700 h，年均降雨量 770 mm，徽县土壤碳酸钙含量丰富，pH 值多在 7.2 ~ 8.41，主要以褐色土、棕壤、淀土为主，土壤表层有机质丰富，土壤微生物多，富含多种微量元素，具有良好的理化特性。土层深厚、疏松，速效钾含量较高。在这样的土壤条件下，银杏树生长结果能力强，有机质的合成和积累也较多，与银杏果、叶品质相关的淀粉、蛋白质及槲皮素、山柰素等有效成分含量高，从而增大了银杏果实的营养成分。

徽县降水充沛，热量充足，空气湿度大，日照充足，适合银杏树生长。日照时间长，森林植被茂密，形成了直射光较少、漫射光多的特殊条件，为喜光而又惧强光的银杏树提供了理想的光照条件，因而造就了徽县银杏肉厚质细、清甜可口的独特品质。少有的高森林覆盖率和生物的多样性，营造了银杏产区优良的生态环境。徽县地处小陇山林区，林地面积占全县土地总面积的 2/3 以上，森林覆盖率极高。亚热带和暖温带植物均有天然分布，生物物种复杂多样，是蕴藏多种动植物资源的宝库。

徽县银杏多分布于庭院四旁和风景名胜区，远离工厂，没有工业垃圾和环境污染；而且，受传统农业意识的影响，大多没有使用农药和化肥的习惯，银杏树处于自然生长状态，保持了纯天然的品质，具备了开发绿色食品和有机食品的特殊优势。徽县银杏既不同于北方银杏，又有别于南方银杏，这与银杏产区地理环境的独特性、立地条件的复杂性、生物资源的多样性、生态环境的优越性密切相关，独具特色的生产种植环境，孕育出了独具质量特色的徽县银杏。

五、生产方式

(一)栽培管理

(1)种苗繁育:从良种园各品种的壮年结果母树采集接穗,以3~5年银杏实生苗为砧木,嫁接繁殖。

(2)定植:时间以秋末冬初(土壤未封冻前)或春季3~4月为宜,栽植密度≤705株/公顷,按2%~3%配置授粉雄株。

(3)施肥:成龄树每株每年施用腐熟有机肥≥45 kg。

(4)环境、安全要求:农药、化肥等的使用必须符合国家相关规定,不得污染环境。

(二)采收

9月至10月,杏果实外种皮由青转黄或橙黄,并开始少量自然脱落时采收。

(三)种实加工处理

采后堆沤一周后除去外种皮,清洗阴干,袋藏或冷库储藏。

六、特色品质

(一)感官特色

种壳呈汉白玉或鱼肚白色,具光泽。果仁熟后,质地细腻,具韧性和糯性,口感香、甜,略有苦感。

(二)理化指标

单粒重≥1.5 g,出仁率≥76%。种核具胚率≥88%。

七、药用价值

银杏果仁含有多种营养元素,除淀粉、蛋白质、脂肪、糖类之外,还含有维生素C、核黄素、胡萝卜素、钙、磷、铁、钾、镁等微量元素,以及银杏酸、白果酚、五碳多糖、脂固醇等成分,具有益肺气、治咳喘、止带虫、缩小便、平皴皱、护血管、增加血流量等食疗作用和医用效果。银杏外种皮含有大量的氢化白果酸和银杏黄酮。外种皮水溶性成分具有较好的镇咳祛痰作用,其作用性质与环磷酰胺及地塞米松类似。根据现代医学研究,银杏还具有通畅血管、改善大脑功能、延缓老年人大脑衰老、增强记忆能力、治疗老年痴呆症和脑供血不足等功效。除此以外,银杏还可以保护肝脏、减少心律不齐、防止过敏反应中致命性的支气管收缩,还可以应用于对付哮喘、移植排异、心肌梗死、中风、器官保护和透析。

银杏叶提取物能有效地防治心脑血管疾病、抗血小板聚集、抗过敏、增强机体免疫功能,对防治疾病和抗衰老有重要作用,到目前为止,已知其化学成分的银杏叶提取物多达160余种,主要有黄酮类、萜类、酚类、生物碱、聚异戊烯、奎宁酸、亚油酸、蟒草酸、抗坏血酸、α-己烯醛、白果醇、白果酮等。黄酮类化合物为其主要有效成分之一,经比较在甘肃境内陇南地区银杏叶中总黄酮苷含量较高。中国科学院植物所等单位于20世纪60年代用银杏叶研制出舒血宁针剂，经试验对冠心病、心绞痛、脑血管疾病有一定的疗效。目前，用银杏叶提取物配制的护肤、护发等方面的产品达50余种。

银杏还可以用于农药和兽药。银杏外种皮醇类中间体对22种临床常见致病真菌的抑制有效率为81%。0.1%的氢化白果酸抑制25种临床致病真菌的有效率为92%。此外，外种皮提取物对苹果炭疽病等11种植物病菌的抑制率达88%～100%。醇提取物对丝棉金尺蠖3天内防治率达100%，同时可防治叶螨、桃蚜、二化螟等害虫。

八、品牌荣誉

雅龙公司作为徽县首屈一指的银杏加工企业，积极带动着全县银杏加工业发展。雅龙公司依托徽县银杏资源，建立银杏茶、银杏果仁、银杏软黄金胶囊、银杏营养粉、银杏酮速溶茶共五大类，十几个银杏系列产品生产线，取得A级绿色食品银杏果仁认证和A级绿色食品银杏茶认证，产品多次被评为名优产品。

2013年，“三滩”牌银杏果仁和“三滩”牌银杏茶获2013年度陇南名牌产品称号。

2014年，徽县雅龙银杏产业开发有限责任公司持有的“三滩”农产品品牌，荣获“2014年度全国百佳农产品品牌”称号。

2016年，第十六届中国绿色食品博览会上“三滩”牌银杏果仁、银杏茶荣获产品金奖。

2017年11月，中国林学会授予徽县嘉陵镇田河村“中国最美银杏村落”荣誉称号。

第九章　其他类

◎环县皮影　◎庆阳香包　◎酒泉夜光杯
◎庆阳刺绣　◎临洮大丽花

环县皮影

环县皮影

一、基本信息

(一)品种

皮影戏演出的道具。

(二)材料要求

选用当地 2 ~4 岁的黄褐色公牛的牛皮。

(三)品质特点

透明度大,立体感强,注重图案装饰,着色对比强烈,造型轮廓以直线概括,俊俏有神。

(四)地理标志

地理标志保护产品(批准公告 2014 年第 13 号)。

二、地域范围

甘肃省环县现辖行政区域。

三、历史传承

皮影俗称灯影戏,是中国最古老的戏剧形式之一,源于 2000 余年前的中国古代长安,盛行于唐、宋。至今仍在中国民间普遍流行,堪称中国民间艺术一绝。皮影选用上等牛皮,经过刮、磨、洗、刻、着色等二十四道工序手工雕刻 3000 余刀而成。其艺术创意汲取了中国汉代帛画、画像石、画像砖和唐、宋寺院壁画之手法与风格。用灯光照射兽皮或纸版雕刻成的人物剪影,以表演故事的戏剧。剧目、唱腔多同地方戏曲相互影响,由艺人一边操纵一边演唱,并配以器乐。

环县皮影雕刻大致经历了传播、接受和发展三个阶段。

早在20世纪初期，陕西一些皮影艺人行艺于环县，他们之中有皮影雕刻艺人，也有皮影演唱艺人。

20世纪60年代以前，有艺人依靠赶脚的（脚户）从陕西购买影箱，其中秦团庄乡已故艺人耿老五影箱即是从陕西代购回的；也有艺人亲赴陕西购买。

20世纪60年代，王清安曾从陕西定边县购买影箱一副，后又倒卖掉。当时艺人们有一种说法："置办影箱要到陕西省会西安去买，只有西安的活（影件）才能用。"

由此可见，陕西皮影雕刻曾经历过一个辉煌发展时期，后渐趋衰落，优秀的老影箱流传到边远山区，其中环县就是较为完整地保留了这些优秀文化遗产的地区之一。

四、地域特点

甘肃省环县在地理上接近皮影的起源地陕西，两省文化自古融汇交流、互相影响，环县皮影即关陇文化的产物。环县适宜的地理气候条件，有利于畜牧业的发展，为皮影制作提供了基本的原料。

五、制作工艺

（一）工艺流程

泡制→剔皮→分解→软化→推磨→阴干→描摹→镂雕→着色→封色→熨烫→装订→成型。

（二）工艺技术要求

（1）泡制：将牛皮置于当地河水中6～8天，至毛根发软，绷于木框上进行剔皮。

（2）镂雕：以镂空为主，阴雕阳镂、阴阳交错、明暗相辅，造型严谨，刀口精细流畅，没有毛刺。

（3）着色：用皮胶（熬好的鱼鳔或牛皮胶）调色（硬色）涂染。用色以胭脂红、藤黄（橘黄）、绿、蓝、黑（锅黑）等为主，色彩纯正绚丽，对比强烈。

（4）封色：用牛皮废料熬成胶水，用干净排笔刷在皮影上，使其透明光亮。

（5）熨烫：将已着色的皮影熨烫脱水，达到平整。

（6）装订：用皮线或丝弦，联结皮影各部位形成整体，摆动灵活、自如。

六、产品品质

（一）感官特色

着色艳丽、均匀，色调层次分明。影件透明度高，立体感强，造型规范，人物形似，布景陈设、神怪异兽布局丰满。刀路清晰，线条流畅，粗细得当。皮子薄厚匀称，润泽柔软且有弹力。

（二）安全及其他质量技术要求

产品安全及其他质量技术要求必须符合国家相关规定。

七、品牌荣誉

2002年6月9日，中国民俗学会正式命名环县为“皮影之乡”。

2003年，环县道情皮影被文化部列为首批中国民间文化保护工程试点之一。

2006年5月，环县皮影进入国家级非物质文化遗产保护名录。

庆阳香包

一、基本信息

(一)品种

一种民俗物品，按照剪纸的图样，在丝绸布料上用彩色的线绣出各种各样的图案，然后缝制成不同的造型，内芯填充上丝棉、香料，就做成一种小巧玲珑、精致漂亮的刺绣品。

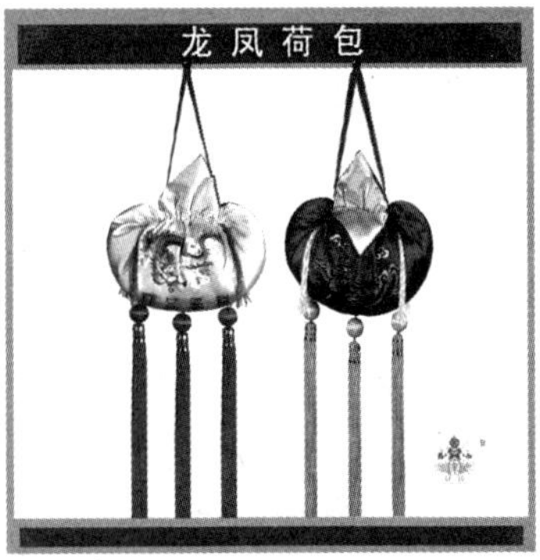

庆阳香包

(二)用途

端午节古老的民俗物品，寄托了地方劳动人民一种祛邪、避灾、祈福的美好愿望。

(三)品质特点

庆阳香包绣品是把平面刺绣与立体造型融合为一体，采用缝绌、裁剪、黏合、填充、挖补、彩染、线盘刺绣揉合为自成体系的针工艺术品。

向美、向善的人性追求是庆阳香包的文化元素。

古朴、稚拙、纯真、粗犷、怪异、神秘、造型工稳对称、玲珑精巧、配色艳丽、品类繁多、香韵纯真，独具原始风格的地域特色。

(四)分类

1. 带填充物的香包绣品

运用陇绣绣制各种图案，在内装入棉花、香料等填充物，双面缝合后做成标准造型。如宫灯类、香包类、挂件类、立体挂件类、配饰类、实用类中部分产品等均为带填充物的香包绣品。

2. 不带填充物的香包绣品

运用陇绣绣制各种图案，用于服装、鞋帽、肚兜等生活实用性装饰或独立成为绣品。如绣花门帘、绣花肚兜及绣制成的书法、绘画作品等。

头戴型(虎头、猫头、兔头及各种动物头型帽)、肩卧型(虎头枕、枕巾等)、胸挂型(香包、肚兜)、背负型(如“五毒背心”)、脚蹬型(虎头鞋、猫头鞋、蝴蝶鞋等)。

(五)地理标志

地理标志保护产品(批准公告2014年第39号)。

（六）产品生产总规模

2015 年，庆阳市香包刺绣公司从 45 家增加到 200 多家。

二、地域范围

庆阳香包产地范围为甘肃省庆阳市西峰区董志镇、肖金镇、彭原镇、什社乡、显胜乡、温泉镇、后官寨镇，庆城县驿马镇、庆城镇、玄马镇、熊家庙办事处镇、赤城镇、白马铺镇、桐川镇、太白梁乡、土桥乡、蔡口集乡、高楼镇，宁县新宁镇、平子镇、早胜镇、长庆桥镇、和盛镇、新庄镇、米桥镇、良平镇、中村镇、太昌镇、焦村镇、南义乡、瓦斜乡、金村乡、春荣镇，正宁县山河镇、榆林子镇、宫河镇、永和镇、西坡镇、永正镇、周家镇、湫头镇、五顷塬回族乡、三嘉乡，合水县西华池镇、老城镇、吉岘镇、何家畔镇、板桥镇、蒿组铺乡、太白镇、店子乡，环县环城镇、曲子镇、甜水镇、天池乡、演武乡、合道镇、樊家川镇、四合原旅游办、秦团庄乡，华池县悦乐镇、柔远镇、元城镇、城壕乡，镇原县城关镇、屯字镇、孟坝镇、三岔镇、平泉镇、开边镇、太平镇、临泾镇、南川乡、上肖现辖行政区域。

三、历史传承

庆阳地区有端午节制作佩带“绌绌”（“绌”，音 chu，陕甘方言，原指原始骨针的一种缝制方法，后借称用布缝制、袋口能松能紧的包袋）的习俗，其起始时间尚不可考，据说形成于公元前 2300 多年，《黄帝内经》的作者岐伯曾携一药袋防疫驱瘟、禁蛇毒，开创“薰蒸法”。因岐伯生于庆阳，故此法在当地渐成习俗，流传不断。草药被称为“香草”，因而药袋便称为“香包”或“绌绌”，有的地方也称之为香囊、香包、荷包等。

宋代是中国古代艺术的巅峰，此时的庆阳香包艺术也已是相当精湛。2001 年，文物专家对庆阳境内宋代双石塔进行搬迁时，发现了一只刺有变形梅花、荷花及缠枝花纹饰的香包。据考证，这只香包距今至少有 800 多年，但仍色泽艳丽，图案如新，被美誉为“千岁香包”，这是迄今我国发现的最早的香包。“千岁香包”的图案按照佛教净土的教义设计的，其寓意是把小香包看作“西方净土”，向佛祖表达崇敬与祈福的诚意。

至清代，香包成为爱情的信物。明清时期也是庆阳香包发展最为丰富的一个时期。在每年端午节，人们将香包作为礼物送人。娃娃们会背上一个刺绣的大青蛙或者一盘蛇，再配上五毒，头戴虎头帽，足登虎头鞋，胸前戴着装草药的香包。但 20 世纪 60 年代，庆阳香包渐渐消沉。

如今，在联合国颁布《保护非物质文化遗产公约》后，我国的非遗保护传承也在火热进行中，庆阳香包也得到复兴。

四、产地环境

香包的源远流长与农耕文明息息相关。庆阳是中华民族早期农耕文明的发祥地之一，20 万年前这里就有人类繁衍生息，7000 多年前就有了早期农耕。农耕文化最显著的一个特点是男耕女织，在生产力较为发达的前提下，妇女们在织布缝衣之余，还做些手工艺品来增添生活的乐趣。她们通过细心的观察，把身边最常见的、最丰富的素材，如花鸟鱼虫等描出来、画出来、绣出来，香包也就由此产生并流传下来。

五、生产工艺

(一)原料要求

(1)面料:多用丝绸或彩布,以红、黄、绿、蓝、白、黑、粉等色丝绸为主,应整洁美观,经纬紧密,色彩鲜艳。

(2)绣线:多以蚕丝线、冰丝线为主,也用涤纶毛线,线絮为彩线,线色艳丽,绣线应与面料相配合。

(3)填充物:选择符合国家相关卫生要求的棉花、丝绵、荞麦皮、桑叶、艾草等。

(4)配饰物:与所表现的主体物相吻合,突出艺术特色。

(5)香料:选用产自保护区范围内的木香、当归、铃铃香、艾叶、雄黄、丁香、茴香、藿香、苍术、防风、砂仁、金银花、甘松等中草药。

(二)工艺要求

以纯手工传统工艺构思花样、掋背子、剪片、粘贴、绣花、做配里子、填充、撒药香、锁边、吊带打穗10道工艺程序进行加工制作。

(三)针法及绣法要求

1. 常用针法

有齐针、辩针、缉针、掺针、抢针、挽针、缠针、藏针、织针等40多种。

(1)藏针类:是一种将针线藏起来、使整个香包看不见针线的绣法。

(2)绣平面类:以齐针、辫针、缉针、掺针、抢针、挽针等针法来绣平面的绣法。

(3)掺色和色类:是指在一个颜色的绣面里掺入另一个颜色以形成颜色过渡的绣法。

(4)绣点和线条类:以很细的线迹形成点子,常用于点缀花蕊等纹样的绣法。

(5)缠绕针类:是一种针线相绕、结环成绣的绣法。

(6)锦纹针类:是指模仿织锦的纹样和纱线肌理来表现花型的一种绣法。

(7)拴针类:是用来固结绣线的针法。

(8)钉线类:是指使用较粗的绣线在布面上盘出图案,再另外用细线使用短平针将其垂直固定的绣法。

2. 常用绣法

有铺绣、箔绣、堆绣、雕绣、织绣、缀绣、贴绣、挑花、盘金、钉绣等10大类。

(1)鳞甲绣法类:是绣鳞、羽类的针法。

(2)拴针类:是用来固结绣线的针法。

(3)补绣类:是把已绣好的绣片缝缀在底布上的一种绣法。

(4)锦纹针类:是指模仿织锦的纹样和纱线肌理来表现花型的一种绣法。

各种针法要根据画面要求应物施针,针脚整齐、线片光亮、紧密柔和、车拧到家。

六、特色品质

庆阳香包(绌绌)构型简单质朴,但不失美观和多样;刺绣粗拙敦厚,有浮雕和蛮荒韵味,给人以原始生命的状美感。造型五花八门,千姿百态,既是庆阳妇女世世代代对原始、传统手工技能的承袭，又是个人技能和智慧的再现。多以人类童年时期的多神崇拜和原始图腾为主题，以远古历史纹饰为主要内容，以装饰功用为目的，兼以观赏和佩戴，式样以香包为主，有挂片、衣袖、桌裙、褂子、枕顶等多种类型。

七、品牌荣誉

2002 年，庆阳市被中国民学会命名为“香包刺绣之乡”。

2006 年 5 月 20 日，庆阳香包绣制经国务院批准列入第一批国家级非物质文化遗产名录。

2008 年，庆阳市香包民俗文化产业群被文化部评名为“全国文化产业示范基地”。

酒泉夜光杯

一、基本信息

(一)品种

酒泉玉加工而成的名贵饮酒器皿。

酒泉夜光杯

(二)地理标志

地理标志保护产品(批准公告 2016 年第 128 号)。

(三)品质特点

抗高温，耐严寒，盛烫酒不炸，斟冷酒不裂，碰击不碎。黑赛乌漆，白如羊脂，墨绿似翠，纹饰天然而成，杯薄如纸，光亮似镜，内外光滑，玉色鲜明而透亮。如在夜晚，对着皎洁月光，把酒倒入杯中，杯体顿时生辉，光彩熠熠。

(四)原料

玉料来源于离酒泉城区 500 km 的祁连山域，颜色鲜艳，主要呈绿色、墨绿色、黄绿色等，其中尤以祁连山海拔 4000 m 以上所产的墨玉最为出众。主要矿物成分：蛇纹石 $(Mg、Fe、Ni)_3Si_2O_5(OH)_4$，结构紧密，刻划莫氏硬度不小于 4 度，密度为 2.57(+0.23，-0.13)g/cm^3，致密块状，油脂光泽，半透明——透明(1 mm 抛光片)，无裂纹，杂质、绵、石筋不得大于棒料体积的 0.5%。

(五)分类

产品分类以其主要部位和形状分类区别、并以其名称具有代表性的汉语拼音字头大写表示。如：高座杯(G)、平底杯(P)、盖碗(W)等。

(六)产品生产总规模

年产量在 6 万~8 万只(2012 年)。

二、地域范围

甘肃省肃州区现辖行政区域。

三、历史传承

酒泉地处河西走廊西段,因“城下有泉,其水若酒”而得名,因其地处祁连山脚下,从古至今盛产美玉,故而被称为“玉酒泉”。

“葡萄美酒夜光杯,欲饮琵琶马上催。醉卧沙场君莫笑,古来征战几人回。”唐代诗人王翰的一首《凉州词》,更使得古城凉州的葡萄美酒和酒泉的夜光杯千百年来驰名天下。

酒泉最重要的史志之一,《重修肃州新志》成书于乾隆初年。在《物产》一节里提到“玉石,一名噶巴石……俱可琢器。治之者取山丹回回砂磨之”。从中可知,当时的酒泉玉,已经被作为一种物产对待;而且,这种物产被用以雕琢。

明末清初被认为是酒泉历史上玉料、玉器加工最兴旺的时期之一。当时酒泉的玉器作坊三十多家,夜光杯除由本地小贩转售外,其余的或由晋陕一带客商运往京、津、沪转销内地,或由商贩运往康、藏一带换取鹿茸、麝香,或由外国传教士带到国外,年远日久,盛名远播。但只在极少的、被辗转抄了多次的资料里,写到酒泉晚清民国时期夜光杯产业的状况的文字。

新中国成立后玉器作坊公私合营,成立了酒泉夜光杯玉器合作小组,1956 年开建酒泉夜光杯厂,1958 年,酒泉县政府组织王三忠等 12 位玉雕老艺人,成立了地方国营酒泉夜光杯厂,收徒传艺,将散落在民间的制作工艺传承发扬。至今已有 60 余年历史,成为专门生产“酒泉夜光杯”和玉雕旅游工艺品的老字号企业。

由于酒泉的地理、交通及宣传等各方面的原因,夜光杯雕一直不为大多数人所熟知,其制作工艺甚至一度濒临失传和灭绝。2006 年 5 月 20 日,夜光杯雕经国务院批准被列入第一批国家级非物质文化遗产名录,加上当地政府认识到古老传统与技艺的重要性,下大力气进行遗产的整治与抢救工作,如今夜光杯的价值被人们重新认识,不仅将古老的工艺技术继续发扬,还渐渐成为藏品市场的新宠,越来越多的人开始关注传世至今的夜光杯。

四、自然环境特点

酒泉地处甘肃省西部、河西走廊中段,境内祁连山的祁连玉石是酒泉夜光杯制作原材料,酒泉夜光杯采用祁连山的老山玉、新山玉、河流玉等雕琢而成。祁连山终年白雪皑皑,高远神秘,这里出产的祁连玉呈墨绿色,制成杯盏看上去苍翠欲滴,即使是在炎炎夏日也会让人顿生清凉之感。那剔透的玉身上布满了无数深色墨迹和深绿色条纹,这独特的纹路为夜光杯的梦幻造型增姿添彩。由于受到交通运输的限制,祁连玉的开采和外运至今仍十分困难,供应到市场上的玉料也非常有限。制作夜光杯,玉料的利用率通常只有 60% 左右,因此夜光杯的产量十分有限,珍贵自不必说。

五、加工工艺

(一)工艺流程

钻棒料→定尺→开坯→头钻→二钻→定底→扎杯→冲杯→碾杯→头砣→二砣→三砣→清底→拉帮→溜槽→粗磨→拓杯→细磨→抛光→烫蜡。

(二)关键工艺要求

(1)定尺:将棒料根据产品尺寸切削成玉坯,要求玉坯尺寸比产品尺寸大5 mm以上(含5 mm)。

(2)开钻(头钻、二钻、定底):按器皿规格,使用钻筒对玉坯进行头钻、二钻,并对玉坯底部开钻定型。

(3)扎杯:根据杯型用金刚粉切片将多余部分切除,要求切除八片,外形匀称,呈八棱锥形。

(4)冲杯:用砂轮将杯体冲磨成型,要求杯体外形平整、匀称、无棱角。

(5)碾杯:按器皿规格用砂轮将杯把碾磨成型,要求表面平整,无棱角。(只适用于高座杯制作工艺)

(6)掏膛:掏膛分头砣、二砣、三砣、清底、拉帮。要求杯体内侧平整,无棱角,杯壁薄厚匀称,厚度不得小于2 mm。

(7)拓杯:将杯口、杯底拓平,要求杯口、杯底平整,杯口与杯体垂直90°角。

(8)细磨:用细砂浆将成型夜光杯内外打磨光滑,要求夜光杯内外光滑平整。

(9)抛光:用抛光材料将夜光杯打磨光滑,要求杯体内外光亮、润滑,杯体呈透明或半透明状,无加工痕迹。

六、特色品质

酒泉夜光杯膛肚要求串匀,薄厚一致、平展,杯口圆滑,边线规矩平整,深浅一致;色泽纯净,呈墨绿或翠绿,花纹自然;光洁度强,无加工痕迹,滋润平展,抛光后表面呈柔和的玉感亮度,手感光滑。

七、品牌荣誉

1994年,酒泉夜光杯厂被国家旅游局、国内贸易部评定为《全国旅游商品定点生产企业》。

1996年,酒泉夜光杯厂评定为“中华老字号”企业。每年接待海内外游客3万多人次,并圆满完成了50多个国家驻华使节及泰国公主诗琳通的外事接待任务。酒泉夜光杯厂成为具有民族文化特色对外参观、旅游景点之一。

2006年,酒泉夜光杯雕被列为首批国家级非物质文化遗产,酒泉夜光杯厂成为遗产保护责任单位。

2007年,黄越肃被文化部命名为国家级非物质文化遗产项目“夜光杯雕”的国家级代表性传承人。

2008 年,“酒泉夜光杯”被认定为“著名商标”,成为酒泉肃州区唯一获得省级名牌产品和著名商标的旅游商品。

2009 年,酒泉夜光杯在 2009 中国国际旅游商品博览会上荣获全国旅游商品大赛铜奖。

2018 年,“酒泉夜光杯”荣登“2018 年度中国人眼中的丝绸之路十佳旅游商品”榜单。

庆阳刺绣

一、基本信息

(一)品种

具传统特色的民间手工艺术品。

庆阳刺绣

(二)地理标志

地理标志保护产品(批准公告 2016 年第 128 号)。

(三)品质特点

色彩艳丽,层次分明,对比强烈,沉而不浊,艳而不俗。在色彩的配置上以红、黑、兰、白为主色调,具有稚拙、粗犷、浑厚、朴实的风格。

(四)技艺类型

“绌绌”类(藏针绣)、线盘类、立体刺绣类、平面刺绣类四大类型。

(五)种类

欣赏品和日用品两大类。欣赏品主要有香包、条屏、寿幛等;日用品也是种类繁多,有绣鞋、被面、服装、枕顶、枕套、靠垫、桌布、床单、头巾、鞋垫、绣帽等产品。

(六)产品生产总规模

庆阳香包民俗文化产业公司 190 家,民俗文化产品达 20 多个大类 5000 多个品种,年产 500 多万件(2020 年)。

二、地域范围

甘肃省庆阳市现辖行政区域。

三、历史传承

甘肃省庆阳市是中华民族早期农耕文明的发祥地之一,是周祖农耕文化的源头。4000 年前的周先祖不窋,开启了陇东地区农耕文化的先河,在西周时期,庆阳称为北豳。

庆阳刺绣简称“陇绣”，源于庆阳，是当地汉族传统刺绣工艺之一。刺绣在中国已有非常悠久的历史，陇绣亦是如此。陇绣和苏绣、湘绣、蜀绣一样是当地妇女的一种传统技艺。

20 世纪 40 年代，刺绣在庆阳人民的生活中成了必不可少的民俗艺术。在庆阳博物馆中展出了两件陇绣作品。这两件陇绣绣品为枕顶，分别展现了八路军坐在窑洞的热炕头上缝补衣服和八路军开会的场景，这两件陇绣用棉布打底，再用绣线刺绣，风格质朴、色彩鲜艳热情，地方色彩浓郁立体感强。

庆阳刺绣绣品记载着古老的民俗文化，陇东民歌里唱道：“八岁学针线，十三进绣房。进入绣房绣鸳鸯，百样故事都绣了”。以前陇东地区的女孩一般十岁左右就开始学习刺绣手工，到结婚出嫁时已准备好了绣衣、绣鞋、鞋垫等嫁妆。这些绣品在结婚当天全部都排摆出来供亲朋好友观看，叫作“摆陪房”。陇绣绣品的图案纹样选材也较多，神话故事、戏剧故事和民俗吉祥之物应有尽有。

经过一代又一代人的发展传承，庆阳刺绣逐步演变成千姿百态的艺术珍品，受到了更多的重视和研究。

四、产地环境

庆阳位于甘肃省最东部，陕甘宁三省的交汇处。因为其地理位置偏僻，交通不便，虽然刺绣的发展已有几千年的历史，但庆阳刺绣却一直鲜为人知，关于庆阳刺绣的文字记载极少。

庆阳地区沟壑纵横，位置偏远，受外来文化影响较少，因此现在从刺绣的绣品中依旧可以看出远古先民的生活环境、迁徙轨迹、文化理念以及生命信息。刺绣作品风格古朴原始、底蕴丰厚、有神秘感，图案多半以历史纹饰为重点。绣品乡土气息强烈、民间特色浓郁。从内容上看题材广泛但比较传统，主要是广大民众生活中接触到的或是民间流传下来的，如《盘古开天地》《女娲造人》《十二生肖》《龙戏凤》《鸳鸯戏莲》《观音送子》《莲生贵子》《五谷丰登》《连年有余》等，这些传统的题材是庆阳刺绣中常见的。

五、生产工艺

（一）原料要求

（1）面料：选用产地范围内的桑蚕丝、蓖麻蚕丝织成的丝绸；胡麻线、大麻线织成的麻布；产地所产棉花织成的棉布。

（2）绣线：采用产地范围内生产的蚕丝线、棉线、麻线等，以传统方法，用产地范围内的核桃皮、草木灰、紫苜蓿、菊花、姜黄等植物进行染色。绣线应与面料相适应，要求色牢度稳固，不掉色。

（二）刺绣图案要求

以庆阳地区传统刺绣纹样为主，图案生动、夸张，凸显庆阳民俗文化底蕴，采用纯手工刺绣独特针法绣制，不得侵犯他人知识产权的图案。

（三）工艺要求

（1）主要工艺流程：以过样子、打样子、扩褙子、上样子、绣花、成果等为基本流程，进行纯手工制作。

(2)刺绣配色要求:色彩艳丽明快,绚烂奔放,对比强烈。

(3)绣法:采用破线绣、合线绣、包绣、拼贴浮雕绣、打籽绣等典型绣法。

(4)破线绣:将加工染色合成的丝线剖解为蚕丝原始单线,进行刺绣。

(5)合线绣:用加工合成的线刺绣。

(6)包绣:用合适厚度的纸片剪出要绣的图案,贴在面料上,然后用针法将其包裹起来,或者直接用多层经纬线,重叠绣出层次感。

(7)拼贴、浮雕绣:集绣、贴、染、画、填充为一身的绣法,先用布剪出图案,贴在面料上,再用棉花填充,最后用刺绣点缀,使图案显出立体感。

(8)打籽绣:将绣线上打出小结,使图案成颗粒状突起效果。

六、特色品质

平面刺绣构图古拙、简洁、直观,立体刺绣造型饱满灵动,以夸张变形的图案和浓重艳丽的色彩表达主题意蕴,体现庆阳黄土农耕和传统文化特色。

画面完整,排针紧密,精细整齐,线头埋严无毛茬,无错绣、漏绣,底布无瑕疵、无污迹;配色与图案相适应;实用件要满足日常实用的要求,实用性与艺术性有机结合。

就其针法和技法看,主要有齐针、辨针、缉针、抢针、缠针等多种。主要锈法有铺绣、箔绣、堆绣、雕绣、裰绣、贴锈、挑花、盘金、钉线 10 类。而其技法可概括为“平、齐、整、匀、顺、密、满、繁”8 字。这相对于苏绣、蜀绣、湘绣、粤绣这中国“四大名绣”来说,比较单纯。

七、品牌荣誉

2002 年,庆阳市被中国民俗学会正式命名为“香包刺绣之乡”,庆阳香包的绣制工艺也被列入“国家非物质文化保护遗产”中。

2018 中国特色旅游商品大赛中,庆春香包绣制开发有限责任公司开发的庆春香包“黄河小象”荣获铜奖。

正宁刺绣人——于小平为庆阳市非物质文化遗产项目(庆阳香包绣制)代表性传承人,其刺绣作品先后在省内外展销中分别荣获金、银、铜奖。其中《六娃闹春》《一路连科》作品,在 2004 年韩国举行的国际民族博览会展出中获一等奖,并被收藏。

2020 中国特色旅游商品大赛、中国特色旅游商品展暨第七届四川国际旅游交易博览会上,庆阳市宁县伊人绣鞋业有限责任公司的“郝妈妈——手工布鞋”获铜奖。

庆阳刺绣初步实现了从“小香包”到“大产业”的华丽蜕变,让庆阳刺绣走向全国,走向世界。农家妇女自己成立了香包生产、营销的专业公司,香包已走出庆阳,走出国门,远销美国、日本、意大利、法国、俄罗斯、马来西亚等 10 多个国家和地区。通过新丝路远销迪拜,年销售额达 600 万人民币,跻身中国传统工艺名片之列。

临洮大丽花

一、基本信息

(一)品种

菊科,大丽花属,多年生宿根草本植物,别名天竺牡丹、大理菊、西番莲、地瓜花等。

临洮大丽花

(二)地理标志

地理标志保护产品(批准公告2004年第196号)。

(三)品质特点

株矮、花大、花期长。观赏价值高、品种类型多、适应能力强。

(四)产品生产总规模

栽培面积1500亩,商品种球年产550万吨(2015年)。

二、地域范围

甘肃省临洮县现辖行政区域。

三、历史传承

大丽花原产墨西哥、危地马拉、哥伦比亚等高原地带。19世纪后期引入中国,并陆续传到东北、华北等地广泛栽培。

园艺届一致认为大丽花传入中国的时间始于19世纪末,传入途径有两种。

说法一:大丽花还有“天竺牡丹”“大理菊”“西番莲”等别称,“天竺”即印度,“大理”是云南古城,“西番”指西南藏区,“牡丹”“菊”“莲”是对其多变花形的描述,因此大丽花传入中国的最有可能的途径是“印度——西藏——云南——全国各地”。

说法二:在民间人们还将大丽花称为“东洋菊”,“东洋”即日本,又因其为菊科植物,开花似菊,方得此名。起初多见于上海,后来在华北、东北等地栽培较盛,再后来便传播到全国各地。就此推测,大丽花传入中国的另一途径是“日本——上海——华北、东北——全国各地”。

自从大丽花传入中国以后,在全国范围内得到了广泛栽培,尤以云南、上海、河北、内蒙古、辽宁、甘肃为盛。尤其在甘肃省的临洮县,自然条件(如海拔、气候、土壤等)与原产地相似,很适合大丽花生长,再加上几代园艺工作者的努力,临洮大丽花在育种、栽培、分类等方面自成体系,并逐渐成为国内大丽花生产与繁育的重要基地。

临洮大丽花的栽培主要经历四个历史阶段:

引入阶段(1930—1950年):只限于寻常百姓家里,集体苗圃或公园里还很少见到。

起步阶段(1960—1970年):开始了大丽花的育种工作,在花圃等公共绿地内集中成片栽植。至20世纪90年代末,临洮人培育出的大丽花优良品种已经接近500个,占当时全国种植品种的70%以上。至此,临洮大丽花品系(品种群)基本形成。

成熟阶段(1980—2005年):改革开放政策加快了临洮花卉产业化的步伐,尤其是在广大农村实行的"联产承包责任制"为临洮县居民及附近农民从事花卉产业铺平了道路。2000年前后达到临洮大丽花产业的高峰期。

衰落阶段(2005—2015年):从2005年开始,临洮大丽花产业步入低谷,其种植规模、从业人员、产量及经济效益等都出现了快速下滑的趋势。至2015年,全国范围内保存下来的大丽花品种不足百个,临洮县保存的大丽花品种仅有70个左右。临洮县大丽花产业发展态势表见表9-2。

表9-2 临洮县大丽花产业发展态势表

年份	专业种植/户	专职人员/人	面积/hm^2	品种数量/个	产值/万元
1992	8~10	30~40	2~3	约200	不祥
1997	40~50	150~200	12~15	约350	不祥
2000	100~120	300~320	35~40	约480	约600
2004	500以上	约2000	约120	约500	约1000
2015	5~8	20~30	约1.5	约70	约30

四、产地环境

临洮大丽花主要分布在临洮县洮河两侧川坪区及海拔1700~2600 m的坪台沟坝,条梯田地带,属温凉半干旱区和温寒半温润区,热量资源较为充足,年平均气温5.3~8.7 ℃,各月气温日较差均在11~14.2 ℃。临洮大丽花属较喜光照品种,临洮年日照时数均在2100 h以上,生长季日照时数超过1900 h,日照百分率在52%以上,年总辐射超过37.3 kJ/cm^2以上,大丽花生长季总辐射在21.8 kJ/cm^2以上,昼夜温差大,这些均满足大丽花地下茎和地上部分开花及营养物质的积温。临洮县域的光照强度和日照时间正好满足临洮大丽花的生长条件,保证了其具有临洮地域特点的独特质量品质,这也是临洮大丽花在别的地方会丧失其部分特性的根本原因。

临洮大丽花喜欢疏松、肥沃、排水良好的中性和酸性沙质壤土,而临洮县域内分别以黑土、灰褐土、黑垆土、黄绵土、高山草甸土为主,土质多为沙质壤土和粉沙质壤土,土层深厚,疏松易耕作和排水,pH值7.2~8.8,土壤有机质含量均在0.6%以上,最高达2.2%,氮、磷、钾元素含量丰富,正好为大丽花块根的发育和开花创造了有利条件。此外,疏松通气的土壤环境可促进微生物分解养分,供大丽花吸收,山区耕地多为条梯田或坪台阶地,排水又保水,适应大丽花既怕涝又怕旱的特性,从而使地下块根生长充实健壮,地上茎杆粗壮,花大色艳,很少感染病虫害,使临洮大丽花表现出特有的抗逆性和种质优良等特性。

五、栽培管理

(1)种球筛选:品种纯正、准确、无病虫害、块根充实、饱满。

(2)消毒:化学消毒。

(3)轮作:一年一轮作,不得重茬。

(4)整枝:保留主花茎和主花蕾,除去侧枝和侧花蕾。

(5)储藏:储藏温度 3 ~5 ℃,通风良好。

(6)肥水管理:水分管理原则为见干见湿,干透浇透。肥料管理原则为基肥为主,追肥为辅,施用有机肥,控制氮肥。

六、特色品质

种球为肥大的地下变态块根,纺锤形或圆球形。种球带有根茎的单个块根,长度大于5 cm,围径大于10 cm。种球无病虫害、无机械损伤。种球含水量60% ~70%。品种种性保持良好,无退化。抗性强,耐储藏。

临洮大丽花一般茎粗可达6 cm,首花株高40 ~60 cm,最低30 cm,茎秆粗壮,节间短。花型硕大,花头多向上。花冠直径一般为25 ~40 cm,最大43 cm;色彩绚丽,有红、黄、白、粉、黑、紫、复色等七大色系;开花期长,可连续开花5 个月,许多品种的切花瓶插观赏期长;枝叶开张,生长势强,病虫害少,适宜大面积推广。

临洮大丽花共有400 多个品种,按花型分类有12 个类型,其中平盘菊花型比较独特,其花瓣放射状,排列整齐,瓶插期长,为切花的优良新类型;按花色分有七大色系,其中黑色系、蓝色系中的蓝紫色品种较为珍贵。

临洮大丽花对环境条件要求不严格,在不同海拔高度、不同纬度、不同土壤条件下都能正常生长发育,在全国各地都能栽培。

七、应用价值

(一)观赏价值

临洮大丽花主要花色有红、黄、白、粉、黑、紫、复(混合)色七大色系。其中黑色系品种比较珍贵,为临洮大丽花培育中心所特有;紫色系中一些蓝紫色品种,甚为罕见;复色系中也有一些新的双色品种较为稀有。现栽培临洮大丽花的主要花型有球型、菊花型、牡丹型(芍药型)、装饰型、盘型(碟型)、绣球型、莲座型、披发(露)型等,其中以平盘菊花型比较独特,花瓣放射状,排列整齐,紧凑,切花瓶插观赏期长,为新型切花型大丽花的主要花型。

(二)药用价值

临洮大丽花也是一种药用功效特别出色的中药材。这种植物的叶子与根以及花都能入药。它们入药后,清热解毒、活血化瘀、止痛止血,能用于人类多种外科疾病的治疗,治疗时可以捣碎后外敷,用药后患者病情能明显减轻。

八、品牌荣誉

1989 年，在第二届中国花卉博览会上，临洮大丽花荣获一等奖。

1997 年，在甘肃省首届林果产品展交会上，临洮大丽花荣获金奖。

1999 年，昆明世界园艺博览会上，临洮大丽花以其品质好、花径大、花色艳的特点而获得 30 个奖项（大奖 1 项，金奖 5 项，银奖 17 项，铜奖 7 项）。使“临洮大丽花”这一品牌冲出了甘肃，走向全国，迈向世界。香港《文汇报》曾载《临洮大丽花在世博全上出尽了风头》的文章，给临洮大丽花以高度评价，被誉为“世界上最大、最美丽的花”。

2002 年 10 月，由甘肃省林业厅、甘肃省林木良种审定委员会组织有关花卉、种苗、林业等方面的专家教授对提交的 7 个色系、225 个品种的临洮大丽花进行了审定。专家组一致认为，临洮大丽花选育方法严谨、科学、规范，是一个优良的栽培品种群，在观赏性、适应性、抗逆性等方面具有显著优势，名项指标具有国内领先水平。

参考文献

[1]《第四次全国地理标志数量调研报告》[R]. 北京:中郡研究所,2020.
[2]DB62/T 1248—2004. 静宁苹果〔S〕
[3]DB62/T 1380—2009. 平凉金果 苹果〔S〕
[4]DB62/T 1521—2008. 地理标志产品 花牛苹果〔S〕
[5]DB62/T 2201—2012. 地理标志产品 礼县苹果〔S〕
[6]DB62/T 2844—2017. 地理标志产品 庆阳苹果〔S〕
[7]DB62/T 4185—2020. 地理标志产品 秦安苹果〔S〕
[8]陈建军,马明,王志平,等. 甘肃省特色优势农产品秦安苹果评价[J]. 甘肃农业科技,2020,(11):41-45.
[9]DB62/T 697—2001. 临泽小枣〔S〕
[10]DB62/T 2162—2011. 地理标志产品 小口大枣〔S〕
[11]王永刚,马燕林,刘晓风,等. 小口大枣营养成分分析与评价[J]. 现代食品科技,2014, 30(10):273-244.
[12]DB62/T 2753—2017. 地理标志产品 民勤红枣〔S〕
[13]DB62/T 2060—2011. 地理标志产品 民勤蜜瓜〔S〕
[14]DB62/T 1672—2008. 地理标志产品 秦安蜜桃〔S〕
[15]DB62/T 2387—2013. 地理标志产品 敦煌葡萄〔S〕
[16]DB62/T 412—2014. 地理标志产品 兰州百合〔S〕
[17]DB62/T 1789—2019. 地理标志产品 民乐紫皮大蒜〔S〕
[18]DB62/T 2696—2016. 地理标志产品 酒泉洋葱〔S〕
[19]DB62/T 2416—2013. 地理标志产品 甘谷辣椒〔S〕
[20]DB62/T 4191—2020. 地理标志产品 正宁大葱〔S〕
[21]DB62/T 4187—2020. 地理标志产品 迭部羊肚菌〔S〕
[22]DB62/T 1946—2010. 地理标志产品 康县黑木耳〔S〕
[23]DB62/T 1737—2008. 地理标志产品 武都油橄榄(初榨橄榄油)〔S〕
[24]DB62/T 1419—2012. 地理标志产品 环县荞麦〔S〕
[25]DB62/T 4186—2020. 地理标志产品 通渭苦荞麦〔S〕
[26]杨子梅. 通渭县苦荞产业发展现状及对策[J]. 甘肃农业,2010,(02): 72-73.
[27]DB62/T 4084—2019. 地理标志产品 靖远文冠果油〔S〕
[28]DB62/T 4184—2020. 地理标志产品 会宁胡麻油〔S〕
[29]DB62/T 1995—2010. 地理标志产品 龙神茶〔S〕
[30]DB62/T 2466—2014. 地理标志产品 文县绿茶〔S〕

[31]吴绍珍. 陇南市茶产业助力贫困地区脱贫学理论[J]. 2020,(02):67-68.
[32]DB62/T 2202—2012. 地理标志产品 金徽酒[S]
[33]DB62/T 2495—2014. 地理标志产品 红川酒[S]
[34]DB62/T 2294—2012. 地理标志产品 河西走廊葡萄酒[S]
[35]DB62/T 2584—2015. 地理标志产品 民勤羊肉[S]
[36]DB62/T 4189—2020. 地理标志产品 甘加藏羊[S]
[37]王存堂,杨丽,韩玲,等. 甘加藏羊肉营养成分与加工性能的研究[J]. 食品工业科技 2009,30(06):114-116.
[38]余群力,韩玲,杨勤,等. 甘加藏羊肉营养成分及风味物质的测定与评价[J]. 营养学报. 2009,31(06):609-611.
[39]DB62/T 1192—2018 地理标志产品 靖远羊羔肉[S]
[40]王定钧,李斌,蔺秀瑞,等."靖远羊羔肉"地理特征[J]. 中国畜牧兽医文摘,2016,32(07):141-142.
[41]DB62/T 4188—2020 地理标志产品 迭部蕨麻猪肉[S]
[42]张福娟,孙成行,韩玲,等. 蕨麻猪猪肉营养成分研究[J]. 辽宁师专学报, 2014, 16(2):98-101.
[43]DB62/T 1798—2009 地理标志产品 两当狼牙蜜[S]
[44]DB62/T 2328—2013 地理标志产品 武都花椒[S]
[45]DB62/T 2197—2011 地理标志产品 玉门酒花[S]
[46]DB62/T 1667—2007 成县核桃[S]
[47]陈剑雄,郭新贵,石煜. 成县核桃产业开发的气候资源分析[J]. 安徽农业科学 2012, 40(28): 13894-13896.
[48]王一峰,王明霞,付康,等. 成县核桃营养成分及矿质元素含量多样性分析[J]. 现代农业科技,2014,(23): 313-314,316.
[49]DB62/T 2884—2018 地理标志产品 靖远黑瓜籽[S]
[50]DB62/T 4190—2020 地理标志产品 甘南牦牛奶粉[S]
[51]DB62/T 1872—2009 地理标志产品 西和半夏[S]
[52]DB62/T 2059—2011 地理标志产品 民勤甘草[S]
[53]林丽,汪荣斌,汪兴,等. 甘肃不同产区掌叶大黄的质量评价[J]. 中华中医药学刊, 2008, 26(4): 875-876.
[54]DB62/T 2147—2011 地理标志产品 文县纹党[S]
[55]王炯蓉,许小红,宁俊艳,等. 甘肃省不同产地党参中党参炔苷的含量分析[J]. 中国卫生检验杂志,2019,29(23): 2821-2824.
[56]DB62/T 2752—2017 地理标志产品 民勤枸杞[S]
[57]DB62/T 2379—2019 地理标志产品 靖远枸杞[S]
[58]王亚军,梁晓婕,李越鲲,等. 全国枸杞主产区枸杞果实中微量元素的研究 [J]. 宁夏农林科技,2019,(5): 21-24,42.
[59]杨伟丽,马媛媛. 甘肃不同产地及不同季节银杏叶中总黄酮苷的含量测定[J]. 甘肃

医药, 2013, 32(3): 169-171.
[60]杨群力,李仁娜,李艳,等. 国内大丽花品种资源保存现状及发展对策研究—以临洮大丽花为例[J]. 中国农学通报,2017,33(7):98-103.
[61]陈静茹,王晓巍,颉建明,等.甘谷辣椒产地环境及产品品质分析与评价[J].食品与发酵工业,2021 ,9:网络版
[62]张文慧,李青林,黄丽辉,等.葡萄酒与健康关系的研究新进展[J].中国酿造,2019,38(2):11-15.

兰州百合

礼县大黄

临洮大丽花

武都油橄榄

静宁苹果

康县龙神茶

花牛苹果

西和半夏

临泽小枣

秦安花椒

康县黑木耳

两当狼牙蜜

文县纹党

秦安蜜桃

民乐紫皮大蒜

玉门酒花

小口大枣

环县荞麦

民勤蜜瓜

民勤甘草

酒泉洋葱

礼县苹果

瓜州蜜瓜

甘谷辣椒

金徽酒

武都花椒

靖远枸杞

敦煌葡萄

河西走廊葡萄酒

大河家鸡蛋皮核桃

文县绿茶

红川酒

徽县银杏

环县皮影

庆阳苹果

庆阳香包

成县核桃

民勤羊肉

靖远黑瓜籽

靖远羊羔肉

民勤枸杞

民勤红枣

酒泉夜光杯

敦煌李广杏

正宁大葱

庆阳刺绣

通渭苦荞麦

甘南牦牛奶粉

迭部蕨麻猪

迭部羊肚菌

靖远文冠果油

会宁胡麻油

定西马铃薯

秦安苹果

定西马铃薯脱毒种薯

平凉金果

渭源马铃薯种薯